모잠비크의
민주화와 지방자치

모잠비크의
민주화와 지방자치

왕 선 애 著

한국학술정보(주)

반복되는 분쟁과 가난으로 얼룩진 아프리카 대륙에 90년대 들어서면서 서서히 변화가 나타나기 시작하였다. 즉, 세계화의 영향을 통해 시장경제가 확산되면서 민주주의제도를 받아들인 국가들이 증가하게 되었다. 이러한 변화를 겪은 국가들 중에서 모잠비크의 사례를 선택해서 민주화 과정에 대해 살펴보고자 하였다. 구체적으로 모잠비크에서 민주주의제도가 지방자치를 통해 정치·사회·문화적 균열구조를 극복하고 정착될 수 있을 것인가에 대해 연구의 초점을 두었다. 즉, 지방분권화의 기제가 민주주의제도를 정착시키고 균열된 사회의 갈등을 완화시키는 역동적인 기능을 하고 있는지 현 지방자치제도의 경험에 대한 분석을 통해 밝히고자 하였다.

모잠비크에서 지방분권화의 동인을 분석하는 시각은 크게 두 가지로 구분된다. 첫 번째는 국제기구와 NGO 등 수혜제공기관들에 의한 외부의 압력으로 시작되었다는 시각이다. 두 번째는 FRELIMO(모잠비크 해방전선-Frente de Libertação de Moçambique) 정부의 전통적 엘리트를 포함한 일부 사회계층을 배제시키는 정책, 비현실적 농촌개혁정책, 권위주의체제의 경직성 등 내부적 요인에 의해 초래되었다는 시각이다. 이 글에서는 두 시각이 상호 연관되어 있으나 내부적 원인이 결정적으로 중앙집권체제에서 지방분권체제로의 변화를 초래한 것으로 인식하고 분석의 초점을 내부적 요인에 두고 있다.

모잠비크는 1975년 독립 이후 80년대 일련의 정치·경제적인 위기를 겪게 되었다. 특히 80년대 말 FRELIMO는 국제환경의 변화와 내부적 위기, 즉 민주주의의 세계적인 확산, 이데올로기적인 정통성 부재, 경제정책의 실패, 정치 참여 요구의 증대, 내전과 종족 간의 갈등 증가 등 위기 상황에 직면하게 되었다. 이러한 위기를 겪으면서 FRELIMO 정부는 변화의 필요성을 인식했고 민주화와 개방을 위한 정책을 시도했다. 따라서 지방분권화정책은 민주화 과정의 틀 속에서 90년대 초 경제 발전과 효율적인 정치를 위한 전제조건이라는 인식하에 시작되었다.

포르투갈 식민통치 시기에 이미 과도하게 중앙집권화된 모잠비크의 정치체제는 독립 초기 사회주의정권하에서도 지속되었다. 사회주의 토대위에 수립된 중앙집권체제는 FRELIMO 정부의 정치와 행정 조직의 효율성을 떨어뜨렸고 지역 간 불균형한 발전과 갈등을 심화시켰다. 그래서 FRELIMO는 지방분권화를 통해 이러한 갈등을 해결하기 위해 지방 수준에서 지방행정을 구축하고 경제 발전의 기틀을 마련하며 아울러 지방에서의 정치 참여를 유도하고자 했다. 특히 소외된 지방엘리트들과 전통적 지도자들에 대한 문제를 중앙정부 수준에서 독자적으로 해결하기는 어려웠으므로 지방자치기구의 설립을 통해 이들을 제도권으로 흡수하고자 하였다.

모잠비크의 정치·행정개혁 과정은 1987년 구조조정계획(PRE-Programa de Reajustamento Estrutural)을 통해 시작되었다. 1990년 모잠비크 정부는 확대된 경제재건계획(Programa de Recuperação Económica)을 발표했으며 여기에 빈곤퇴치와 농촌지역의 사회구조 조정을 통한 개발계획을 포함시켰다. 그리고 1990년부터 민족의 화합과 단결, 민주주의의 정착, 정치와 경제의 안정 등을 목표로 지방정부개혁을 추진하였다.

1994년 처음으로 지방기구를 제도화하는 법이 승인되었다. 최초의 지방자치법 94/3(94년 3월 입법)은 자치지역을 128개의 농촌자치행정구(distrito municipal rural)와 23개의 도시자치행정구(distrito municipal urbano)로 구분하여 자치권을 부여하고 선거를 통해서 자치단체장과 시의원을 선출하는 내용을 담고 있다. 그러나 1994년 다당제선거 이후 지방자치법 94/3은 정치적인 이유로 자치권이 축소되고 자치제도의 틀이 대폭 변화되어 1996년에 개정된 자치법 96/6으로 대체되었다. 개정된 자치법에서는 기존의 행정구를 전부 포함했던 자치행정구역 범위를 상당히 축소해서 자치시(municípios)와 자치마을(povoações-township)로 구분했다. 그리고 지방자치기구들이 국가의 지방기구들과 공존해야 하는 것을 명시했다. 또한 지방자치단체들은 중앙정부로부터 완전히 독립된 것이 아니고, 기본적인 자치권은 보장받지만 기획재정부나 국가행정부의 행정 및 재정 감독을 받게 되어 있다. 33개 지역만 자치단체로 결정되어 지방선거가 치러졌고 지방자치정부가 수립되었다. 그러나 33개 자치지역 이외의 지역은 계속해서 국가의 지방기구의 통치하에 놓이게 되었다. 이는 자치지역과 비자치지역으로 나뉘어 두 개의 상이한 행정체제가 나란히 존재하는 것을 의미한다. 특히 행정구 단위에서는 지방자치기구와 국가의 지방기구가 공존하는 복잡한 상황이 되었다.

1998년 치러진 최초의 지방선거는 85%라는 높은 기권율을 기록했지만 선거결과는 대법원에 의해 인정되었다. 지방선거 이후 현재까지 자치제도의 시행과정에서 드러난 문제점들은 자치기구와 지방정부기구 간, 그리고 자치기구들 간 즉, 시의회와 시평의회 사이에 권한과 역할에 대한 이해부족으로 인한 혼란과 갈등이었다. 이외에도 주민들과 행정관료들의 자치제도에 대한 거부, 자치제도에 대한 낮은 인식, 주민의 낮은 참여도, 행정인력의 낮은 업무 수행 능력

등이 분권화의 저해 요인으로 드러났다.

　모잠비크의 지방별 격차와 도시와 농촌 간의 경제적인 불균형은 심각한 수준으로 지방분권화를 통해 민주주의제도가 정착되고 지역경제가 활성화되어 지역 간 격차가 줄어들 것으로 기대하였다. 그러나 모잠비크의 경우 지방분권화는 기본적으로 지역경제 활성화에 일부 도움은 되고 있으나 마푸토, 베이라, 나깔라, 남뿔라 등 운송망을 갖추고 있는 항구도시나 대도시를 제외하고는 소도시와 빌라(vila는 town에 해당함)의 수준에서 실제적인 경제 효과는 거두지 못할 것으로 전망된다. 이는 근본적으로 소도시와 빌라들은 지역경제를 활성화시킬 수 있는 인적·물적 자원이 부족하기 때문이다. 따라서 지방분권화는 자치지역에서 경제 활성화와 발전을 유도하겠지만 각 자치시의 경제적 여건과 환경에 따라 발전의 격차가 커서 오히려 자치단체들 간 경제 수준은 더 벌어질 것으로 예측된다. 이러한 상황하에서 시장경제의 원칙은 지역 간 불균형한 발전을 더욱 심화시킬 가능성이 있다.

　실제적으로 모잠비크의 지방분권화 경험에서는 자치권의 제한, 주민들의 낮은 참여도, 정치엘리트들의 분권화 의지 부족, 일부 지역에서만 시행되는 자치제도, 인적·물적 자원의 부족, 자치제도에 대한 이해 부족 등 여러 가지 문제점들이 제기되었다. 그럼에도 불구하고 지방분권화에 대한 전반적인 평가는 자치제도를 통해서 지역의 발전, 행정서비스의 개선, 주민의 참여 등 풀뿌리 민주주의를 실현하는 계기가 되었다는 점이다.

　앞으로 지방자치제도의 정착을 위해 모잠비크 정부는 자치권을 확대하고 지방분권화 과정에 다양한 시민단체와 사회계층이 참여할 수 있는 방안을 강구해야 할 필요가 있다. 또한 현재의 행정조직은 중앙집권체제와 지방분권체제로 이원화되어 있어 체제 간의 마찰과 행정의 비효율성을 초래할 수 있으므로 단계적으로 행정체제의 통합을 추구하고 행정구조를 단순화시켜야 하는 과제를 안고 있다.

지방분권화의 노정에서 드러난 여러 한계에도 불구하고 차츰 주민들의 지방자치제도에 대한 인식은 높아지고 있으며, 특히 수혜제 공기관들의 교육·재정·기술 분야에서의 지원과 협력은 자치제도의 정착에 크게 기여하고 있다. 따라서 중·장기적인 안목에서 지방분권화는 모잠비크에서 민주주의의 정착에 중요한 밑거름이 될 것으로 기대를 불러일으킨다.

이 책은 필자의 2002년 박사학위 논문을 일부 수정·편집한 것이다. 출판사 측으로부터 출판을 제안 받고서 흔쾌히 수락하였지만 책의 보완 작업에 대한 어려움 때문에 상당히 고심하게 되었다. 논문 작성 과정에서도 모잠비크에 관한 자료를 국내에서 구하기 어려워 세 차례 현지를 직접 방문해서 자료를 마련하였고 당시 문헌으로 기록되어 있지 않았던 부분에 대해서는 직접 인터뷰를 통해서 정보를 수집하였다. 그리고 지금도 마찬가지로 2002년 이후 모잠비크의 민주화와 지방자치제도의 발전 상황에 대한 자료를 국내에서 수집하는 것은 어려운 형편이다. 이러한 한계를 안고 이 책에 대한 보완 작업이 이루어졌기에 만족할 만한 결과를 얻지 못했음을 독자 여러분에게 양해를 구하는 바이다.

이 책이 나올 수 있도록 국내와 해외에 있는 많은 분들이 도움을 주었다. 먼저 오랜 시간 학문을 연구할 수 있도록 뒷바라지 해주신 부모님께 깊은 감사를 드린다. 리스본에 소재한 경영대학 (ISCTE)의 하이머(Franz-Wilhelm Heimer) 교수님, 마푸토에 소재한 에두아르두 몬들란느대학(UEM)의 교수이자 친구인 바이머 (Bernhard Weimer) 박사님, 국제관계학대학의 룬딘(Iraê Lundin) 교수님, ISPU(Instituto Superior Politécnico e Universitário)의 호자리우(Lourenço do Rosário) 총장님 그리고 인터뷰와 관련해서 도움을 준 많은 분들께 감사하며 특히 인터뷰에 성실하게 임해 준 모잠비크의 여러 지방자치단체 단체장들과 행정관료 그리고 도움을 준 모잠비크 소재 UNDP 측에 진심으로 감사를 전한다. 그리고 무엇보다도 이 책의 출판을 마무리하고 모잠비크에서 새롭게 시작할 수 있도록 모든 여건을 마련해 주신 하나님께 감사와 영광을 돌린다. 마지막으로 부족한 글을 책으로 출판해준 한국학술정보 측에 감사드린다. 이 책에 대한 독자 여러분의 아낌없는 조언과 비판을 기대한다.

ᕼ 목 차

∽ 표목차

제1장 서 론

1. 문제 제기 및 연구 목적

사하라 사막 이남 아프리카 국가들은 1960년대를 전후로 서구의 식민통치에서 벗어나 독립을 획득하였다. 신생 독립 아프리카 국가들은 중앙집권체제를 수립하였고 이 체제는 아프리카의 다언어·다종족·다문화의 현실에서 불필요한 정치 경쟁이나 갈등을 해소할 수 있는 것으로 인식되었다. 그러나 중앙집권체제는 일부 종족의 정권유지와 권위주의적인 통치를 용인하는 제도로 이용되었으며 균열된 사회구조를 통합하지 못했다.

1989년 동유럽의 사회주의체제의 붕괴와 90년대 초 민주주의의 세계적인 확산을 계기로 아프리카에서 체제의 변화는 급속도로 이루어졌다. 아프리카 대륙 전반에 걸쳐 정치·경제·사회 분야에서 위기가 확산되는 상황에서 국제 정세의 변화는 아프리카의 정치엘리트들로 하여금 변화의 필요성을 인식하게 했다. 아프리카 국가들 내부적으로도 국민들의 교육 수준 향상이나 도시화의 진행은 중앙집권적 권위주의체제를 거부하게 하는 요인으로 작용했다. 결과적으로 내·외부적인 요인들이 맞물리는 상황에서 아프리카 국가들은 새로운 변화를 맞이했고 이는 즉, 시장경제 원리와 다당제 민주주의제도의 도입으로 구체화되었다. 이때 사하라 이남 아프리카의 47개 국가 중에서 절반 이상이 다당제 민주주의제도를 도입했다.[1]

사하라 이남 아프리카 가운데 포르투갈어 사용 5개국 – 모잠비크, 앙골라(Angola), 까부 베르드(Cabo Verde), 기네 비싸우(Guiné-Bissau), 싸웅또메 이 쁘린씨쁘(São Tomé e Príncipe) – 은 영국령

---

1) Richard Joseph, "Democratization in Africa After 1989: Comparative and Theoretical Perspectives", in Lisa Anderson (ed.), *Transition to Democracy*, New York: Columbia University Press, 1999, pp.237-239.

과 프랑스령의 아프리카 식민지 국가들과 비교했을 때 성급하고 불안정한 독립과정을 거쳤다. 종주국인 포르투갈은 1974년 군부혁명이 발생하여 식민지를 더 이상 경영할 수 없는 상황이 되자 성급하게 이들 국가들에 대한 독립을 추진하였다. 따라서 식민정부와 독립운동단체들 간에 독립절차에 대한 합의는 제대로 이루어지지 않았다. 모잠비크와 앙골라의 경우는 일부 독립운동단체들이 일방적으로 독립과 동시에 권력을 차지하여 기존의 다른 독립운동단체들과 갈등과 분쟁을 겪게 되었다. 포르투갈어권 아프리카 식민지는 1974년과 1975년 사이에 일제히 독립하였으나 불과 일 년 남짓한 독립준비 과정에서 식민정부로부터 독립정부로의 정권교체를 제대로 이루지 못했다.

모잠비크는 독립 당시 유일한 독립운동단체였던 모잠비크 해방전선(Frente de Libertação de Moçambique, 이하 FRELIMO로 약칭)이 독립정부 수립을 위한 선거 절차를 배제한 채 즉각적으로 독립정부를 수립했다. 모잠비크는 독립과 동시에 사회주의 노선을 선택하여 권위주의체제를 정착시켜 나갔다. 그러나 독립 이후 내전이 발생하였으며 이는 주변국 백인정권 – 로데지아(Rodésia, 현 짐바브웨) – 의 지원을 받아 형성된 반군단체인 모잠비크 민족저항(Resistência Nacional de Moçambique, 이하 RENAMO로 약칭)과 FRELIMO 사이의 분쟁이었다.

독립 이후 FRELIMO 정부는 강력한 중앙집권정책을 실시했고 중앙집권체제는 정치와 경제 전반에 걸쳐 위기에 직면하는 80년대 후반까지 유지되었다. 80년대 FRELIMO가 위기를 맞이하게 된 원인으로는 민주주의의 세계적인 확산, 사회주의체제의 정통성 붕괴, 경제정책의 실패, 정치 참여 요구의 증대, 무력을 통한 종족 간의 분쟁 등을 꼽을 수 있다. FRELIMO 정부는 이러한 위기를 극복하기 위하여 경제개혁정책을 시도했고, 87년 국제통화기금(IMF)의 구조조정 과정을 시작하였다. 또한 정치엘리트들은 실패한 중앙집권체제를 대신하여 민주화의 맥락에서 지방분권화정책을 구상하게 되었다. 모잠비크 정부는 90년대 들어서 정치·행정 개혁을 시작했으며 이는 내부적 위기의 확산이 주요 원인이었지만 대외적으로 국제환경의 변화, 즉 세계적인 민주화의 추세에 영향을 받았기 때문이기도 하다. 따라서 90년대 초 모잠비크 정부가 민주화와 병행해서 시작한 지방분권화는 경제 발전과 효율적인 정치를 위한 전제조건으로 인식되었다.

현실적으로 현대 민주주의제도와 절차는 모잠비크인들을 포함한 대부분의 아프리카인들의 관점에서 볼 때 추상적이며 정치 문화적으로도 생소한 제도이다. 90년대 초반에 모잠비크에 도입된 민주주의 제도는 수도 마푸토(Maputo)를 비롯한 일부 도시지역과 남부지역에 한정된 것으로 그 밖의 다른 지역, 특히 농촌지역에서는 거의 민주주의 정치제도를 경험하지 못하고 있는 실정이다.

모잠비크인들은 80%가 농촌지역에서 살고 있으며 이와 같이 국민의 다수를 차지하는 농촌 주민들은 전통 방식에 따라 자신들의 의견과 사고를 반영할 수 있는 지역의 지도자를 선택해왔다. 이렇게 선출된 지도자들은 중앙의 제도권에 융합되지 않은 채 지역의 전통적 지도자(autoridade tradicional)로써 역할을 수행하였다. 결국 농촌지역의 전통적인 제도는 오늘날까지도 농촌의 지역공동체를 유지하는 결속력과 응집력이 되고 있다.

모잠비크는 경제·사회·문화적 특성에 따라 크게 남부·중부·북부의 세 지역으로 구분된다. 식민통치 시기에 이러한 지역분할

성향은 경제구조뿐만 아니라 지역에 따라 차등적으로 시행된 식민
정책으로 인하여 심화되었다. 포르투갈의 식민정책은 수도인 마푸
토를 중심으로 한 남부지역에 국한되었고, 중부와 북부지역은 포르
투갈과 외국의 대규모 회사들에게 토지소유권이 양도되어 이들에
의해 통치되었다.

FRELIMO는 독립 이후 사회주의 노선을 채택하여 일부다처제나
주술행위 등과 같은 아프리카의 전통문화를 배척하는 억압정책을
강행하였다. 이는 전통성을 인정하지 않고 농촌문화의 뿌리를 부인
하는 것으로 농촌지역에서 심각한 반발을 불러일으켰다. 다수의 농
촌인구는 FRELIMO의 개혁적 사회주의 농촌정책에 반감을 품었으
며 이는 결국 농촌인구가 반군인 RENAMO 측으로 기울어지게 하
는 정치적 요인이 되었다. 그러나 FRELIMO는 이를 교훈으로 90년
대 개혁정책에서는 전통적 가치를 인정하고 흡수하여 근대화와 전
통성의 조화를 추구하였으며 또한 정치적으로 농촌지역에서
FRELIMO에 대한 낮은 지지율을 만회하는 계기로 삼고자 하였다.
FRELIMO는 지나치게 중앙집중화된 권한을 지방으로 분산시킴으
로써 정치 · 경제적인 측면에서 불균형한 발전을 바로잡는 한편 농
촌과 도시를 모두 지방자치화하려는 계획을 세웠다. FRELIMO 정
부의 정치 · 행정개혁 프로그램의 핵심은 지방분권화이며 이는 지방
자치제도의 시행을 통해 구체화되었다.

모잠비크에서 지방자치제도는 크게 두 가지 목표를 가지고 시행
되었다고 분석된다.

첫째, 중앙에서 지방으로 권력을 이양하고 지역 주민의 정치 참
여를 유도하여 안정된 민주화를 이루고자 하는 목표이다. 지방자치
제도는 지방정부에 자치권을 부여함으로써 정치 참여와 민주적 의

사결정 방법의 실현을 통하여 민주주의의 기초를 다지기 위한 것이다. 지방 수준에서 주민의 참여와 권한을 보장하는 제도적인 장치는 민주화 과정에서 필수적인 것이다. 국가 차원에서 민주주의의 틀만 있고 실질적으로 지방에서 민주주의가 뿌리를 내리지 않는다면 이는 형식적인 민주주의에 불과하기 때문이다. 이러한 형식적인 민주주의는 아프리카의 대부분의 국가들에서 시행되고 있으며 모잠비크도 예외적이지 않다.

　모잠비크의 경우 민주주의제도가 남부지역 및 일부 도시지역에서만 유지되고 있으며 대부분의 농촌지역은 전통 문화권에 포함되어 있어 민주제도가 폭넓게 정착하지 못했다. 아울러 모잠비크의 민주화 과정에서 도입된 정당제도는 다양한 유권자층의 이익을 대변하기보다는 일부 지역의 한정된 계층의 이익만을 대변하므로 대의제 민주주의의 역할을 하지 못하고 있다. 따라서 모잠비크처럼 정치·사회·문화적으로 균열된 사회에서 정당제도는 한계를 갖고 있다고 할 수 있다. 이러한 한계를 극복하고 실질적인 민주주의를 정착시키기 위해서 지방자치제도의 시행이 요구되었다.

　둘째, 정치·경제·행정적인 수준에서 발생한 지역 간 갈등과 불균형 이외에도 모잠비크는 언어·종교·문화적으로 균열된 사회구조를 갖고 있다. 따라서 지방자치제도를 통해 이러한 균열구도를 극복하고자 하는 것이다. 지방분권화는 지역 차원에서 정치 참여와 권력이양을 통해 지역 간의 분쟁과 갈등 요인을 완화하거나 해결할 수 있는 제도이다.[2] 모잠비크와 같이 균열된 사회에서는 정치·행

---

2) Donald Rothchild, "The Debate on Decentralization in Africa: An Overview", Donald Rothchild (ed.), *Strengthening African Local Initiative: Local Self-Governance, Decentralization and Accountability*, Hamburg African Studies, 3, Institute of African Affairs, 1996, p.1.

정적인 차원에서의 지방분권화가 민주주의의 안정적인 발전을 위해
필요하다. 지방분권화는 정치적으로나 경제적으로 소외된 지역과
종족들을 직접 정치에 참여할 수 있게 하는 기제가 된다. 또한 지
방분권화는 제도적이고 정치적인 차원에서 다양한 문화와 여러 종
족의 특성을 수용하므로 이들 간에 유발되는 분쟁 요인을 해결할
수 있는 구체적이고 현실적인 방안이다.[3] 민주화 과정에서 분권화
는 종족·지역적 균열의 통제 차원에서 중요한 것만이 아니고 무엇
보다도 권력의 집중은 그 속성상 민주주의를 손상시키는 경향이 있
어 민주화 정착에 걸림돌이 되기 때문이다.

　민주주의 발전에 있어서, 달(Robert A. Dahl)은 민주주의제도는
문화적으로 동질적인 국가에서 유지될 가능성이 더 크고, 문화적인
상이성이 존재하거나 하위문화와 갈등관계가 있는 국가에서는 발전
되기 어렵다고 주장한다.[4]

　본 연구에서는 모잠비크가 지방분권화를 통해 정치·사회·문화
적 균열구조를 극복하고 민주주의 제도를 정착시킬 수 있을 것인지
에 대해 문제의식을 제기하면서 연구를 진행하였다. 모잠비크에 대
한 사례연구는 다문화·다언어·다종족의 공통적 속성을 지닌 아프
리카 국가들이 지방분권화를 통해 민주주의를 발전시킬 수 있을지
를 가늠하는 척도가 될 것이다.

　본 연구는 모잠비크의 민주화 과정에서 시행한 지방분권화에 대
한 사례연구로 지방분권화가 시작된 배경과 과정 그리고 현재까지
의 지방자치제도 경험을 분석하고 아울러 지방분권화가 민주주의의

---

3) Bernhard Weimer, "Challenges for Democratization and Regional
　Development in Southern Africa: Focus on Mozambique", *Regional
　Development Dialogue*, Vol.17, no.2, 1996, p.54.
4) Robert A. Dahl, 김왕식 외 옮김, 『민주주의』, 서울: 동명사, 1999, p.197.

정착에 어떠한 영향을 끼칠 것인지 예측해 보고자 한다.

2. 연구 방법 및 분석틀

모잠비크의 지방분권화 과정은 시행 역사가 짧아 관련 자료가 매우 희소하다. 본 연구는 1차적으로 최근의 연구논문, 학술지, 서적, 정기간행물 등 자료를 수집하여 분석하였다. 그리고 지방분권화 경험에 관해서는 주민들은 물론 관련 학자들을 비롯하여 여러 지방자치단체장들과 도정부(governo provincial)와 국가행정부의 지방자치 담당 국장급 관료들의 인터뷰를 통해서 자료를 수집하였다. 1998년에 시행된 지방자치제도에 관한 자료나 정보는 세 차례의 모잠비크 현지 방문을 통해서 수집·확보하였다.[5] 지방자치선거에 관련해서는 모잠비크의 국가행정부와 중앙선거관리위원회에서 1차 자료(선거 관련 교육자료, *Mozambique Peace Process Bulletin*, 선거결과 보고서 등)를 확보하여 분석하였다. 그 밖에 지방분권화 경험에 대

---

5) 본 연구자는 모잠비크를 세 차례 방문하였으며, 1차 방문 시기는 2000년 1-2월, 2차 방문 시기 2000년 8월, 3차 방문 시기 2002년 1월이었으며, 이 기간 중 자료수집과 인터뷰를 위해 방문한 장소는 마푸토시에 있는 유엔개발프로그램(UNDP), 남뿔라시 있는 독일협력기구(GTZ)와 스위스협력기구(Cooperação Suíça), 남뿔라 도정부(Governo Provincial de Nampula), 껠리만느 소재 잠베지아 도정부(Governo Provincial de Zambézia), 중부와 북부에 있는 5개 자치단체(Quelimane, Monapo, Nampula, Nacala, Ilha de Moçambique), 모잠비크 통계청, 모잠비크 고문서보관소, 에두아르두 몬들란느 국립대학교(Universidade de Eduardo Mondlane) 도서관 등이었다. 동 대학의 바이머(Bernhard Weimer) 교수와 국제관계학대학 룬딘(Iraê Lundin) 교수 등은 인터뷰 및 자료를 제공해주었을 뿐만 아니라 본 연구자가 여러 도시의 자치단체장들과 담당 행정관료들을 인터뷰를 할 수 있도록 적극적으로 협조해 주었다.

한 분석 자료는 아직 간행되지 않은 논문들과 비공개 자료 등 현지
에서 직접 수집한 자료 및 인터넷상의 모잠비크에 관한 공개 자료
를 참조하였다.

본 연구에서는 모잠비크에서 민주화가 이루어지는 90년대를 연구
의 시대적 범위로 설정하고, 민주적 의식변화가 일어나게 된 역사
적 배경부터 지방자치제도가 시행되고 있는 현시점까지 포함하였
다. 그러나 모잠비크 현실에 대한 인식을 넓히기 위해 식민통치 시
기와 독립투쟁 기간 및 독립 이후의 권위주의체제 기간 역시 개괄
적으로 다루고자 한다.

모잠비크의 정치·사회적인 갈등과 분열 상황을 역사적인 맥락에
서 살펴보면 포르투갈 식민통치하의 모잠비크에서는 종족 간의 갈
등보다는 인종 간의 갈등이 정치적인 주요 쟁점이었다. 이는 문명
인 대 비문명인, 유럽인 대 아프리카인, 백인 대 토착민으로 대별되
었으며 차별정책으로 인하여 초래된 식민지의 갈등구조를 갖게 되
었다. 식민통치 시기에는 모잠비크의 여러 종족들이 비유럽인이라
는 동일한 카테고리로 분류되었으므로 종족 간의 갈등 문제는 표면
화되지 않았다. 독립과 더불어 특정한 지역과 종족에 기반을 둔 소
수의 엘리트들이 권력을 잡고 중앙집권적인 통치를 실시하게 되었
다. 이러한 중앙집권체제는 중앙의 정치권력에서 배제된 지역과 종
족들의 불만을 초래하였고 결국 지역적 요소와 종족적 요소가 결합
되면서 분쟁으로 이어졌다. 따라서 FRELIMO와 반정부단체인
RENAMO 사이에 발생한 내전은 지역·종족 간의 갈등과 균열을
더욱 악화시켰다.

이때부터 모잠비크의 정치균열구조는 남부지역에 기반을 둔 정부
와 중·북부지역에 기반을 둔 반정부단체의 대립구도로 바뀌었다.

FRELIMO와 RENAMO 간의 내전(1977-1992)은 16년간 지속되었다. 90년대 들어 이탈리아 정부의 중재로 정부와 반정부단체 간에 내전 종식을 위한 평화협상이 이루어지면서 1992년에 평화조약이 체결되었다. 이에 따라 UN이 군대해산, 전쟁 난민의 정착, 선거 준비 등을 지도 및 감시하게 됨으로써 1994년에 이르러 최초로 민주적 다당제 선거가 실시되었다. 이 선거를 통해서 RENAMO는 반정부단체에서 야당으로 전환하였으며 다당제하에서 여당과 야당의 대립구도 양상을 띠게 되었다.

민주화 과정에서 여당과 야당의 경쟁구도는 기본적으로 지역적 기반을 달리하는 정당들 간의 대립양상으로 보이고 있으나 복합적으로 도시 · 농촌 간의 균열구도를 나타내기도 한다. 여당은 남부지방과 도시에서 보다 확고한 지지기반을 구축하였고 야당은 중 · 북부지방과 농촌을 중심으로 지지기반을 형성하고 있다. 모잠비크 민주화 과정에서 주된 변화는 제도적인 차원에서 일당제에서 다당제로의 전환과 중앙집권체제에서 지방분권체제로의 전환이다.

본 연구에서는 지방분권화에 대한 구체적인 분석에 들어가기에 앞서 민주화의 관점에서 모잠비크의 정치 · 경제 · 사회 · 문화적 배경을 개괄적으로 소개하고자 한다.

모잠비크는 1990년대 초반 헌법 개정과 평화조약 그리고 다당제 민주선거를 통하여 민주화를 시작했으며 동시에 지방분권화정책을 추진하였다. 1998년 6월 지방자치선거를 통해 33개 지역에서 지방자치단체장과 시의원이 선출되면서 지방자치제도가 시작되었고, 시행된 지 4년이 지난 현재 이 지방자치제도는 제도 · 행정 · 재정 · 정치적인 차원에서 다양한 문제점을 드러내고 있다. 따라서 본 연구에서는 지방분권화가 시작된 배경과 과정, 그리고 현재까지의 분권화 경험을 분석하고자 한다.

　본 연구에서 다루는 모잠비크의 민주화 과정을 간략하게 분석모
형으로 제시하면 다음과 같다.

〈그림 I-1〉 모잠비크의 민주화 과정 분석모형

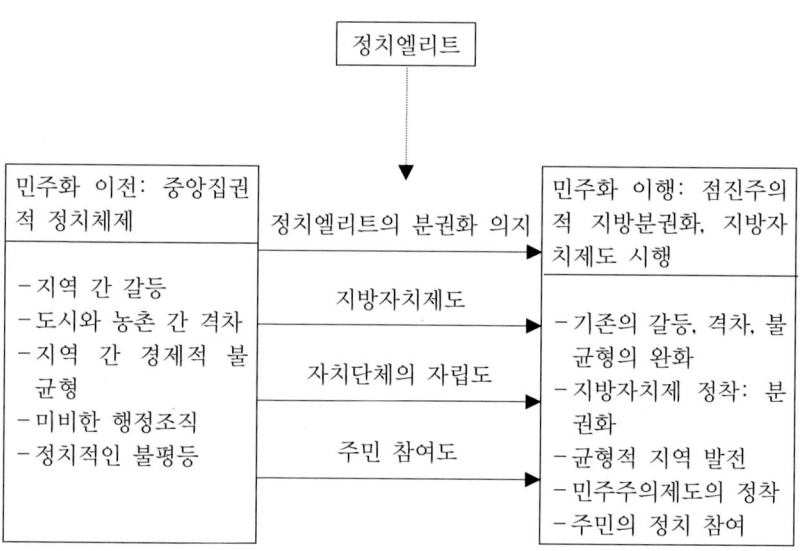

본 연구는 모잠비크 민주화 과정에서의 지방분권화에 대해 역사적 접근을 통한 학제 간 연구 방법으로 고찰하였다. 지방분권화는 민주주의의 정착에 기여한다는 명제하에서 모잠비크의 지방자치제도를 정치·행정·재정·제도적인 측면에서 분석하였다. 또한 지방분권화 과정에서 중요한 변수로 작용하는 정치엘리트의 분권화 의지, 주민 참여도, 지방자치제도, 자치단체의 행정과 재정 자립도 등도 연계하여 분석하였다.

지방분권화가 시작된 원인을 분석하는 시각은 크게 두 가지로 구분할 수 있다. 첫 번째는 국제기구와 NGO 등의 수혜제공기관들에 의한 외부의 압력으로 시작되었다는 시각이다. 두 번째는 FRELIMO 정부의 전통적 엘리트를 포함한 일부 사회계층을 배제시키는 정책, 비현실적 농촌정책, 권위주의체제의 경직성 등 내부적 요인에 의해 초래되었다는 시각이다. 본 연구자는 두 시각이 상호 연관되어 있으나 내부적 원인이 결정적으로 중앙집권체제에서 지방분권체제로의 변화를 초래한 것으로 인식하고 분석의 초점을 내부적 요인에 두었다.

모잠비크에서 지방분권화의 시행으로 기대되는 효과인 지역 주민의 정치 참여, 행정 효율성의 제고, 지역경제의 발전 등 긍정적인 측면과 중앙정부의 개입, 높은 재정 의존도, 지방 행정인력의 부족 등 부정적인 측면을 분석하였다.

모잠비크의 지방분권화는 민주화와 마찬가지로 정치엘리트들이 주도하는 위로부터 아래로 시행되는 과정6)으로 정치엘리트들의 분

---

6) 헌팅턴(Samuel P. Huntington)은 1974년부터 1990년 사이에 발생한 민주화 과정을 유형별로 구분하였다. 즉, 위로부터의 민주화(transformation), 타협을 통한 민주화(replacement), 밑으로부터의 민주화(transplacement)의 세 가지로 분류했다. 헌팅턴은 민주화의 주요 경향은 위로부터의 민주화와 타협을 통한 민주화라고 지적한다. Samuel P. Huntington, "How Countries Democratize", *Political Science Quarterly*, Vol.106, no.4,

권화 의지는 지방분권의 성패를 좌우하는 주요 변수이다. 이에 관한 분석은 지방자치를 담당하고 있는 잠베지아지방과 남뿔라지방의 행정관료들과 바이머, 룬딘, 쎄하(Carlos Serra) 등 관련 분야 학자들의 인터뷰 자료를 통해 이루어졌다. 그 밖에 주민의 참여도는 지방선거 결과와 마푸토시, 잠베지아지방, 남뿔라지방의 주민 인터뷰를 통해서 분석하였으며 자치단체의 자립도를 평가하기 위해서는 자치법과 자치 경험 등을 분석하였다. 본 연구에서 궁극적으로 모잠비크의 민주화 과정에서 지방분권화의 메카니즘이 민주주의제도를 정착시키고 균열된 사회의 갈등을 완화시키는 역동적 기능을 하고 있는지 현행 지방자치제도의 경험에 대한 분석을 통해서 밝히고자 하였다.[7]

1991-1992, 신윤환 역, "권위주의체제의 유형과 민주화의 경로", 김웅진·박찬욱·신윤환 편역,『비교정치론 강의 2: 제3세계의 정치변동과 정치경제』, 서울: 한울아카데미, 1992.

7) 본 연구에서 포르투갈어와 아프리카 종족어로 된 지명과 인명 등은 원어발음에 충실하게 한글로 표기했고 포르투갈어이지만 일반적으로 영어 표기법으로 알려진 어휘의 경우는 영어식 발음으로 표기했다. 영어 표기법으로 쓰인 경우는 포르투갈, 모잠비크, 마푸토, 에스쿠도 등이다.

제2장 모잠비크의 지정학적 배경 및 독립과정

1. 역사적 · 지정학적 배경

모잠비크는 지리적으로 남북으로 길게 펼쳐진 형태로 총 면적이 799,380Km²로 남한의 약 9배의 크기이며, 남부지역은 아열대 기후대, 북부지역은 열대기후대에 속한다. 지형적으로는 전체적으로 완만하며 중부와 북부지방은 해발 500미터가 넘는 고원지대와 해발 2000미터 이상의 산악지대로 형성되어 있다.[8]

모잠비크에는 상당한 양의 광물자원(금, 티타늄, 대리석, 철)이 매장된 것으로 알려지지만 아직까지 개발되지 않은 상태이다. 석유는 발견되지 않고 있으나 천연가스가 매장되어 있는 것으로 조사되어 모잠비크 정부는 외국인의 투자를 기대하고 있다. 지하자원 이외에 모잠비크는 수력발전의 개발 가능성을 갖고 있고 특히 중부지방을 관통하는 잠베지강은 수력발전 능력이 커서 현재 댐을 재개발 중이다. 모잠비크는 전통적인 농업국가로 식민통치 시기에 사탕수수, 코프라(copra),[9] 면, 캐쉬넛(cashew nut), 차, 담배 등의 환금작물을 재배했었다. 그러나 농업부문은 독립 이후 내전으로 인해 심각한 피해를 입었고 현재는 정부와 국제기구의 지원으로 농업부문이 미약하게나마 활성화되고 있다. 기후 조건을 볼 때, 모잠비크의 남부지방은 건조하고 비가 많이 내리지 않아 농사에는 적합하지 않으나 중부와 북부지방은 토양이 비옥하고 비가 적당하게 내려 농사하기에 알맞은 지역이다. 중부와 북부지방에는 인구가 밀집되어 충분한 농사 인력을 확보하는 데 어려움이 없었기 때문에 식민통치 시기에는 이러한 밀집된 인구와 기후조건으로 환금작물과 주식을 위한 농작물들이 대농장과

---

8) EIU, *EIU Country Profile 2000: Mozambique*, London: The Economist Intelligence Unit, 2000, p.17.
9) 코프라는 야자의 과육을 말린 것으로 이것을 짜서 야자유를 만든다.

외국양도회사들에 의해 재배되었다. 총 2,500킬로미터 이상 되는 긴 해안선을 가지고 있어 풍부한 수산자원을 보유하고 있으며 모잠비크 해안에서 포획되는 새우는 2000년대 초반까지 단일품목으로는 국내 최대의 수출 품목이었다.[10] 모잠비크의 주요 수출품으로는 새우에 이어서 캐쉬넛, 목화, 목재, 설탕, 코프라 순으로 비중을 차지한다.

과거 식민시대에 모잠비크 경제에서 운송업이 차지하는 비중은 매우 컸다. 이는 모잠비크의 인접국들인 짐바브웨와 말라위가 내륙 국가이므로 물류 운송을 위해서는 모잠비크의 항구를 이용해야 하는 상황이었기 때문이다. 구체적으로 이들 국가들은 모잠비크 중부와 북부에 위치하는 베이라(Beira) 항구와 나깔라(Nacala) 항구를 이용하는 것이 물류 이동에 있어서 가장 경제적이었다. 마푸토항구의 경우 남아프리카공화국의 요하네스버그(Johannesburg)에서 585㎞ 거리에 위치해 있어 남아프리카공화국의 지역 경제에 편입되어 있다고 할 수 있다. 식민통치 시기에 마푸토, 베이라, 나깔라 항구는 남동부 아프리카 지역의 경제권에 포함되어 있었고, 이 지역의 주요 운송망으로 이용되었으며 대규모의 외국투자를 유치했다. 이 운송망은 식민정부의 외화획득에 중요한 역할을 했다. 이에 반해 모잠비크는 영토가 남북으로 긴 형태로 지역과 지역을 잇는 국내 교통망은 발달되지 않았다. 그러나 포르투갈의 식민통치가 집중되었던 남부지역은 중·북부지역에 비해서 교통망이 비교적 발달된 편이다. 구체적으로 2000년대 초반부터 남부에 위치한 수도 마푸토에서 중부지역의 베이라까지는 도로상태가 개선되어 상대적으로 나은 편이다. 그 외 중부와 북부지역 그리고 내륙지역은 도로망이 발달되지 않았을 뿐만 아니라 도로 상태도 열악하다. 또한 중부와 북부지역의 도로망과 철도

---

10) *Ibid.*

32

망은 독립전쟁과 16년간의 내전을 겪으면서 상당히 파괴되었고 아직
완전히 복구되지 않은 상태이다. 전쟁으로 인한 피해 이외에도 홍수
와 태풍 같은 자연재해로 인해 교통망이 심각한 타격을 입었다. 특히
2000년 2월 발생한 대홍수는 남부지방에 엄청난 피해를 끼쳤고 이주
민만 80만 명이 발생했으며 건물피해는 물론 남부지방에서 중부지방
을 잇는 도로망이 심하게 파괴되었다. 이러한 열악한 국내 교통망 상
황은 모잠비크 경제에 부정적인 영향을 주고 있다. 예를 들어, 열악
한 운송망은 중·북부지역의 잉여농산물을 다른 지역으로 유통시키
는 데 어려움을 초래하고 있다. 그러나 〈표 Ⅱ-1〉에 의하면 모잠비크
의 도로 상태는 1994년부터 급격히 호전되고 있다. 1994년 열악하고
이용이 불가능한 상태의 도로가 76%, 97년 42%, 2001년 30%로 줄
면서 도로상태가 개선되고 있음을 나타내고 있다.

〈표 Ⅱ-1〉 모잠비크의 도로상태

상 태	1994	1997	2001(a)
좋음(Good)	3%	20%	33%
양호함(Reasonable)	21%	38%	37%
열악함(Poor)	48%	32%	28%
이동 불가능함(Impossible)	28%	10%	2%

주: (a)는 계획임.
출처 - Ministry of Public Works, *EIU Country Profile 2000: Mozambique*, p.18.

도로 상태의 개선과 도로망 확장은 모잠비크의 경제, 정치, 행정, 문화
등 전반적인 분야에서 발전의 열쇠가 된다고 할 수 있다. 특히 교통망의
부재는 경제 개발을 시도하는 데 장애 요인이 되었다. 또한 열악한 교통
망 사정으로 인해 지리적으로 수도로부터 멀리 떨어진 중·북부지역에
는 중앙정부의 행정력이 제대로 미치지 않았으며, 이곳은 정치적으로

반정부 세력인 RENAMO의 지지기반이 뿌리 내린 지역이 되었다.

〈그림 Ⅱ-1〉은 1996년 각 지방별 도로 상태를 나타내고 있는데 여기서 주목할 만한 점은 중부의 쏘팔라(Sofala)지방이다. 쏘팔라지방은 야당의 지지율이 가장 높은 지방으로 농촌인구를 중심으로 해서 야당의 지지기반이 형성된 곳이다. 이 지방은 90년대 중반까지 40% 이상의 도로가 이용 불가능했으며, 80% 이상이 열악한 도로 상태에 있었다. 쏘팔라지방 이외에 북부의 까부 델가두(Cabo Delgado)지방과 니아싸(Niassa)지방의 도로상태도 열악했으며 최근 들어 이러한 상황을 개선하기 위해 모잠비크 정부는 여러 외국기관과 기업의 원조와 협력을 통해서 교통망 시설 보수 및 확충에 노력하고 있다. 모잠비크의 남북으로 긴 지리적 특성과 열악한 교통망은 중앙집권체제의 비효율성과 중앙정부의 행정적 공백을 초래한 원인으로 작용하였다.

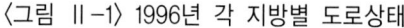

〈그림 Ⅱ-1〉 1996년 각 지방별 도로상태

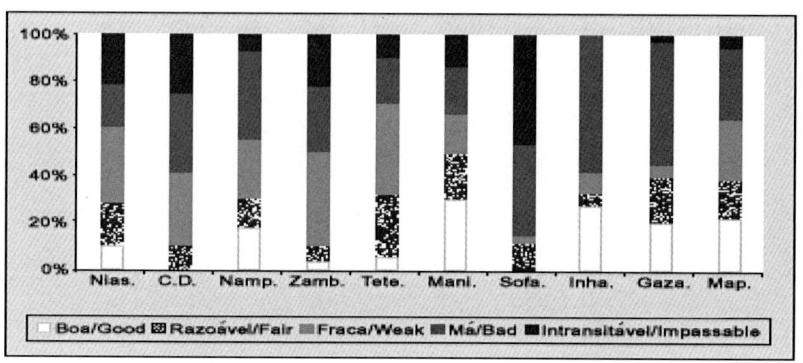

출처 - Instituto Nacional de Estatística, *Moçambique em Números 1997*, Maputo, 1998, p.30.

34

<그림 Ⅱ-2〉 20세기 모잠비크의 종족분포도

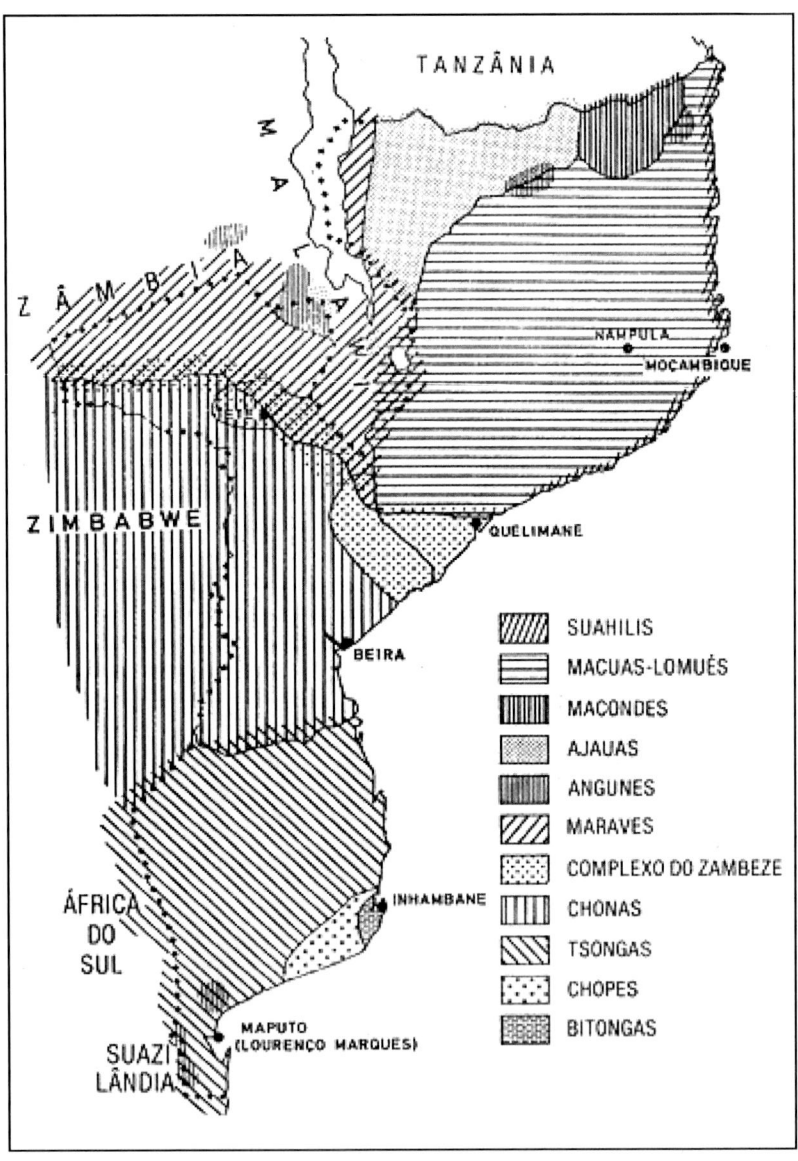

SUAHILIS
MACUAS-LOMUÉS
MACONDES
AJAUAS
ANGUNES
MARAVES
COMPLEXO DO ZAMBEZE
CHONAS
TSONGAS
CHOPES
BITONGAS

출처 - René Pélissier, *História de Moçambique: formação e oposição 1854-1918*, Lisboa: Editorial Estampa, 1987, p.33.

　모잠비크의 인구 구성을 보면 대부분이 반투족(Bantu)으로 특성은 모계나 부계제도 속에서 자신들의 전통적인 사회조직을 갖고 있는 것이다. 잠베지(Zambezi)강을 중심으로 북부는 모계사회이고 남부는 부계사회로 구분된다. 모잠비크에는 20여 종족이 존재하며 각 종족은 대개 특정한 지역에 군집해 거주하고 고유의 지역적인 특성을 갖고 있다.

　모잠비크에 거주하는 20여 종족의 지역적 분포도인 〈그림 Ⅱ-2〉를 보면, 북부의 일부 지역과 까부 델가두지방은 마꽁드(Maconde), 북부 전체와 잠베지아지방은 마꾸아-롬웨(Makua-Lomwe), 떼뜨지방은 마라비(Maravi), 잠베지 남부의 마니까지방과 소팔라지방은 쇼나-카랑가(Shona-Karanga), 사브(Save)강 이남은 총가(Tsonga), 남부지역은 응구네스(Ngunes)종족이 살고 있다. 북부지역은 이슬람의 영향을 많이 받은 인구 밀집 지역이다. 북부지역의 마꾸아-롬웨종족은 모잠비크 인구의 47%를 차지하는 다수 종족 그룹이지만 현재 정치적으로 중요한 위치를 차지하지 못하고 있다. 대신 남부의 소수 종족 그룹인 총가종족이 정치엘리트 그룹을 형성하고 있다. 중부지역은 인구 밀도가 높은 지역이지만 경제적으로 매우 낙후되어 있으며 중부와 북부지역은 남부지역에 비해 정치적으로나 경제적으로 혜택을 받지 못하고 있다. 모잠비크의 20여 종족 그룹들은 여러 하부 종족 그룹으로 다시 세분화되지만 종족성이 직접적으로 정치에 영향을 미치고 있는 상황은 아니다.

〈표 II-2〉 각 지방별 사용언어 비율

지 방	언 어	비율(%)
까부 델가두(Cabo Delgado)	마꾸아(Macua)	67.8
	마꽁드(Maconde)	23.5
	음와니(Mwani)	5.6
니아싸(Niassa)	마꾸아(Macua)	53.7
	야우(Yao)	36.4
	웅얀자(Nyanja)	7.8
남뿔라(Nampula)	마꾸아(Macua)	96.4
잠베지아(Zambézia)	롬웨(Lomwe)	37.2
	슈와부(Chuwabo)	26
	마렌드(Marende)	15.6
	쎄나(Sena)	10.5
떼뜨(Tete)	웅얀자(Nyanja)	41.7
	웅융게(Nyungué)	27.8
	쎄나(Sena)	17.6
마니까(Manica)	웅융게(Nyungué)	6.6
	쇼나(Shona)	57.7
	쎄나(Sena)	28.8
쏘팔라(Sofala)	슈와부(Chuwabo)	2.3
	쎄나(Sena)	53.1
	쇼나(Shona)	34
잉얌반느(Inhambane)	츠와(Tswa)	61.3
	통가(Tonga)	16.6
	쇼삐(Chopi)	11.4
가자(Gaza)	총가(Tsonga)	91.3
	쇼삐(Chopi)	6.9
마푸토(Maputo)	총가(Tsonga)	55.1
	롱가(Ronga)	36.4
수도 마푸토(Maputo)	총가(Tsonga)	32.2
	롱가(Ronga)	32.2
	쇼삐(Chopi)	10.7
	포르투갈어	10.4
	통가(Tonga)	5.9

출처 - Maria José Carvalho, "A Língua Portuguesa em Moçambique", *Aspectos sintático-semântico dos verbos locativos no português oral de Maputo*, Autor(ed.), 1998을 재구성함.

　지방별 사용언어를 구체적으로 살펴보고자 한다. 〈표 Ⅱ-2〉에 의하면 북부지역의 까부 델가두지방, 니아싸지방, 남뿔라지방에서는 마꾸아어가 압도적으로 많이 사용되는 것을 알 수 있다. 마꾸아어에 이어서 총가어가 많이 사용되는데 이는 남부의 가자지방, 마푸토지방, 그리고 수도 마푸토에서 주로 쓰인다. 종족어 중에서 가장 많이 사용되는 언어가 마꾸아(Macua)로 약 42%, 총가(Tsonga)는 27%, 나로자/쎄나(Naroja/Sena)는 7-9%, 쇼나(Shona)는 5-7%의 인구에 의해 사용된다.11)

　〈표 Ⅱ-2〉에는 남부지역에서 많이 사용되는 쉬샹가나(Xichangana)어가 포함되어 있지 않다. 이는 아프리카 종족어에 대한 연구가 아직 미진한 단계에 머물러 있고 학자나 연구 기관별로 언어를 분류하는 데 상당한 차이를 보이고 있기 때문인 것으로 풀이된다. 모잠비크 소재 UNDP(유엔개발기구)의 통계자료에 의하면, 모잠비크에서 가장 많이 사용되는 종족어는 마꾸아어로 26.3%, 이어서 쉬샹가나어 11.4%, 롬웨(Lomwe) 7.9%로 나타났다. 이러한 종족어들의 사용 경계지역은 지리적으로 정확하게 표시되어 있지 않다. 종족어 분포도의 경계선이 명확히 구분되지 않는 현상은 모잠비크 내에서뿐만이 아니라 모잠비크의 인접국들과의 관계에서도 나타난다. 모잠비크의 공용어는 포르투갈어이지만 포르투갈어를 모국어처럼 사용하는 인구는 6.5-8.8% 정도에 불과하다. 도시지역의 경우, 포르투갈어를 모국어처럼 구사하는 사람들은 17-26%로 이는 농촌지역의 3배에 해당하여 포르투갈어를 구사하는 것은 도시적인 현상으로 분석된다. 포르투갈어를 쓰지는 못하고 말만 할 줄 아는 인구는 40% 정도이다.12) 포르투갈어를 능숙하게 사용하는 인

---

11)　Maria José Carvalho, "A Língua Portuguesa em Moçambique", *Aspectos sintático-semántico dos verbos locativos no português oral de Maputo*, Autor(ed.), 1998.

38

구가 10% 미만인 것은 종족 간의 의사소통에 포르투갈어가 제대로 활
용될 수 없다는 것을 의미한다. 또한 국가 차원에서는 다양한 언어권으
로 구분된 상황에서 의사소통의 문제로 인한 행정 공백이 발생하는 것
을 뜻한다. 언어는 다양한 문화권을 하나로 연결시켜주는 중요한 매개
체의 구실을 한다. 그러나 모잠비크처럼 공용어인 포르투갈어를 사용
하는 인구가 적은 경우는 이 언어가 국가의 틀 안에서 여러 종족을 하
나로 묶을 수 있는 구심점 역할을 하지 못하고 있다고 할 수 있다. 모잠
비크의 경우 중앙집권체제하에서 지역 간 의사소통의 어려움은 정치와
행정 차원에서 체제의 효율성을 떨어뜨리는 원인이 되었다.

모잠비크에서 종교는 지역에 따라 다양하게 분포되어 있다. 〈그
림 Ⅱ-3〉에 따르면, 가장 지배적인 종교는 가톨릭으로 23.8%이며,
이슬람교와 시온파 교회[13]는 각기 17.8%와 17.5%이다.

12) UNDP, *Mozambique: National Human Development Report 1999*,
Maputo, 2000, p.18. 언어 통계자료는 모잠비크 통계청에서 97년도 실
시한 조사 자료에 근거한 것이다.
13) 시온파 교회(Zionist Church)는 남아프리카에 있는 예언 · 치유의 집단
들이다. 나이지리아에서는 '알라둘라'종파로, 가나에서는 '성령교회'로,
다른 대부분의 아프리카지역에서는 '예언 · 치유의 교회'로 알려진 독
립교회이다. *브리태니커 세계대백과사전*, 1993, 서울: 브리태니커 &
동아일보사, Vol.13, pp.416-417.

〈그림 II-3〉 모잠비크의 종교인구 분포도

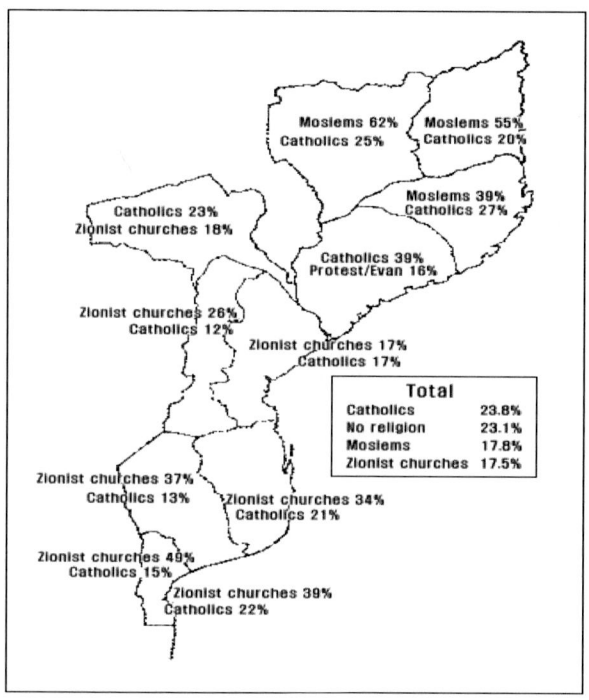

출처 – UNDP, *Mozambique: National Human Development Report 1999*, Maputo,
   2000, p.19.

가톨릭의 경우는 주로 도시권에서 강한 영향력을 나타내며, 중남
부지역의 남뿔라지방, 잠베지아지방, 떼뜨지방은 20-30% 정도가 가
톨릭인구로 비교적 높은 비율을 차지하고 있다. 이는 포르투갈이
초기에 식민지 개척을 시작했던 지방들로 장기간 동안 포르투갈 가
톨릭 선교활동의 영향권하에 있었기 때문이다.

   그 밖에 이슬람교는 북부의 까부 델가두지방, 니아싸지방, 남뿔라
지방에서 지배적인 종교로, 52%가 이슬람교도들이다. 포르투갈인들
이 15세기 말 아프리카의 동부 해안에 도착하기 전까지 아랍 세력

40

이 이 지역을 장악하고 있었다. 19세기 모슬렘 공동체들은 북부지방에서 빠르게 내륙 지역으로 확산되어 갔고 잠베지강 유역 이북지방으로 세력을 확장해 갔다. 이슬람교도들이 모잠비크의 해안지대에서 내륙지방으로 교역을 위해 이동하면서 이슬람식 생활방식과 종교적 요소들이 그곳에 전파되었다. 1840년경, 야우(Yao)와 마꾸아종족은 모잠비크 해안지대에 거주하던 모슬렘들의 생활풍습을 이미 상당히 받아들인 상태였다. 그리고 1870년-1890년에는 이슬람이 북부지역에서 유행처럼 번졌다. 그러나 이슬람 영향은 잠베지강 북부지역에 한정된 것으로 잠베지강 유역이 종교적 국경선이 되었다.

이슬람 문화가 널리 확산된 북부지역과는 달리 잠베지강 이남에서는 아프리카 전통문화와 포르투갈문화가 지배적이다. 남부 아프리카에서 토착화된 종교인 시온파 교회는 모잠비크 남부의 마푸토지방, 가자지방, 잉얌반느지방, 수도 마푸토 등에서 40%를 차지하며 높은 분포도를 보이고 있다14)

1997년의 모잠비크 인구조사 자료에 의하면 교육받은 인구 비율이 매우 낮은 것으로 드러났다. 성인의 문자해득률은 39.6%에 불과하며, 〈그림 Ⅱ-4〉에 의하면 문자해득률은 지역별과 성별에 따라서 커다란 차이를 보이고 있다.

14) Malyn Newitt, *A History of Mozambique*, Johannesburg: Witwatersrand University Press, 1995, pp.437-438.

〈그림 II-4〉 1997년 지역별과 성별 문자해득률

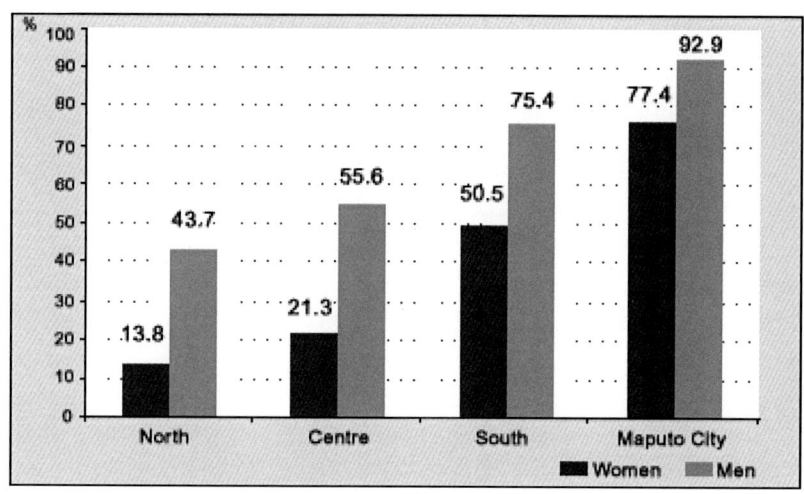

출처 - UNDP, *Mozambique: National Human Development Report 1999*, Maputo, 2000, p.28.

북부지역의 경우, 겨우 14%의 여성인구와 44%의 남성인구가 문맹자가 아닌 것으로 드러났다. 이에 비해 마푸토시는 여성들의 77%, 남성들의 93%가 글을 아는 것으로 집계되었다. 글을 읽고 쓸 줄 아는 인구의 비율은 각각 농촌이 28%, 도시가 65%로 도시와 농촌 간에 커다란 격차를 보이고 있다. 도시는 여성인구의 54%, 남성인구의 80%, 농촌은 여성인구의 15%, 남성인구의 44%가 비문맹자로 밝혀졌다.[15] 포르투갈어의 경우, 주로 도시지역에서 사용되며 농촌지역으로 갈수록 포르투갈어를 구사할 줄 아는 인구가 줄어든다. 그리고 여성들보다는 남성들이 포르투갈어를 구사하는 비율이 높다.

일반적으로 문맹률은 교육과 밀접하게 관련되어 있다. 교육 수준

15) UNDP, *Mozambique: National Human Development Report 1999*, Maputo, 2000, p.28.

은 발전을 평가하는 중요한 척도로 사용되며 이는 구체적으로 성인 문맹률과 초등, 중등, 고등학교 취학률을 통해서 알 수 있다. 모잠 비크의 경우, 문자해득률과 취학률은 비례한 것으로 나타났다. 1997 년도 통계에 의하면 초등학교 취학률 66.8%, 중학교 취학률 39.9%, 고등학교 취학률 0.3%로 드러났다. 모잠비크 인구의 78%가 초등교 육을 마치지 않았으며 이 중에 69.5%가 남성인구이고 86%가 여성 인구이다. 교육 수준은 농촌으로 갈수록 낮아지며 농촌인구의 1.3% 만이 중등교육을 받은 것에서도 나타난다. 일반적으로 대부분의 젊 은층 인구는 초등교육을 마치고 나서 더 이상 교육의 혜택을 받기 란 여건상으로 어렵다. 중등과 고등교육기관이 수적으로 급격히 줄 어들 뿐만 아니라 가난한 현실로 인해 어린이들과 청소년들이 노동 력으로 이용되기 때문이다. 모잠비크의 취학률은 도시에서는 상대 적으로 높지만 농촌으로 갈수록 낮아져 지역 간 차이가 크고, 남부 에서 북부지역으로 갈수록 취학률이 현격히 저하된다.

지역 간 격차는 취학률, 문자해득률, 교통망, 일인당 국민소득 등 에서 비슷한 양상으로 나타난다. 마푸토시의 일인당 소득이 1,426달 러로 잠베지아지방의 134달러보다 10.6배가 많다. 그리고 잠베지아 지방의 소득 증가율이 가장 낮기 때문에 앞으로도 마푸토시를 추월 할 가능성은 없다. 1996년-98년 사이에 잠베지아지방의 소득은 32 달러 상승한 데 비해 마푸토시는 352달러 증가했다. 다시 말해서, 마푸토시의 소득 상승분은 잠베지아 총소득의 세 배에 해당한다. 이러한 일인당 소득과 소득증가율의 격차는 모잠비크의 지역 간 경 제 수준차가 매우 크다는 사실을 입증한다.[16] 이러한 지역 간의 격

---

16) UNDP, *Mozambique: National Human Development Report 1999*, Maputo, 2000, *Mozambique Peace Process Bulletin*, Issue 25, August 2000, p.8에서 재인용.

차와 불균형은 이미 식민통치 시기에 유래된 것으로 모잠비크에서
포르투갈의 식민통치 역사를 통해서 구체적으로 살펴보고자 한다.

우선 포르투갈인들이 모잠비크를 발견해서 식민지화하는 과정을
간략하게 살펴보자면, 포르투갈의 동 마누엘 1세(Dom Manuel I,
1495-1521) 통치 시기에 항해자 바스코 다 가마(Vasco da Gama)는
인도로 가는 도중인 1498년에 모잠비크 중부지역의 모잠비크섬(Ilha
de Moçambique)에 도착했다. 당시 모잠비크에는 이미 아랍문화가
유입되어 있었다. 포르투갈인들은 인도 및 극동지역으로 가는 항로
에서 중간기착지로 모잠비크에 교두보를 세우며 자신들의 입지를 강
화해 갔다. 포르투갈인들은 점진적으로 해안지역을 따라 정착해 나
갔고 먼저 모잠비크섬, 소팔라지방, 잉얌반느지방과 마푸토지방에 교
역을 위한 거점을 세웠다. 이 중에서 모잠비크섬은 모잠비크의 수도
가 되었고 그 후 1902년에는 로우렌쑤 마르께스(Lourenço Marques
는 현재의 마푸토)가 이전되었다.[17)

16세기 후반과 17세기 초반에 포르투갈은 소규모의 교역기지를
잠베지강 내륙에 세웠다. 일부 포르투갈인들이 토지양도제도인 쁘라
주제도(o sistema de prazos)[18)를 통해서 토지에 대한 양도권을 획

---

17) 로우렌쑤 마르께스로 수도를 옮긴 이유는 모잠비크 경제가 남아프리카
공화국 경제와 연계되어 발전할 가능성이 있었기 때문이다. 그리고 모
잠비크섬은 경제적인 중요성을 상실했고 지리적으로도 남부아프리카의
주요 경제권으로부터 지나치게 멀리 위치해 있었다. 무엇보다도 최남단
에 위치한 지역에 수도를 정한 것은 장기적인 안목에서 모잠비크의 경
제적 발전을 고려한 것이었다. 그러나 행정적으로는 전체 영토에 대한
통치가 불가능했으므로 중부와 북부지역의 영토를 분할하여 여러 양도
회사들에게 개발권을 양도했다. 새로운 수도의 위치는 남아프리카공화
국의 경제권에 포함되는 지역으로 로우렌쑤 마르께스와 남아프리카공
화국을 잇는 철도망과 교역망이 구축되면서 양국 간에 활발한 교역이
이루어지기 시작했다. Malyn Newitt, *op. cit.*, 1995, p.382.

44

득하기 시작했다. 토지양도제도는 포르투갈 왕에게 속한 토지를 일
정 기간 양도하는 것으로 이 양도권을 받은 자들은 양도받은 토지를
지키기 위해 각자 군대를 보유할 수 있었다. 양도권의 대가로는 양
도받은 넓은 땅에서 얻어진 수확물의 일부는 포르투갈 왕에게 세금
으로 지불되었다. 그러나 1750년경에는 토지양도권을 가진 쁘라제이
루들(prazeiros)은 아프리카화되어 갔으며 이들 대부분은 포르투갈
왕권으로부터 독립적으로 농장을 경영하기에 이르렀다.[19] 대규모로
양도되었던 이 토지들은 19세기 후반에 대농장(plantações)으로 전
환되거나 또는 외국자본의 거대한 양도회사들에 흡수되었다.[20]

모잠비크에서 토지양도제도의 도입과 동시에 아프리카인들은 대
농장의 강제 노역에 투입되었고 상당한 규모의 노예무역이 1650년
이후 본격적으로 시작되었다. 이어서 18세기 중반부터 19세기 중반
까지 상당수의 아프리카인들이 노예로 팔려갔고, 노예무역이 1836
년부터 법으로 금지되었지만 현실적으로는 실효를 거두지 못했다.
19세기 말까지 거의 백만 명에 이르는 모잠비크인들이 노예로 외국
에 팔려갔다.

1800년대 중반부터 1880년대 후반까지 포르투갈은 모잠비크의 일
부 해안 지역에서만 교역활동을 했으며 내륙지방으로는 거의 침투
해 들어가지 못했다. 이러한 제약으로 인해 1885년까지 포르투갈은

---

18) 쁘라주(prazos) 제도는 포르투갈이 식민영토에서 교역을 보호하고 사
   람들이 정착할 수 있도록 넓은 영토를 일정 기간 동안 양도하는 것이
   다. 영토의 양도권를 받은 자들을 쁘라제이루(prazeiros)라고 하며 이들
   은 본국에 세금을 지불해야 했다. A. H. de Oliveira Marques, *História
   de Portugal*, Vol. II, Lisboa: Palas Editores, 1986, p.200 참조.
19) Armelle Anders, *História da Africa Lusófona*, original title: Histoire de
   l'Afrique Lusophone, Mem Martins: Editorial Inquérito, 1997, p.39.
20) *Ibid.*, p.70.

아프리카에서 효과적인 식민정책을 펼치지 못했다. 그러나 포르투 갈 식민통치역사에서 19세기 후반과 20세기 초반은 포르투갈이 자 국의 해외 식민영토를 보호하면서 동시에 영토를 확장하고자 적극 적으로 외교활동을 펼친 시기였다. 이때 유럽의 열강들 역시 아프 리카 식민지에 대한 야심을 품고 있었으며 관심 있는 지역을 차지 하여 자국의 영향력을 확대하려고 시도했다. 영국, 프랑스, 독일에 비해서 군사력이나 경제력이 전반적으로 약세인 포르투갈은 아프리 카 식민지에 대한 역사적인 권리만을 주장했다.

식민열강들의 경쟁 속에서 아프리카 서부의 앙골라 해안에서 영 국과 프랑스가 포르투갈을 위협했으며 특히 아프리카 종족들을 선 동해서 포르투갈 식민통치에 저항하도록 유도했다. 그래서 1855년 포르투갈은 아프리카 서부해안에 있는 앙브리즈(Ambriz)에 군사력 을 배치했고 체계적으로 앙골라를 점령해가기 시작했다. 그러나 자 이레강 유역에서는 통치권을 상실했고 어렵게 까빈다(Cabinda) 지 역만을 유지할 수 있었다. 이러한 이유로 오늘날 까빈다는 앙골라 영토와 분리되어 콩고공화국 내에 위치하게 되었다.[21]

아프리카의 동쪽해안에서는 모잠비크를 둘러싸고 영국과 독일이 포르투갈과 각축을 벌였으며, 장기간에 걸쳐 영국은 모잠비크의 남 부지방, 특히 로우렌쑤 마르께스에서 포르투갈 식민 세력을 축출하 려고 시도했다. 이 지역에는 지정학적으로 중요한 로우렌쑤 마르께 스 항구가 위치해 있으며 이는 내륙지방(hinterland)과 연계되는 주 변 지역의 경제 발전에 있어서 전략적으로 중요한 항구였다.[22] 모 잠비크의 북부지역에서 포르투갈은 자신들의 식민지 국경선을 확정 지으려고 했지만 당시 탄자니아를 차지하고 있던 독일과 마찰을 일

---

21) Oliveira Marques., *op. cit.*, (Vol.Ⅲ), pp.202-203.
22) *Ibid.*, pp.203-204.

으키게 되었다. 1894년 독일은 탄자니아의 남쪽지역을 통해 모잠비크의 북부지역으로 내려와 그 지역에 있던 포르투갈 세력을 축출했다. 포르투갈은 이에 대해 항의했으나 상황은 변하지 않았고 1914년-18년의 제1차대전이 끝나고서야 포르투갈은 그 지역을 되찾을 수 있었다. 유럽열강들의 식민지 확장을 위한 각축전 속에서 포르투갈은 어렵게 자국령 아프리카 식민지를 지켜나갔다. 특히 제1차세계대전이 발발했을 때 자국의 식민지를 지킬 목적으로 포르투갈은 중립노선을 포기하고 1916년 4월에 연합군 측에 가담했으며.[23) 연합국 승리의 결과로 20세기에도 아프리카에서 식민지들을 유지할 수 있었다.

아프리카 식민지와 관련해서 포르투갈은 대외적인 어려움에 직면했을 뿐만 아니라 식민지 내부적으로도 아프리카 종족들의 봉기와 반란으로 많은 어려움에 부딪치게 되었다. 20세기 초반까지 앙골라, 모잠비크, 포르투갈령 기네(Guiné Portuguesa, 현 기네 비싸우)에서 여러 종족들을 정복해 나가는 과정에서 거의 끊임없이 이들의 저항과 봉기에 직면했다. 기네와 앙골라에 비해 모잠비크에서는 포르투갈이 대규모 군대를 동원해서 현지의 저항 세력을 와해시켜야 했다. 포르투갈은 특히 모잠비크의 남부와 중부지방, 그리고 남로데지아(현 짐바브웨)의 일부 지역을 지배하는 바뚜아(Vátua)제국과 충돌하게 되었다. 바뚜아제국은 체계적인 조직을 갖추고 있었고 궁근야나(Gungunhana)가 황제로 군림하면서 포르투갈을 끊임없이 위협했다. 바뚜아들은 영국과 남아프리카공화국의 식민 지주들로부터 군사적·재정적·기술적 원조를 받았으며 이들 식민 지주들은 포르투갈 식민당국을 약화시키고 차후에 영국 식민당국으로 대체할 의

---

23) Armelle Enders, *op. cit.*, p.71.

도를 갖고 있었다.[24] 1890년대에 바뚜아들은 마푸토를 공격했고 이로 인해 백인들과 서구화된 아프리카인들은 심한 불안감을 느끼게 되었다. 이 문제를 해결하기 위해 본국 정부는 안또니우 이아네스 (António Eanes)에게 전폭적인 권한을 위임하여 모잠비크로 파견했다. 이아네스는 체계적으로 반란진압 공격을 주도했고 결국 1895년에 궁근야나를 제거했다.[25]

20세기에 들어 포르투갈은 모잠비크에서 제한적으로 일부 지역만을 식민지화할 수 있었다. 포르투갈의 식민지배는 남부의 마푸토 지역과 해안의 일부 지역을 중심으로 실현되었다. 모잠비크에 대한 포르투갈의 제한된 식민통치는 영국과 남아프리카공화국이 모잠비크에서 많은 영향력을 행사하는 것을 가능케 했다. 특히 경제 분야에서 이 두 국가들은 지배적인 역할을 담당했다. 이러한 다른 국가들의 개입 현상은 모잠비크 이외의 포르투갈령 식민지에서는 발생하지 않았다.

1886년부터 1930년까지 포르투갈은 아프리카 식민지를 실제적이고 효율적으로 지배하기 시작했다. 이 기간은 아프리카에 대한 유럽 열강들의 제국주의적인 지배가 시작된 시기이다. 베를린회의 (1884-1885) 이후 식민영토와 유럽 열강들 간에 새로운 형태의 관계가 수립되었다. 따라서 포르투갈도 모잠비크에서 국경을 확정짓고 군사, 행정, 경제적인 차원에서 새로운 제도를 도입해 효과적으로 식민영토를 점령해 나갔다.

요약하자면 포르투갈은 15세기 말에 모잠비크를 발견했지만 모잠비크를 실제적으로 식민화하기 시작한 것은 19세기 말엽이었다. 식민본국은 모잠비크 영토를 분할통치하는 정책을 시행했고 포르투갈

---

24) Oliveira Marques, *op. cit.*, (Vol.Ⅲ), pp.217-218.
25) *Ibid.*, pp.218-220.

의 식민통치는 일부 해안지역 도시들과 남부지역에 국한된 것이었
다. 이는 차후 모잠비크의 지역적 분할 성향을 심화시키는 일부 원
인이 되었다.

2. 포르투갈의 식민정책

1) 동화정책과 강제노역정책

포르투갈 식민정책의 기저에는 흑인들은 '포르투갈 시민과는 다
르며 같아질 수 없다'는 인종차별적 사고방식이 깔려 있었고 이러
한 사고는 포르투갈의 식민주의를 정당화시켰다. 자국민에 대한 우
월주의적인 사고는 '루조트로피컬리즘'(o lusotropicalismo)으로 이론
화되고 포르투갈의 식민정책은 물론 인종 간의 관계를 법률적으로
제도화하는 데 필요한 기본 사상이 되었다. 이 루조트로피컬리즘은
브라질의 문화인류학자인 질베르뚜 프레이르(Gilberto Freyre)에 의
해 이론화되었고, 포르투갈의 식민지 역사는 '인종과 문화의 조화'
를 통해서 이루어졌다는 내용을 골자로 하고 있다. 이 이론은 살라
자르26)(Oliveira Salazar)의 신국가27)(o Estado Novo) 체제가 도입

---

26) 살라자르는 꼬잉브라대학교(Universidade de Coimbra)의 경제학 교수
출신으로 정계에 입문해 국회의원을 지냈다. 1928년 재정부장관으로
재직하면서 포르투갈 정부가 당면한 심각한 재정과 경제 문제를 해결
하면서 거의 '구세주'로까지 인정을 받게 되었다. 그러면서 점차 정치
와 군사적인 문제에서까지 영향력을 행사하게 되었다. 살라자르는
1930년과 1931년에 '신국가'에 대한 구상을 구체화했으며, 곧 신국가체
제는 살라자르로 하여금 장기적인 독재정치를 가능하게 했다. 살라자
르는 1932년에 수상으로 취임하여 1968년까지 신국가체제를 통해서
독재정치를 강행했다.

된 1930년대부터 포르투갈의 인종차별적 식민정책을 정당화하기 위
해서 확산되었다.

살라자르는 1930년에 자신의 철학적 사고를 반영한 식민지법
(Acto Colonial)을 제정했다. 이 식민지법의 조항에는 "우리 인종의 확
산을 통한 식민지화를 장려하는"28) 것이 포르투갈의 의무라고 밝혔으며
이는 식민지정책이 인종적 우월주의에서 출발했음을 시사한 것이다.
또한 살라자르는 1933년의 연설에서 식민제도와 관련해서 "우리는 열
등한 인종들을 보호하기 위해서 더욱더 효과적으로 잘 조직되어야 한다"고
언급했다.29) 또한 흑인들을 단순한 노동력을 제공하는 무지한 대상
으로 인식했고 문명을 통해서 그들을 개화시켜야 한다고 보았다. 살

27) 1926년 6월 17일 포르투갈에서 고므스 다 꼬스따(Gomes da Costa)
장군의 지휘하에 쿠데타가 일어났고 이어서 7월 9일에 꼬르드스(Sinel
de Cordes) 장군이 쿠데타를 일으켜 꼬스따 장군을 축출했다. 이때부
터 포르투갈은 군사독재 정치를 시작했고 심각한 경제난을 타계할 방
법을 모색해야 했다. 군사정부는 경제전문가인 살라자르를 재정부장관
으로 기용하고 폭넓은 권한을 위임했다. 살라자르는 정치와 군사 분야
로 권한을 확대해 갔으며 '신국가'의 기틀을 마련했다. 1930년 지도층
엘리트들은 신국가가 국가의 면모를 갖출 수 있도록 선전과 경찰 활
동을 적극적으로 펼쳤다. 법적인 틀을 중요시하며 신국가는 정통성으
로 외관을 갖춘 신헌법을 제정하고 이를 새로운 정치질서의 기초라고
강조했다. 또한 강력한 민족주의적 정치를 채택해야 할 필요성을 역설
했다. 신국가의 특징이라면 권위주의적인 통치와 비밀경찰제도 그리고
언론통제와 지식인에 대한 탄압을 꼽을 수 있다. Douglas L. Wheeler,
História de Portugal 1910-1926, orginal title: *Republican Portugal -
A Political History 1910-1926*, Mem Martins: Publicações Europa-
América, 1978, pp.276-278.
28) António de Oliveira Salazar, *Discursos (1928-1934)*, in Dalila Cabrita
Mateus, *A Luta pela Independência: A Formação das Elites
Fundadores da FRELIMO, MPLA e PAIGC*, Mem Martins: Editorial
Inquérito, 1999, p.19.
29) *Ibid.*, pp.19-20.

50

라자르는 매우 극단적인 인종차별적 사고를 갖고 있었으며 이를 현실에서 그대로 적용했다. 따라서 살라자르 정권은 인종차별정책을 루조트로피칼리즘으로 미화한 식민통치 관련법과 규정을 제정하였다. 이에 관한 대표적인 정책으로 원주민제도(o indigenato)와 동화정책(a política de assimilação)을 꼽을 수 있으며 이는 포르투갈의 문화적 가치를 기준으로 아프리카인들을 개화시키기 위해서 시행되었다.

포르투갈의 모잠비크에 대한 식민정책은 1890년대 중반에 발생한 모잠비크 종족들의 반란과 봉기를 진압시킨 후 본격적으로 추진되었다. 공식적으로 원주민제도를 도입했으며 이 제도는 모든 원주민을 비문명인(não civilizados)으로, 법적으로는 '이등급 시민'으로 규정했다. 표면적으로 원주민제도는 아프리카인들을 교육시키고 문명을 전수한다는 긍정적인 취지를 갖고 있다. 그러나 이 제도는 포르투갈의 자민족중심적인 시각에 의거해서 아프리카인들을 법률상 '문명인'과 '비문명인'의 두 등급으로 나누었다. '비문명인'에는 모든 아프리카인들과 메스띠쑤(mestiços - 혼혈인)를 포함한 원주민들이 포함되었고, 문명인은 모든 백인과 동화인(assimilados) 즉, 개화된 혼혈인들과 아프리카인들로 구성되었다.[30]

동화인이 된다는 것은 개화된 사람들에 속한다는 것을 의미했다.[31] 동화인의 지위(status)에 도달하기 위해서는 18세 이상이어야 하고, 포르투갈어를 쓰고, 읽고, 유창하게 말할 수 있어야 하며, 월급을 받는 직장인이어야 하고, 포르투갈인들처럼 먹고, 옷을 입고, 같은 종교를 가지고 있어야 하며, 유럽인들과 유사한 생활방식과

30) Gerald Bender, *Angola sob o Domínio Português - Mito e Realidade*, Lisboa: Sá da Costa, 1976, pp.196-216 참조.
31) Eduardo de S. Ferreira, *O Fim de uma Era*, Lisboa: Sá da Costa, 1977, p.141.

습관을 유지해야 하고 범죄 기록이 없어야 했다.[32]

현실적으로 매우 적은 수의 아프리카인들만이 동화인으로 인정받았으며 그 이유는 일반적으로 아프리카인들에는 교육의 기회가 거의 주어지지 않았기 때문이다. 아프리카인들의 교육은 '문명화 과정'의 틀 안에서 대부분 종교단체에 의해서 이루어졌으며 교육의 혜택을 받는 아프리카인들은 극히 적은 수에 불과했다.[33] 이러한 사실은 동화인들의 통계수치에서 명백히 드러났다. 1950년 앙골라에서 아프리카인의 수는 4,000,000명가량이었고 이 중에 단 30,000명이 동화인으로, 모잠비크의 경우는 5,600,000명의 아프리카인 중에서 4,300명이 동화인으로, 포르투갈령 기네는 503,000명 중에서 1,500명만이 동화인으로 나타났다.[34]

아프리카인들에게 전반적으로 교육의 기회[35]가 적게 부여되었던 것 외에도 동화인이 되는 경우 여러 가지 의무가 뒤따랐다. 즉, 높은 세금을 내야 했고, 국방의 의무를 이행해야 했으므로 동화인의 숫자는 적을 수밖에 없었다. 그러나 동화인이 되면 강제노역이 면제되고 일자리를 얻기가 수월했다. 노동기관의 소장을 지낸 멘드스(Mendes)가 강제노역을 제외한 일반 노동 임금의 차별과 아프리카 노동자와 유럽계 노동자 간의 임금격차에 대해 밝힌 바에 따르면 아프리카인은 동화인이 되어 직업을 갖게 되어도 임금 수준에서는

---

32) Gerald Bender, *op. cit.*, p.216.
33) 1950년 문맹자의 비율은 기네 99%, 앙골라 97%, 모잠비크 98%에 달했다. 그러나 아프리카 식민지의 문맹률만 높았던 것이 아니라 포르투갈도 역시 44%라는 높은 문맹률을 갖고 있었다. Armelle Enders, *op. cit.*, p.89.
34) Eduardo de S. Ferreira, *op. cit.*, p.142.
35) 이 당시 교육환경은 매우 열악하여 앙골라와 모잠비크의 경우 학생 수가 전체 인구의 3%에 불과했다. 조이환, "포르투갈의 '신국가'(Estado Novo) 정치체제에 관한 연구", 한국외국어대학교 박사논문, 1987, p.69.

52

여전히 백인의 1/3에서 1/6 정도밖에 받지 못했다. 즉, 농촌인구와 동화인들의 평균월급은 600에스쿠도(escudos)[36]였고, 유럽계 노동자들이 대부분인 도시노동자의 월 평균임금은 이보다 여섯 배가량 많았다.[37] 백인들은 사회적으로 높은 지위를 차지할 수 있었고 경제적인 이익을 추구할 수 있도록 법적으로 보호받았다.

1950년대 문명인의 수치 역시 동화인의 수치만큼이나 전체 아프리카인 수에서 매우 낮은 비율을 나타내고 있다. 〈표 Ⅱ-3〉의 통계 수치에 따르면, 모잠비크의 경우 문명인의 수가 전체 인구의 1.6% 정도에 불과하다.

〈표 Ⅱ-3〉 1953년 포르투갈령 아프리카 식민지의 인구

식민지	거주인구	비문명인	문명인
모잠비크	5,732,317	5,640,363	91,954
앙골라	4,145,266	4,009,911	135,355
기네 비싸우	510,777	502,457	8,320
합 계	10,388,360	10,152,731	235,629

출처: INE(Instituto Nacional de Estatística), *Anuário Estatístico do Ultramar*, 1953, pp.36-37, Dalila Cabrita Mateus, *A Luta pela Independência*, Mem Martins: Inquérito, 1999, p.23에서 재인용.

동화정책과 강제노역정책(o sistema de trabalho forçado)을 통한 포르투갈 식민정부의 아프리카인들에 대한 차별대우는 결국 이들의 불만을 불러일으켰고 무장봉기로 이어졌다. 60년대 초 모잠비크, 앙골라 그리고 포르투갈령 기네에서 발생한 식민통치에 대한 반발과 저항은 식민정책에 일련의 개혁을 가져왔다. 원주민제도는 문명인

---

36) 에스쿠도(escudo)는 포르투갈의 화폐단위이다.
37) Eduardo de S. Ferreira, *op. cit.*, p.37.

과 비문명인의 기준을 없앴고 이어서 제도 자체가 폐지되었다. 또
한 새로운 아프리카 지역행정기구가 설립되었고 토지와 관련된 양
도권과 점유권에 대한 규정이 엄격해졌다. 무임금의 강제노역제도
역시 폐지되었다.[38]

그러나 이러한 개혁정책들은 근본적인 변화를 가져오지 못했다.
1961년과 그 이후의 개혁은 아프리카인들에게 더 많은 자유를 주었
지만 백인들과의 동등한 권리를 허용하지는 않았다. 포르투갈 정부
는 식민지에서 농촌 개발문제를 해결하려고 농촌 이주정책을 폈다.
수도권의 주민을 농촌으로 이주시켜서 농업을 활성화하고자 하는
의도였다. 분산된 인구를 모아 마을을 형성했는데, 이는 한편으로는
농촌 개발을 위한 것이었고 다른 한편으로는 독립운동단체들이 농
촌지역으로 침투해 들어가는 것을 막기 위한 목적이었다.

포르투갈의 동화정책은 법률적으로 원주민제도를 통해서 시행되
었으며 대체적으로 농촌보다는 도시에 사는 아프리카인들이 포르투
갈 문화에 더 쉽게 동화되는 현상이 일어났다. 동화 과정은 아프리
카인들 중에서 소수의 그룹을 선별하는 작업인 동시에 일종의 사회
침투 과정이었다. 동화된 흑인과 혼혈 엘리트는 자신의 사회적 임
무인 중재자의 역할 내지는 사회적 압력을 흡수하는 역할을 수행하
는 것이었다.[39]

식민정부는 정치적으로 동화정책을 통해 형성된 소수의 흑인과
혼혈 엘리트로 하여금 포르투갈의 식민정책을 수행하게 했다. 또한

---

38) Gerald Bender, *op. cit.*, p.223.
39) Roger Bastide, "Lusotropicology, Race, and Nationalism, and Class
Protest and Development in Brazil and Portuguese Africa", in
Ronald Chilcote, *Protest and Resistance in Angola and Brazil*, Los
Angeles: Univ. of California, 1972, p.228.

포르투갈은 경제적으로 강제노역정책을 시행하여 저임금 또는 무임금으로 다수의 흑인 노동력을 대규모 농장과 국책 사업에 투입해 경제적 이익을 추구했다. 강제노역제도는 19세기 말에 완전히 폐지되었던 노예무역을 대체하기 위해 등장했다. 포르투갈은 1875년 새로운 조항을 도입해서 생산력이 없는 모든 흑인들을 무위도식자(vagabundo)로 규정하고 이들을 무임금의 노동 조건으로 계약하는 것을 허용했다. 즉, 이 강제노역제도는 과거 노예를 통해서 사용했던 노동력을 합법적인 틀 안에서 이용하고자 하는 의도에서 고안되었다. 1875년 4월 29일자 법에 의해 수립된 강제노역제도는 의무노동에 관해 다루었으나 곧 1878년에 일부 수정되었다. 변경된 부분을 보면, '포르투갈 해외영토의 모든 원주민들은 도덕적이고 합법적인 의무 내에서 노동을 해야 하며 이는 스스로의 사회적 조건을 향상시킬 것이다. 이 의무를 이행하는 방법을 선택할 권리가 있으며 의무를 이행하지 않을 경우에는 당국이 의무이행을 요구한다'[40]는 내용이다. 또한 아프리카인들이 이 법을 위반했을 경우, 국가나 개인들을 위해 강제노동이 부과되었다.

1911년 포르투갈공화국 헌법은 원주민의 강제노역을 인정하나 법으로 노역 기간을 2년으로 제한하고 주인이 체벌하는 것을 금지시켰다. 1926년-1928년 사이 '신국가'의 정책은 계약노동법에 변화를 가져왔다. 새로운 원주민법 (leis indígenas)은 이론적으로는 무위도식자에게 부여되었던 강제노역 조항을 삭제했으나 아프리카인들이 일 년 중 일정 기간 동안 급여를 받고 노동을 해야 하며 이러한 자유노동을 거절했을 경우는 국가에 의해 강제 계약될 수 있다는 것

40) Silva Cunha, *O Trabalho Indígena*, Lisboa: Agência Geral do Ultramar, 1955, p.147.

이었다. 이어서 1928년에 노동법과 관련해서 보호조항이 발표되었는데 이는 아프리카인들에게 공공부문에 한하여 강제노역이 부과된다는 것이었다. 법적으로 백인들의 개인 농장이 공공부문에 포함되어 있었으므로 백인 지주들에게 값싼 노동력의 제공을 보장하게 되었다.

1955년에는 법적으로 강제노역이 공공건설 분야에서만 허용되었고 만일 사적인 목적으로 사용했을 경우에는 엄격하게 처벌되었다. 그러나 강제노역은 개인들에게도 계속적으로 제공되었고 1961년에야 전면적으로 금지되었다. 강제노역제도는 식민 지주들에게 저임금 또는 무임금의 노동력을 제공한 것으로 현실적으로 아프리카 노동자들을 목화농장이나 커피농장 등으로 대규모 이민을 떠나게 하였다. 그리고 유럽인들이 아프리카인들의 토지를 점유한 사실은 아프리카인들에게 사회·경제적으로 심각한 문제를 야기했다. 그중에서도 강제노역제도나 동화정책은 아프리카의 전통적인 생활방식을 바꿔놓았고, 아프리카인들의 불만과 폭동을 초래했으며 결국은 민족주의적 독립운동의 도화선이 되었다.

2) 간접통치: '헤굴라두'[41] (Regulado) 제도

포르투갈은 왕정 시기에 식민제도의 첫 단계로 모잠비크 영토를 군사적으로 정복하면서 본격적으로 식민지화를 단행했다. 이 단계에서 포르투갈은 모잠비크 여러 종족들의 강한 저항과 투쟁에 부딪쳐 군사력을 사용해야 했다. 무력을 통해 강행된 식민제도는 1890년대 중반부터 시작하여 정착하는 데까지 20년 이상 소요되었다.

---

41) 헤굴라두(Regulado)제도는 포르투갈 식민정부가 모잠비크를 통치하기 위해서 아프리카 전통적 지도자인 헤굴루(régulo)를 행정관료로 기용하는 제도이다.

포르투갈 식민본국은 군사력을 동원해 봉기와 반란을 무력으로
진압한 후 행정개혁에 착수했다. 1930-1933년의 행정개혁은 우선적
으로 포르투갈령 식민지 조직을 단일화하는 것이었다. 식민지의 명
칭을 '해외지방'(províncias ultramarinas)으로 변경하고 각 식민지에
총독을 임명했다. 포르투갈령 기네와 앙골라 그리고 모잠비크에서
행정구(distrito) 단위로 영토를 구획하고 새로운 지역행정체제를 수
립했다.[42]

새롭게 설정된 행정구역에는 행정관들과 행정소장들이 임명되었
다. 행정관료들은 이전의 족장들을 대체해서 식민정부가 선출한 아
프리카 전통적 지도자들인 헤굴루로 구성되기도 했다. 헤굴루들은
포르투갈의 식민정책이 원활하게 시행될 수 있도록 정치적이고 행
정적인 역할을 담당했다. 제국주의 시대의 식민정책의 골자는 경제
적인 차원에서 아프리카 노동력을 이용한다는 것이었다. 이를 위해
현지 주민들에게 주택세(o imposto de palhota)를 의무적으로 부과
했고 세금을 낼 수 있게 하기 위해서 돈을 벌도록 강요했다. 세금
징수는 행정관들인 헤굴루들과 그 하급직원들의 몫이었고, 징수된
세금은 임금 지불, 건물, 도로 등의 식민행정 구조를 확장하는 데
쓰였다.[43] 행정관료들은 새롭게 도입된 세금납부 의무를 이행할 수
있도록 농촌인구를 설득하는 것이 주요 과제였다. 그러나 납세 의
무를 지키지 못한 사람들의 경우 쉬운 해결책으로 대농장이나 철
도, 항만, 도로 등 공공건설 분야에서 강제노동을 시켰다.

포르투갈은 19세기 말엽에 모잠비크를 효과적으로 식민화하기 위
해서 적극적인 식민관료를 보내 통치하게 했다. 대표적인 행정관료

42) Armelle Enders, *op. cit.*, p.87.
43) Aurélio Rocha et al., *O Colonialismo Português em Moçambique, 1886-1930*, unpublished paper.

는 안또니우 이아네스, 알부께르끄(Mousinho de Albuquerque), 샤
비에르(Caldas Xavier)이며 이들은 모잠비크인들의 노동력을 최대
한도로 활용하기 위해서 강경책을 사용했다. 자본주의적인 발전을
하기 위해서 부족한 노동력을 아프리카인들의 강제노역을 통해서
해결했다.

식민통치기에 전통적 지도자들은 대략 1600명 정도였고 이들은
행정관 직급의 헤굴루였으며, 이들에 비해 직위가 낮은 서기관 급
의 식민관료는 남부 지역에 20,000명가량 있었다. 이 두 계급의 관
료들은 모잠비크의 역사에서 '귀족'으로 군림했으며 이들의 대부분
은 식민통치 기간 동안에 식민정부에 복종했다. 그러나 일부는 거
절했으며, 이러한 경우 식민정부는 그 직책을 대신할 다른 사람을
임명했다. 대부분 임명된 사람들은 전통적인 승계 순서상에는 없었
던 사람들이었다. 식민정부와의 관계에서 이 계급의 사람들 가운데
형식적으로 복종을 받아들인 경우와 식민정부의 요구를 최소한 만
족시키기 위해 처신한 사람들로 구분되었다.

알렉산더(Jocelyn Alexander)에 의하면, 헤굴라두제도는 족장제도
(chieftaincy)로서 헤굴루의 의무와 책임이 일부 식민 행정부에 속
한 것이었지만, 농민들은 헤굴루가 대중적인 정통성을 가지고 아프
리카 언어와 문화 속에서 살면서 전통적인 지위를 누리는 것으로
이해했다. 알렉산더는 이러한 사실을 부인하지 않지만 헤굴루 업무
의 성격이 전통적인 분야가 아닌 식민행정 분야임을 지적했다.[44]

---

44) Jocelyn Alexandre, "Land and Political Authority in Post-War
    Mozambique: A View from Manica Province", Madison: Land
    Tenure Center, University of Wisconsin-Madison/MOA, 1994, in
    Merle Bowen, *op. cit.*, p.48. Iraê Baptista Lundin, "Traditional
    Authority in Mozambique", *op. cit.*, p.39. 헤굴루의 역할에 대해서 상
    징적이고 종교적인 것으로 간주하는 관점과 정치적이고 행정적인 역할

실제적으로 식민통치 시기에 헤굴루의 역할은 행정적 차원에서 매우 중요했으며, 특히 이들은 포르투갈 식민정부가 침투해 들어갈 수 없었던 농촌지역과 중·북부지역의 행정공백을 채우는 역할을 했다.

3) 불균형한 경제정책

19세기 후반 포르투갈 정부는 정치적, 경제적, 군사적인 능력의 한계로 자신들이 직접 모잠비크를 개발하는 것은 불가능하다고 판단했고, 민간회사에 개발권을 양도하는 방법으로 방대한 식민지의 개발을 시도했다. 이러한 시도는 영국, 독일, 프랑스 등 유럽 열강들이 아프리카를 놓고 식민지 경쟁을 벌이고 있는 상황에서 포르투갈이 자국의 식민지를 효율적으로 통치해야 할 필요성을 인식한 데서 비롯되었다. 포르투갈은 베를린회의(1884-1885) 이후 모잠비크뿐만 아니라 그 밖의 포르투갈령 식민지인 앙골라, 까부 베르드, 기네 비싸우, 싸웅 또메 이 쁘린씨쁘에 대한 식민통치를 강화하기 시작했다.

1886년부터 1930년까지 새로운 경제제도가 도입되어 여러 부문에 적용되었다. 그중 농업부문은 모잠비크 인구의 대부분이 농업에 종사하는 것을 고려할 때 전략적으로 중요한 부문이었다. 농업부문은 경작 규모에 따라 크게 세 가지 형태로 구분되었다.

첫째, 대농장(plantações)에서의 작물재배이다. 사탕수수, 야자수, 사이잘삼, 차가 재배되었고 이러한 작물과 관련된 산업이 병행해서

로 보는 시각이 있다. 오늘날 지방분권화 과정에서 헤굴루의 지위와 역할을 수용해야 하는가에 대해서 긍정적인 의견과 부정적인 의견으로 나뉜다. 헤굴루의 역할이 지방분권화에 긍정적인 영향을 미칠 것이라고 보는 대표적인 학자는 룬딘(I. Lundin)이며, 헤굴루 역할의 부활에 대해 부정적으로 보는 학자로는 바이머(B. Weimer)를 꼽을 수 있다.

발달했다. 대농장은 잠베지아지방, 까부 델가두지방, 마니까지방에
서 발달했으며 생산된 작물의 대부분은 수출되었다.

둘째, 농민들이 가족경작농지(machambas familiares)에서 하는
소규모 단위의 농작물재배이다. 소규모로 작물이 재배되어 수출되
었을 뿐만 아니라 대농장에서 일하는 수천 명의 인부들의 식량까지
도 충당되었다. 수출용이나 내수용의 주요 교역 상품은 옥수수와
땅콩이었다. 남부의 가자지방, 마푸토지방, 잉얌반느지방에서는 많
은 농민들이 남아프리카공화국으로 노동이민을 떠났으므로 노동력
이 부족했다. 이 지역에서는 농민들이 잉여 농산물을 생산해내지
못했으나 20년대 남아연방(현 남아프리카공화국)으로 노동이민을
떠났던 인력들이 농기구들을 구입해 돌아오면서 적은 노동력으로
많은 생산물을 수확하게 되었다.

셋째, 식민 지주들의 중소규모의 농지이다. 식민 지주의 농지에서
는 아프리카인들을 고용해 지역별로 다양한 작물들을 재배했다. 코
프러, 캐쉬넛, 옥수수, 목화 등을 재배했고 일부 지역에서는 대남아
프리카공화국 수출과 자국 내 소비를 위해 가축을 키우기도 했다.

1930년 대외 수출 비중을 살펴보면, 대농장이 전체 수출의 40%,
농민들의 소농지가 28%, 식민 지주의 중소농지가 10%를 차지했고,
나머지는 기타 식용 기름, 술, 토산품, 광물 등이 22%를 점유했다.[45]

〈그림 Ⅱ-5〉에서 나타나듯이 모잠비크에서는 1890년부터 대규모
유럽계 외국 회사들이 거의 국가와 같은 권한을 갖고 일부 지역을
양도받아 대농장체제로 운영했다. 1898년 대부분이 영국과 프랑스
의 자본으로 이루어진 모잠비크회사(Companhia de Moçambique)
가 설립되었고 3년 후인 1891년 이 회사는 중부지방의 14만 평방킬

---

45) Aurélio Rocha, op. cit.

로미터의 영토에 대한 통치권을 양도받았다. 따라서 모잠비크의 중
부지방에서 행정적 · 정치적인 권한, 세금징수권, 세관업무 권한 등
방대한 통제권을 행사했다. 그리고 자신들의 관할 영토에 대한 모
든 경제 활동을 감독할 수 있었으며, 개발계획을 구상하고, 산업을
일으키고, 은행을 열고, 다양한 분야에서 교역을 하고, 농업과 광업
권을 부분적으로 임대하거나 이전할 수도 있었다. 모잠비크회사는
농업(쌀, 목화, 고무, 사탕수수, 커피), 교역, 산업(직물산업)의 장려
를 통해서 중부지방의 발전에 결정적으로 기여했다.

1893년 모잠비크회사와 유사한 니아싸회사(Companhia do Niassa)
는 영국과 프랑스가 같은 비율의 자본을 출자함으로써 설립되었다.
유사한 권한을 갖게 된 이 회사는 북부지방의 로부마(Rovuma)강과
루리우(Lúrio)강 사이의 20만 평방킬로미터에 이르는 영토에 대한 양
도권을 소유했다.

이부(Ibo)에 소재지를 둔 니아싸회사는 철과 석탄 등의 광물을
채굴하기 위해 양도받은 넓은 지역의 개발을 시도했다. 그러나 이
회사는 아프리카 종족들의 폭동과 반란에 대한 두려움으로 내륙으
로 침투해 들어가지 못했고 적절한 경제 개발도 시도하지 못했
다.46)

---

46) A. H. Oliveira Marques, *História de Portugal*, Vol. Ⅲ, Lisboa: Palas
    Editores, 1986, 11장 África 참조.

〈그림 Ⅱ-5〉 외국양도회사의 지방별 분포도

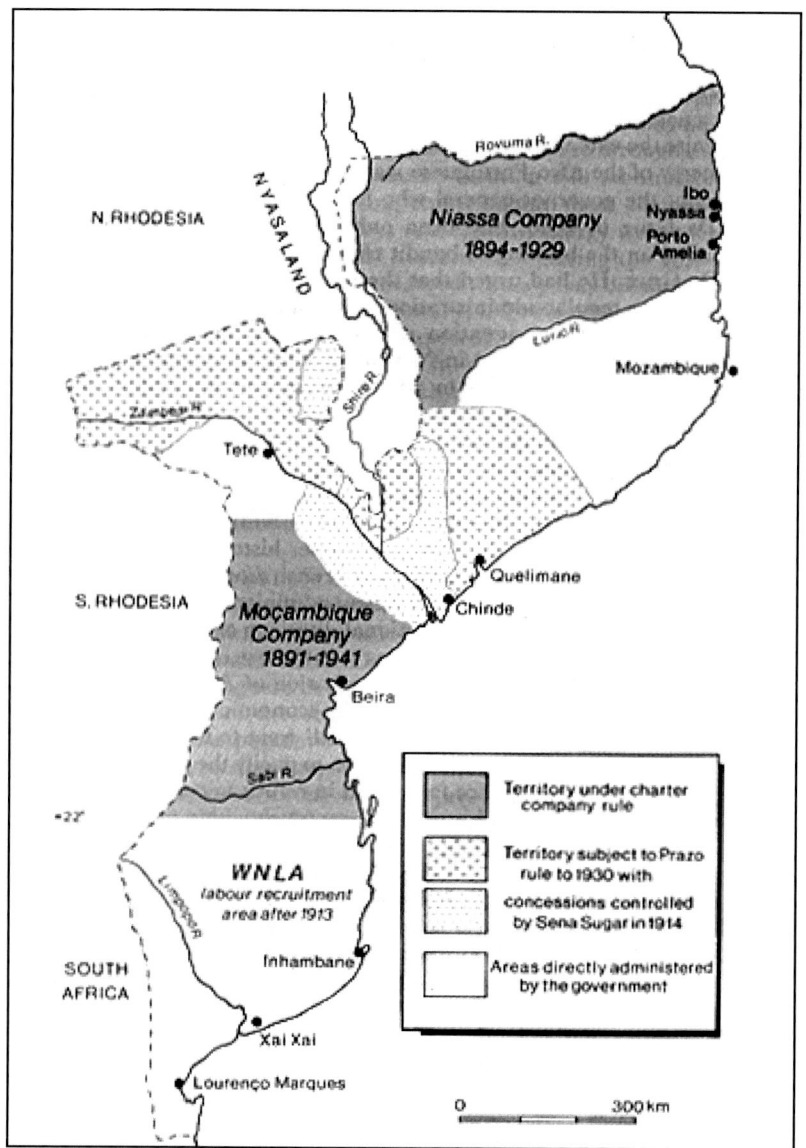

출처 - Malyn Newitt, *A History of Mozambique*, Johannesburg: Witwatersrand University Press, 1995, p.366.

위에 언급된 두 회사보다는 불리한 계약조건하에서 잠베지회사
(Companhia de Zambeze)가 1892년에 세워졌다. 잠베지회사는 현
재의 껠리만느지방과 떼뜨지방에 해당하는 잠베지강 유역의 농업을
발전시키기 위해 설립되었다. 이 세 회사가 양도받은 면적은 모잠
비크 전체 면적의 절반 이상을 차지했다.

이 양도회사들은 1930년대 초 살라자르의 '신국가'체제가 들어서
자 토지양도권을 더 이상 소유할 수 없게 되었다. 포르투갈 정부는
모잠비크에서 직접적으로 이익을 챙길 의도로 대규모의 양도회사들
과의 계약 갱신을 거부했다. 살라자르 정부는 양도회사들이 모잠비
크를 개발시키기에는 역부족이라고 판단하고 양도회사들이 통제했
던 지역들을 본국의 행정부에서 직접 관할하기로 했다. 그래서 니아
싸회사는 1932년에 해체되었고, 모잠비크회사와 잠베지회사 그리고
다른 회사들도 자신들이 누렸던 혜택을 상당 부분 포기해야 했다.

살라자르 정부는 직접 경제 발전을 위해 철도를 건설하고 체계적
으로 아프리카인들을 유럽인 소유의 영토에서 일하게 했다. 모잠비
크와 앙골라에서 철도를 연장하고 새로운 대규모의 사업을 시행하
였다. 앙골라에서는 모싸메드스(Moçamedes)와 우일라(Huíla)의 연
결 공사가 착수되었고 모잠비크에서는 마푸토항구 확장 공사가 이
루어졌다. 식민지의 경제 개발을 목적으로 '신국가'는 모잠비크와
앙골라에서 발전진흥기금을 조성하였으며 이 기금은 전화망 구축,
항구 시설의 건설, 교통망 정비, 전력과 물 공급, 교육기관 설립 등
을 위한 사회기간시설 확충에 사용되었다.[47]

포르투갈의 공화정 시기(1911년 이후)에 모잠비크는 사회기간시

---

47) 강석영·최영수 공저, 『스페인·포르투갈사』, 서울: 대한교과서주식회
　　사, 2000, pp.523-524.

설, 즉 항구시설, 철도건설 등에서 괄목할 만한 성장을 보였다. 마
푸토와 베이라의 운송망 확충은 인접국들인 로데지아와 남아프리카
공화국에 국제적 물류 이동을 위한 운송로를 제공했다. 산업 발전
은 이루어지지 않았으나 1967년 이후 전력생산이 증가했는데 이는
떼뜨지방의 잠베지강에 세운 대형 댐에서 생산된 것이었다.

역사적으로 식민통치 시기와 독립 이후의 사회주의체제하에서도
모잠비크는 지역적으로 매우 불균형하게 발전해왔다. 〈그림 Ⅱ-6〉
과 같이 모잠비크는 포르투갈 식민통치하에서 크게 남부, 중부, 그
리고 북부지역으로 나뉘어 서로 다른 경제구조 속에서 상이한 속도
로 불균형하게 발전했다.48)

남부지역에 사는 많은 모잠비크인들이 대규모로 인근국가인 남아
프리카공화국으로 노동이민을 떠났다. 이들 노동 이민자들은 남아
프리카공화국의 광산에서 주로 일했으며 이들이 받는 노동 임금은
모잠비크에서 받는 임금보다 여섯 배가량 많았으므로 노동이민은
모잠비크에 중요한 수입의 원천이 되었다.

---

48) 모잠비크는 문화적으로도 크게 북부, 중부 그리고 남부 지역으로 구분
할 수 있다. 북부지역은 니아싸지방, 까부 델가두지방, 남뿔라지방, 중
부지역은 잠베지아지방, 떼뜨지방, 마니까지방, 소팔라지방, 남부지역
은 잉얌반느지방, 가자지방, 마푸토지방으로 나뉜다. 문화적이고 종족
적인 요소를 중심으로 세 지역으로 구분하는 것은 이미 식민시대 이
전에 나타난 성향으로 식민통치와 독립전쟁 시기를 거치면서 그 성향
이 더욱 강화되었다. 문화적인 지역구분은 경제적 차원에서도 동일하
게 적용될 수 있다. 북부지역은 생계유지를 위한 경작을 했고 시장거
래를 할 수 있는 잉여 생산물을 거의 생산하지 못했다. 중부지역에는
대규모 농장이 위치했고 주로 사탕수수, 사이잘삼, 코프라를 재배했으
며 이러한 작물을 재배하기 위해 많은 노동력이 이 지역에 집중되었
다. 남부지역은 노동력이 풍부했고 이는 대부분 남아프리카공화국의
금광과 다이몬드 광산에서 일하는 데 투입되었다.

〈그림 Ⅱ-6〉 모잠비크 3등분할 구획과 11지방지도

출처 - UNDP, *Mozambique: National Human Development Report 1999*, Maputo, 2000, p.18.

　이러한 노동이민은 모잠비크의 대남아프리카공화국에 대한 경제
의존도를 높이는 계기를 제공하였다. 또한 모잠비크는 남아프리카
공화국을 포함한 남부아프리카의 지역경제에 편입되기 시작하였다.
남아프리카공화국은 모잠비크의 남부지역에 많은 투자를 해왔으며
이는 남부와 중·북부지역 간의 발전에 불균형을 초래하는 원인이
되었다. 산업회사들은 주로 수도인 마푸토를 중심으로 설립되었고
이는 도시에 사는 백인 인구의 수요를 충족시켜주기 위한 것이었
다. 중부지역과 북부지역은 대규모 농장들이 세워져 주로 환금작물
을 재배했으며 포르투갈 식민정부로부터 통제권을 양도받아 독립적
으로 운영되었다. 남부지역에 위치한 포르투갈 식민정부는 거리상
먼 이유와 행정 능력의 한계로 모잠비크의 중부와 북부지역에서 매
우 제한적인 영향력만을 행사했다.[49]

　포르투갈 식민정부는 1950년 모잠비크에 적극적으로 개입하기 시
작했으며 이때부터 20년간 포르투갈 정착민들의 유입이 증가했다.
아프리카의 식민지로 향했던 정착민들의 대부분은 포르투갈의 가난
한 농촌지역 출신자들이었다. 식민당국은 이들을 통해 농촌지역에
대한 식민지 개척을 계획하고 있었다. 그러한 계획은 1953년-1958
년과 1959년-1964년 2차에 걸쳐 시행될 예정으로 사회간접시설에
투자하여 농촌지역의 발전을 도모하려는 것이었다. 그러나 이 계획
은 제대로 실행되지 못했으며 농촌지역에 정착하기를 기대했던 이
민자들은 몇 개월이나 몇 년이 지나면 대부분 도시지역으로 이주했
다. 50년대부터 시작되었던 백인들의 대규모 유입은 모잠비크를 비
롯한 아프리카의 사회·경제구조에 변화를 초래했다.[50] 모잠비크의

---

49) Hans Abrahamsson and Anders Nilsson, *Moçambique em Transição:
Um estudo da história de desenvolvimento durante o período
1974-1992*, Göthenburg: Padrigu & CEEI-ISRI, 1994, pp.266-267.

주요 도시로 유입된 백인들은 도시의 중심부를 차지하게 되었고 따라서 흑인들은 도시의 외곽지역에 대규모 주거지를 형성했다.[51]

〈표 Ⅱ-4〉 1910년-1970년 모잠비크 거주 인구수

연 도	흑 인	백 인
1910	-----	5,000
1945	-----	31,000
1950	5,500,000	50,000
1960	6,500,000	100,000
1970	8,000,000	200,000

출처 - Oliveira Marques, *História de Portugal*, Vol.Ⅲ, p.556을 참조하여 표로 재구성함.

〈표 Ⅱ-4〉에서 1970년 약 20만 명의 모잠비크 거주 포르투갈인들은 마푸토, 남뿔라, 베이라 등의 대도시에 주로 정착했다. 이들은 대부분 가난한 정착민으로 거의 모든 행정, 서비스 분야 업무는 물론 단순한 노동일까지 점유했다. 이는 흑인들에게는 단순 노동의 기회마저 상실한 것을 의미하고, 나아가 직업을 통한 신분상승과 쁘띠부르조아의 성장을 억누르는 결과를 가져왔다.

---

50) Armelle, Enders, *op. cit.*, p.96.
51) 도시 외곽에 위치하는 흑인 주거지역은 전기, 상하수도 시설, 도로, 병원 등이 거의 없는 매우 열악한 조건하에 있었으며 오늘날까지 이러한 주거환경은 크게 변하지 않았다.

〈표 II-5〉 1970년 모잠비크 도시거주 인구수

규 모	도시명	거주 인구수
1	로우렌쑤 마르께스(마푸토)	354,684
2	남뿔라(Nampula)	126,126
3	베이라(Beira)	113,770
4	껠리만느(Quelimane)	71,786
5	조아옹 벨루(João Belo)	63,949
6	떼뜨(Tete)	53,232
7	빌라 까브랄(Vila Cabral)	36,715
8	잉얌반느(Inhambane)	26,701
9	뽀르뚜 아멜리아(Porto Amélia)	16,323
	도시거주 전체 인구수	863,286

출처 - Oliveira Marques, *História de Portugal*, Vol. III, p.558을 참조해서 표로
구성함.

포르투갈의 식민통치하에서 모잠비크인들이 관료직으로 진출할
수 있는 기회는 제도적으로 차단되어 있었고 경제적으로도 부를 축
적할 수 있는 기회가 거의 없었다. 또한 교육의 혜택도 매우 제한
되어 있었으므로 민족의식의 태동이 다른 아프리카 국가들에 비해
서 늦어지는 이유가 되었다.[52]

---

52) 아프리카에서 식민통치자들은 전체 종족 그룹이 아닌 일부 종족에게
   교육, 공공서비스, 군 업무와 같은 기회를 제공하는 차별적인 정책을
   채택했다. 종족들에 대한 동등하지 않은 대우는 종족 그룹들 간에 그
   리고 지역들 간에 근대화의 수준 차이를 초래했다. 결과적으로 일부
   종족 그룹은 다른 종족 그룹들보다 상대적으로 더 높은 수준의 근대화
   를 이루었다. 식민주의자들로 인해 발생한 이러한 차별적 정책시행은
   종족적인 분리를 확대했고 전통적으로 좋은 관계를 누렸던 그룹들 간
   에 반목을 초래했다. Mwangi S. Kimenyi, *Ethnic Diversity, Liberty
   and the State: The African Dilemma*, Edward Elgar: Cheltenham,
   1998, p.44.

3. 독립운동단체의 태동과 독립투쟁 : FRELIMO 의 형성과 독립 과정

1) FRELIMO의 형성과 대포르투갈 항쟁

1960년 아프리카에서 약 20여 개 국가가 탈식민화과정을 통해 독립하게 되었다. 프랑스와 영국과 미국이 식민제국들에게 탈식민화의 압력을 가하는 상황에서 포르투갈은 시대 역행적으로 식민지를 '해외영토'라고 규정하는 식민지법을 승인했다. 그리고 50년대 중반 이후부터 많은 백인 정착민들을 식민지로 보냈으며, 동시에 식민지에 대한 통치를 강화했고 식민지에서 그 어떤 소요나 폭동도 일어나지 못하도록 강압정책을 펴나갔다. 1957년 탄압정치의 일환으로 포르투갈 비밀경찰(PIDE-Polícia Internacional e de Defesa do Estado)조직이 모든 포르투갈령 아프리카지역에 설립되어 본국과 동일한 성격의 비밀경찰 활동을 시작했다. 이 비밀경찰조직은 방대한 규모의 정보망을 포르투갈령 아프리카지역에서 구축함으로써 폭동과 반란, 민족운동의 조짐, 식민통치에 대한 반발 등의 움직임을 감시했다. 이는 포르투갈 식민정부가 다른 주변 아프리카국가들에서 일어나고 있는 변화로부터 모잠비크를 격리시키기 위한 의도였다. 식민정부의 중앙집권적 관료체제는 효과적인 안보정책을 유지하면서 흑인뿐만 아니라 백인도 그 어떤 조직에도 합류하지 못하도록 차단했다. 이러한 식민정책은 높은 문맹률과 낮은 교육 수준, 아프리카 운동단체와 노동단체의 부재 등의 이유로 가능했다. 그러나 모잠비크의 민족주의의 태동은 국내가 아닌 인접 국가들에서 시작되었다. 즉, 노동이민과 해외에 살고 있는 친척들과의 교류를 통해서 모잠비크인들은 새로운 정치적 사고와 변화에 노출되었다. 점차로 해외에 거주하는 모잠비크인들이 모국의 정치문제에 대해 관심을 갖게 되었으며 결과적으로 모잠비크의 민족주의 독립운동은 포르투갈 식민정부의 공권력이 닿지 않는 주변 국가들에서 태동하게 되었다.[53]

1960년 6월 모잠비크 북부지방의 무에다(Mueda)마을의 목화농장에서 마꽁드종족 노동자들이 폭동을 일으켰다. 경찰과 군대는 무력으로 이를 진압했고, 진압과정에서 500여 명의 노동자들이 사살되는 결과가 발생했다. 같은 해 기네 비싸우에서도 시위가 발생했고 1961년에는 앙골라에서도 수백 명의 노동자들이 시위로 인해 목숨을 잃었다.[54] 포르투갈의 과격한 무력행사는 신국가 체제가 천명한 관용정책과 인종 간의 조화라는 이념과는 상반된 것이었다. 포르투갈의 강압정책은 모잠비크와 앙골라와 포르투갈령 기네에 민족 감정을 싹트게 했으며 나아가 민족운동단체를 태동시키는 단초를 제공하였다.

앙골라, 기네, 싸웅 또메 이 쁘린씨쁘에서는 포르투갈식 교육을 받고 포르투갈 문화에 익숙한 엘리트들이 독립운동단체를 조직한 것에 반해 모잠비크의 독립운동단체는 포르투갈 언어나 문화에 낯선 모잠비크인들에 의해 형성되었다. 이들 모잠비크인들은 국외에서, 특히 인접국에서 포르투갈의 식민통치에 저항하는 다양한 세력들을 결집하여 민족주의 저항단체를 만들었다. 탄자니아와 짐바브웨와 말라위에서 모잠비크 노동 이민자들을 규합해 조직했으며, 이들 중 다수는 포르투갈어를 구사하지 못했다. 1950년대 예술인들, 이민자들, 그리

---

53) Malyn Newitt, *op. cit.*, pp.520-521.
54) Norrie MacQueen, *A Descolonização da África Portuguesa: A Revolução metropolitana e a dissolução do Império, original title: The Decolonization of Portuguese Africa*, Mem Martins: Editorial Inquérito, 1998, pp.37-38.

고 리스본에서 유학하던 대학생들이 주축이 되어 독립에 대한 의지
를 다져갔다. 특히 리스본에서는 아프리카 출신 유학생들이 1944년
에 '잉뻬리우 학생의 집'(Casa dos Estudantes do Império)을 세웠
고, 1951년에는 아프리카학센터를 설립해 장래의 민족운동 지도자들
간의 교류와 민족운동에 대한 사고를 구체화해 나갔다.[55] 민족투쟁
에서 두각을 나타낸 인물로 모잠비크에서는 마르쎌리누 싼뚜스
(Marcelino Santos)가 에두아르두 몬들란느(Eduardo Mondlane)와
함께 FRELIMO를 조직했으며, 앙골라에서는 아고스띵유 네뚜
(Agostinho Neto)가 민족운동을 이끌었고 독립 이후에는 앙골라의
초대 대통령 직을 역임하게 된다. 기네 비싸우의 아밀까르 까브랄
(Amílcar Cabral)은 기네 비싸우와 까부 베르드의 독립운동단체를
이끌었다. 모잠비크에서 민족운동의 태동은 앙골라와 포르투갈령 기
네와는 다르게 백인정권하에 있는 주변국들로부터 많은 영향을 받았
다. 모잠비크의 경우 남아프리카공화국에서 행해지는 인종차별정책
에 대한 적대감과 포르투갈 식민행정부에 대한 반발이 강했다.

최초의 민족주의 독립운동단체인 FRELIMO는 1962년 여러 독
립운동단체를 규합하여 조직되었다. 이 단체는 포르투갈령 아프리
카 식민지 중에서 가장 늦게 형성되었다. 모잠비크 민주연합[56]
(UDENAMO-União Democrática Nacional de Moçambique)은 로
데지아의 남부 불라와요(Bulawayo)에서, 독립모잠비크 아프리카
민족연합[57](UNAMI-União Nacional Africana de Moçambique

---

55) *Ibid.*, p.38.
56) 이 조직의 구성원들은 로데지아에 거주하는 모잠비크의 중부와 남부
지방 출신의 이민자들이다. Dalila Cabrita Mateus, *op. cit.*, pp.60-61.
57) UNAMI는 1961년에 니아쌀란디아(Niassalândia, 현 말라위)에 창설되
지만 이미 1959년에 떼뜨에서 형성되었던 모아띠즈의 아프리카 민족
협회(Associação Nacional Africana de Moatiz)에 기원을 두고 있다.

Independente)은 말라위의 빌란트리(Blantyre)에서 그리고 모잠비크 아프리카민족연합(MANU-União Nacional Africana de Moçambique)은 탕가니카(현재의 탄자니아)에서 조직되었다. 1959년 MANU는 영국 식민 지주들의 대농장에서 일하던 노동자들로 까부 델가두지방 출신의 마꽁드종족으로 구성된 단체였다. 이 단체들은 각기 다른 종족들을 대표하고 고유의 역사와 문화를 지니고 있었다.

1962년에 탄자니아의 대통령 줄리우스 니에레레(Julius Nyerere)와 가나의 대통령 응크루마(Kwame Nkrumah)의 제안으로 위의 세 단체들은 다르 에스 살람(Dar-Es-Salam)에서 모여 이 세 단체들을 통합해 FRELIMO[58]를 조직했으며 지도자로 에두아르두 몬들란느를 선출했다. 세 단체의 통합 이유는 포르투갈의 식민통치에 효과적으로 저항하고 모잠비크의 독립을 요구하기 위한 것이었다.[59] FRELIMO의 지도자로 선출된 몬들란느는 가자지방의 족장(soba) 아들로 태어나 남아프리카공화국과 미국에서 공부했으며 기독교식 교육을 받은 인물이었다. 세 단체가 몬들란느를 지도자로 지명한 것은 FRELIMO 내 맑시스트 계파가 유럽 공산국가들의 지원을 받을 수 있었기 때문이었다. 그러나 다양한 종족들 간, 지역 간의 문제는 조율되지 않은 상태로 남아있었다. 예를 들면, FRELIMO는 모잠비크 북부와 탄자니아의 남부에 거주하는 마꽁드의 지원을 받았으나,

---

Dalila Cabrita Mateus, *ibid.*

58) 몬들란느는 모잠비크해방전선이라는 명칭에서 '전선'(front)이라는 의미를 두 가지 의미에서 사용했다. 우선 세 종족에 기반을 둔 단체들을 합쳐 생겨났다는 것과 또 한 가지는 여러 계층(노동자, 농민, 쁘띠 부르조아지)의 사람들의 동맹이라는 점을 부각시키려고 하는 의도였다.

59) Merle Bowen, *The State against the Peasantry: the rural struggle in colonial and postcolonial Mozambique*, Charlotteville and London: University Press of Virginia, 2000, pp.49-50.

전통적으로 마꽁드와 적대관계를 이어오던 마꾸아와는 난처한 관계
에 놓였다.

  FRELIMO가 이념적으로나 조직적으로나 결속력이 약했던 것은
FRELIMO 조직이 민족해방투쟁을 위해 자발적으로 통합된 것이
아니라 외부적인 압력에 의해 구성되었기 때문이다. 특히 지도자로
선출된 몬들란느는 당시 탁월한 지식인 중 한 명으로 국내외적 인
지도가 높은 인물이었으나 그는 UN 직원으로서 FRELIMO의 지도
자로 선출된 후에도 UN의 일을 병행하고 있었다. 이는 지도자로서
의 FRELIMO에 대한 장악력은 물론 지도층 간에 민족주의적 결속
력까지 약화시켰고 독립투쟁을 시작하기도 전에 심각한 내부 분열
을 초래했다. 그러나 이러한 내분을 겪으면서 FRELIMO는 몬들
란느를 주축으로 민족해방을 위해 노력했고 1964년 FRELIMO
는 탄자니아에 기지를 두고 포르투갈과의 무장투쟁을 시작했다.
FRELIMO는 북부의 까부 델가두지방과 니아싸지방에서 군사공격
을 시작했다. 이어서 1968년 떼뜨지방에서 새로운 전선을 형성했지
만 이곳은 전략적으로 중요한 까오라 바싸(Cahora Bassa)댐이 위치
한 곳이었으므로 포르투갈은 대규모 군대를 투입해 이 지역을 철저
히 봉쇄했다. FRELIMO는 1970년에야 북부지역에서 좀더 남쪽으로
내려올 수 있었고 1973년에는 전선이 중부지역의 마니까지방과 소
팔라지방까지 확대되었다. 1973년 포르투갈이 모잠비크 식민전쟁에
투입한 병력은 6만 명가량으로 2만 명은 백인병사이고 나머지 4만
명은 흑인 병사로 구성되었다.[60]

---

60) Oliveira Marques, *op. cit.*, Vol.Ⅲ, p.551. 식민전쟁 마지막 해인 1974
    년 모잠비크, 앙골라, 포르투갈령 기네에 파병되어 있던 포르투갈 백
    인 군인들은 거의 8만 명에 이르렀고 이들 외에도 포르투갈군 소속
    흑인 병사들이 상당수이었을 것이다. 포르투갈 군인들은 대부분 직접

전쟁 첫 해에는 FRELIMO에서 많은 이탈자가 발생했고 1965년 에는 FRELIMO에서 분리되어 나간 전직 간부였던 빠울루 구만느 (Paulo Gumane)가 모잠비크혁명위원회(Comité Revolucionário de Moçambique-COREMO)를 조직했다. 이 단체는 60년대 후반에서 70년대 초반 중부지방에서 독자적으로 민족주의적 독립운동을 전개 했다.

FRELIMO의 내부 갈등은 여기서 그치지 않았고 60년대 후반에 는 지도층의 급진주의적인 성향 때문에 내분이 확대되었다. 독립전 쟁 초기에 FRELIMO가 북부의 까부 델가두지방에서 식민정부 에 대항하여 공격을 감행했을 때, FRELIMO 측 병사들의 대부 분은 그 지방의 마꽁드 종족들로 구성되어 있었다. 마꽁드 종족 은 FRELIMO 내에서 라자루 콴다므(Lázaro Kwandame)를 주축 으로 마꽁드 계파를 형성했고 FRELIMO의 지도 노선에 상당히 비 판적인 입장을 취했다. 무엇보다도 지도층 대부분이 남부지방 출신 자로 구성되어 있다는 사실에 대해 반감을 갖고 있었다. 그러나 당 시 FRELIMO 지도층은 이러한 문제를 해결할 만한 능력이 없었다.

FRELIMO 내부의 불만이 팽배했을 당시, 에두아르두 몬들란느 가 1969년 2월에 탄자니아에서 살해되었으며,[61] 이때의 모든 정황

적으로 전투를 경험하지 못한 채로 본국으로 귀환했다. 1961년부터 1974년 4월까지 전투에서 사망한 포르투갈군의 숫자는 3,265명으로 공 식 발표되었으나 실제적으로 사망자 수는 만 명에 이를 것으로 추산 된다. Oliveira Marques, *op. cit.*, Vol.III, p.552. 식민전쟁이 장기전이었 음에도 불구하고 포르투갈 군인들의 사망자 수가 적다는 것은 전쟁이 맹렬하지 않았다는 사실을 입증한다.

61) 몬들란느가 독립운동단체를 조직하던 초기에 조직 내 종족 간의 분열 현상을 해결하지 못한 것은 결국 장기적으로 조직의 균열 상황을 초래 하게 되었다. 또한 몬들란느는 미국과 강한 유대 관계를 맺고 있었으며 주변의 기회주의적인 미국계 흑인들과의 연계는 FRELIMO의 다른 구

74

으로 미루어볼 때 마꽁드 계파의 지도자인 콴다므가 배후 세력으로
지목되었다. 그러자 콴다므는 FRELIMO를 이탈하여 식민정부에 합
류했다. 몬들란느의 계승자로 싸모라 마쉘(Samora Machel)이 선출
되었는데[62] 이 두 지도자 모두 남부 가자지방의 도시 출신자들이
었다. 새로운 지도자인 싸모라 마쉘은 지역적인 불만을 해결하지
못했고, FRELIMO는 70년대도 계속되는 내부적 분열과 갈등으로
인해 어려움을 겪게 되었다.

  1970년대 들어서 독립투쟁의 양상은 FRELIMO에 우세하게 전개
되었다. 1974년 초반 FRELIMO의 게릴라 작전은 자신들의 지지기
반인 까부 델가두지방과 니아싸지방 이외에도 떼뜨지방, 마니까지
방, 소팔라지방에서 활기를 띠었다. 이와 같이 중·북부지방에서 게
릴라 작전을 성공시키며 FRELIMO는 남부의 백인들이 거주하는
주요 도시지역까지 전선을 확장해갈 수 있었다.

  모잠비크를 비롯한 앙골라와 포르투갈령 기네에서 확산된 식민전
쟁은 포르투갈 정부에 정치적이고 경제적인 많은 부담을 초래했다.
포르투갈 정부는 대외적인 비난을 감수해야 했고 막대한 군사비용
을 충당하기 위한 방법을 모색해야 했다.

  〈표 Ⅱ-6〉에서 나타나듯이 60년대 후반 포르투갈은 식민전쟁이
모잠비크의 북부지방에 이어 중부와 남부지방으로까지 확대되자 국
방비 예산을 증가시켰다. 모잠비크뿐만이 아니라 앙골라에서도 전
선이 확대되어 포르투갈은 국방비 지출이 1960년에서 1970년 사이
네 배 이상 늘어났다. 1971년 모잠비크와 앙골라 두 지역의 국방비
지출은 2,000,000꼰뚜에 이르렀다. 또한 포르투갈은 앙골라보다 모
잠비크에서 국방비의 지출이 많았으며 이는 모잠비크 전선이 더 치

성원들로 하여금 불만을 갖게 했다. Norrie MacQueen, *op. cit.*, p.66.
62) Oliveira Marques, *op. cit.*, Vol.Ⅲ, pp.550-551.

열했기 때문인 것으로 풀이된다. 1960년대 포르투갈은 모잠비크, 앙
골라, 기네에서의 식민전쟁으로 인해 막대한 국방비를 지출했으며
이러한 지출을 감당하기 위해서 앙골라와 모잠비크의 산업개발에
박차를 가했다. 앙골라의 경우 외국과의 교역량이 60년대 3배로 증
가했다.

〈표 Ⅱ-6〉 식민전쟁에서 포르투갈의 국방비 지출 1960-1971

꼰뚜(conto) 단위

연 도	모잠비크	앙골라
1960	247 666	203 119
1961	260 805	203 730
1962	378 198	219 973
1963	383 316	404 579
1964	448 180	443 273
1965	493 963	615 896
1966	689 974	606 966
1967	783 420	862 443
1968	1 023 339	809 971
1969	1 015 354	842 618
1970	1 026 365	861 942
1971	1 066 477	830 813

* 주: 1꼰뚜는 1000에스쿠도임.
출처 － Estado-Maior do Exército/Comissão para o Estudo das Campanhas de A
frica, *Resenha Histórico-Militar das Campanhas de África (1961-1974)*,
Vol. I, Lisboa, 1988, p.526 참조.

모잠비크는 대규모의 까오라 바싸(Cahora Bassa)댐 건설프로젝
트를 외국 자본을 유입해 시행할 계획을 수립했다. 이러한 경제 발
전계획은 많은 전쟁비용을 충당하기 위해 필요했다. 70년대 초반에
식민지에서의 전쟁비용은 포르투갈 국가예산의 절반을 차지했고 이

는 국민총생산(GNP)의 7%에 해당했다.[63] 막대한 전쟁비용은 포르투갈에 부담이 되었고 포르투갈과 앙골라와 모잠비크 등에 외국 자본을 유입하기 위해 부분적으로나마 경제 개방을 시도했다.

1974년 4월 25일, 포르투갈에서 스피놀라(Spinola) 장군 주도로 쿠데타가 일어나 장기집권의 기반이었던 신국가체제가 무너졌을 당시 FRELIMO는 군사공격을 늦추고 사태의 추이를 관찰했다. 그러나 바로 5월 3일 FRELIMO는 자체 회의를 통해 무장투쟁을 계속하기로 결정했으며 이는 무장투쟁을 통해서 포르투갈을 압박함으로써 차후의 협상에서 유리한 위치를 차지하기 위한 계산이었다. 포르투갈 정부는 식민전쟁을 중단했고 식민지에 거주하는 식민 지주 및 백인 정착민들을 보호하기 위한 전략을 수립했다.

포르투갈 정부는 FRELIMO에 접근하기 위해 1974년 5월 둘째 주 고므스(Costa Gomes) 장군을 모잠비크로 파견하여 휴전을 제안했다. FRELIMO 측에서는 포르투갈 정부와의 휴전 협상에서 중재를 해줄 수 있는 인물로 잠비아의 카운다(Kenneth Kaunda) 대통령을 지목하였다. 몇 주 후, 남부아프리카 지역 국가들의 지도자들이 잠비아의 수도인 루사카(Lusaka)에 모여 포르투갈 혁명이 남부아프리카 지역에 미치게 될 정치적 반향에 대해서 논의하였다. 그때, 카운다는 FRELIMO와 포르투갈 정부가 공식적인 회합을 가질 수 있도록 루사카를 회합지로 제공했다.[64] FRELIMO와 포르투갈 간의 독립 협상은 포르투갈이 제안한 선거를 통한 신생독립정부 수립이라는 쟁점을 놓고 난항을 거듭하였다. FRELIMO는 제3의 세력이 독립과정에 등장하는 것을 원치 않았으며 선거를 통한 독립정부의 출범 역시 기대하지 않았다. FRELIMO와 포르투갈 정부 간의

---

63) Norrie MacQueen, *op. cit.*, p.73.
64) *Ibid.*, pp.164-165.

협상이 진척되지 않자, 싸모라 마쉘은 모잠비크의 총독인 쏘아레스 드 멜루(Soares de Melo)를 통해 식민정부의 무능력과 포르투갈이 식민주의 이익을 대변하는 것을 강하게 비난하였다. 이러한 양측의 관계 악화에 대한 책임을 지고 모잠비크 총독이 사임했고 결과적으로 포르투갈 정부와 FRELIMO 사이의 협상은 일시 중단되었으며 모잠비크는 무질서와 무정부 상태에 처했다. 그러나 탈식민화 과정이 재개되면서 포르투갈은 자신들의 주장을 양보할 수밖에 없었으므로 FRELIMO 측에 더 이상 선거에 관한 요구를 하지 않았다.

FRELIMO는 포르투갈 국내정세의 불안정으로 정권이 바뀔 경우 모든 협상과정을 새로이 시작해야 할지도 모른다는 우려에서 포르투갈 정부와의 협상을 서둘렀다. 수차례에 걸친 회의를 통해서 최종적으로 1974년 9월 7일 루사카협약[65](o Acordo de Lusaka)이 체결되었다. 그러나 이 협약은 불완전한 것으로 여러 사항들은 독립 이행 기간 동안 해결하도록 미루어졌다. FRELIMO 측에서는 독립 이행 과정을 짧게 정할 것을 원하였으며 이는 리스본에서 정권에 변동이 생기거나 또는 모잠비크에 주둔하고 있는 포르투갈 군대가 위험 요인으로 대두될 수 있다는 우려 때문이었다. 그러나 포르투갈 측 입장은 가능하면 이행 기간을 길게 잡아 독립 이후에도 기존의 경제체제를 유지면서 공공행정 분야에 인적 자원이 투입될 수 있도록

---

65) 루사카협약은 잠비아의 대통령 케네스 카운다의 중재로 잠비아의 수도 루사카에서 이루어졌다. 협약 내용으로는 모잠비크와 포르투갈 간에 휴전협정과 독립일 결정, 그리고 권력이양 방법 등이 다루어졌다. 이 협약에 최종적으로 서명을 하기 위해 싸모라 마쉘이 모잠비크 측 대표단을 이끌었고 포르투갈 측은 외무부 장관인 마리우 쏘아레스(Mário Soares)를 비롯해 에르네스뚜 멜루 안뚜느스(Ernesto Melo Augusto)와 안또니우 드 알메이다 싼뚜스(António de Almeida Santos)가 대표단을 이끌고 루사카를 방문했다. *Tempo*, 14/09/1974.

FRELIMO의 지도층에 대한 교육 프로그램을 시행하고자 했다. 그러나 무엇보다도 이행 기간이 길어진다면 모잠비크에 거주하는 백인들이 식민지를 급하게 떠나게 되는 상황을 피할 수 있을 것이라는 계산 때문이기도 했다.66) 모잠비크의 독립은 75년 6월 25일67)로 예정되었다. 그러나 선거절차 없이 바로 FRELIMO가 독자적인 독립정부를 수립한다는 루사카협약 내용에 반발하여 FRELIMO에서 분리되어 나온 인물들과 급진주의적 백인 지주 등은 FRELIMO에 대항하는 '제3의 세력'을 형성하였다.

2) 75년 사회주의정권 수립

1974년과 75년에 걸쳐 포르투갈의 아프리카 식민지들은 모두 독립하게 되었으나 모잠비크를 비롯한 이들 국가들은 독립에 대한 충분한 계획과 시간적인 여유가 없이 준비되지 않은 상태에서 성급하게 독립을 맞이했다. 신생독립국들에서 나타나는 공통적인 현상은 체계적이지 못한 독립과정이었다는 점과 성급하게 포르투갈 정착민들이 본국으로 귀환하거나 인접국으로 이동함으로 인해 정치, 경제, 행정에 심각한 공백이 초래되었다는 점이다. 그리고 독립국가 수립 과정에서 맑스 - 레닌주의(marxism-leninism)의 영향을 받은 독립운동 지도자들이 사회주의체제를 도입하였다.

---

66) Norrie MacQueen, *op. cit.,* p.181에서는 포르투갈령 아프리카 식민지 5개국의 탈식민지화 과정을 자세히 기술했다. 특히 모잠비크와 앙골라의 탈식민지화 과정은 독립운동단체들의 형성과 갈등, 그리고 독립국가의 형성까지 상세하게 기록되어 있다. 제5장에서는 모잠비크의 탈식민지화 과정을 자세히 다루고 있다.

67) 모잠비크의 독립일은 1975년 6월 25일로 선포되었으며 이날은 바로 FRELIMO가 창설된 날이기도 하다. Acordo de Lusaka, Lei Constitucional, 법 8/74 제3조, 루사카협약 원문.

1975년 6월 25일 모잠비크의 독립과 더불어 FRELIMO 지도층은 맑스－레닌주의 성향의 정치노선을 선택하였으며, 이는 포르투갈에 대한 이념적 투쟁과 모잠비크의 해방과 발전에 필수적인 것으로 인식하였기 때문이다. 독립 이후에도 이러한 정치적 분위기는 계속 이어졌고, 나아가 사회주의 국가의 정치적 사고와 가치를 공유하지 않거나 배척하는 사람들은 FRELIMO에 잔류할 수 없게 되었다. 사회주의 노선을 받아들이지 않은 이들 중 일부는 이 조직에서 탈퇴했고 나머지는 재교육 캠프에 보내졌다. 정치적인 헤게모니를 장악하기 위해서 FRELIMO는 그들의 정치노선에 반대하는 인물들을 제거해 나갔다. 독립 후 얼마 지나지 않아 일당제 사회주의 국가를 세웠고, FRELIMO 정부에 반대하는 사람들의 대부분은 탈퇴해서 반FRELIMO 조직에 합류하였다.

독립 이후 첫 두 해 동안 FRELIMO는 정책결정에 있어서 권력을 분산하고 대중을 동원하려고 하였으나 1977년부터는 오히려 FRELIMO 내의 지배적인 노선이었던 맑시스트파가 권력을 중앙집중화하기 시작했다. 그래서 FRELIMO는 민족주의적 성향의 민족해방전선단체에서 사회주의 노선의 급진적인 정당으로 조직이 재구성되었다. 모잠비크의 유일 정당으로서 FRELIMO는 국가와 당을 분리시키지 않았으며 권위주의적 일당독재 체제를 80년대 말까지 유지하였다. FRELIMO는 명목상으로는 노동자와 농민의 정당이었지만 국가 관료 기구는 단지 정부관료층의 계급이익을 대표했고 주로 그들의 생존과 정치권력 그리고 부의 축적에만 관심을 집중시켰다.[68]

정치적 기반을 구축하기 위해 FRELIMO는 독립 이후 남부의 가자지방 출신 엘리트들을 주축으로 당과 국가 기구가 통제하는 중앙

---

68) Merle Bowen, *op. cit.*, pp.53-54.

집권체제를 시행했으며 이 당시 FRELIMO의 정치적인 목표는 단일 국민국가(estado-nação)를 건설하는 것이었다. 다른 아프리카 신생국가들과 마찬가지로 FRELIMO는 독립 이후 민족주의적 독립운동단체에서 정당으로 전환했다. 민족주의 이념과 독립운동을 통해서 독립국가를 건설했지만 기존의 식민주의체제에서 새로운 체제로 변화가 필요했다. 즉, 독립국가의 정통성을 새롭게 수립하고 과거의 식민통치체제를 새로운 국민국가체제로 변화시키는 것이었다.

이러한 국민국가 건설 과업에서 FRELIMO는 각 종족의 특성과 전통적 지도자, 족장, 종교적 지도자 등의 기득권 층, 즉 기존의 사회조직을 배제한 채 새로운 사회주의 이념에 기초하여 모잠비크를 통합하고자 하였다. 이러한 시도하에서 FRELIMO는 포르투갈 식민통치 기간 동안 존재했던 헤굴라두제도를 폐지하고 모잠비크인으로써 식민정부에 봉사했던 헤굴루를 해임했다. FRELIMO는 헤굴라두제도를 비민주적이고 비효율적인 행정제도로 인식했고 이 제도는 독립정부의 새로운 행정제도로 대체되어야 한다고 주장했다. 이 과정에서 헤굴루의 역할을 폐지한 것은 헤굴루에게서 행정적 권한과 경제적인 혜택 등 여러 가지 권리를 박탈한 것을 의미했다. 이는 곧 헤굴루들의 불만족을 불러일으켰고[69] 내전 기간 동안에 많은 전통지도자들이 FRELIMO 정권의 반대편에 서게 하는 결과를 낳았다.[70]

---

69) 이러한 불만은 80년대 RENAMO로 하여금 헤굴루 포용정책을 펴게 했고 결과적으로 RENAMO는 이들을 조직 내로 흡수하는 데 성공했다. 그리고 90년대 민주화 이행 기간 동안에도 RENAMO는 헤굴루의 사회적 중요성과 영향력을 인식했다. 따라서 94년 다당제선거에서 '만일 RENAMO가 정권을 인수하게 되면 헤굴루에게 부여되었던 기존의 모든 혜택을 되돌려 줄 것'이라는 선거 공약을 내놓기도 했다.

70) Iraê Baptista Lundin, "Traditional Authority in Mozambique", op. cit., p.39.

FRELIMO는 독립 이후 빠르게 정치의 중앙집권화와 계획경제체제를 도입했으며 모든 사유재산을 국유화했다. 또한 사회주의 영향을 받아 농촌지역에는 국영농장(machambas estatais)을 세웠고 농촌인구를 공동마을(aldeias comunais)단위로 나누어 정착시켰다. FRELIMO의 농촌정책은 탄자니아의 공동마을정책인 '우자마'(ujamaa)정책을 모방한 것이었다. 독립 당시 전체 모잠비크 인구의 80%를 차지했던 농촌인구의 다수는 건물과 도로 등이 정형화된 공동마을에서 거주하도록 그룹으로 재편성되었다.

FRELIMO는 식민행정부의 해체와 더불어 주민들이 전통적인 종교의식을 행하는 것을 금지시켰으며, 이는 주민들과 정통성을 가진 전통적 세력 사이에 교류의 단절을 의미했다. 그러나 농촌지역에서 전통적 지도자들은 자신들의 권위를 상실하지 않았고, 오히려 독립 이후에도 주민들의 신뢰를 바탕으로 자신들의 정통성을 유지해 갔다.

독립 이후 통치과정에서 부르주아, 종교인, 전통지도자 등과 같은 사회계층의 배제는 독립정부의 결정적인 실책이었다. 이는 FRELIMO가 모잠비크 내에서 지지기반을 제공할 수 있는 사회계층을 배제한 결과가 되었으며 이들은 얼마 가지 않아 FRELIMO의 반대 세력을 형성했다. FRELIMO가 지역현실을 고려하지 않은 정책을 시행함으로써 사회계층과 지역 간 분열과 갈등을 심화시키게 되었다.

독립 이후의 경제적인 상황은 식민통치 시기에 생긴 불평등한 개발의 심화와 전반적인 경제 침체로 특징지어진다. 자원과 투자의 불균등한 분배로 지역 간 불균형한 발전이 이루어졌다. 독립 이후의 FRELIMO의 정책은 주로 도시에 편중되었고, 농촌인구와의 직접적인 교류는 급격히 줄어들었다. 마푸토 행정부는 농촌지역의 정치적·경제적·사회적 상황을 인식하는 데 어려움을 겪었고, 따라서 중앙정부의 정책은 농촌지역의 상황에 대한 인식 부족과 무관심으로 거의 실효를 거두지 못했다.

독립 이후 FRELIMO는 행정적 변화를 위해 식민행정제도를 폐지하고 모잠비크지역에 대한 새로운 행정 분할을 시도했다. 모잠비크는 행정적으로 10개의 지방으로 나뉘었고 수도인 마푸토는 개별적인 하나의 지방으로 인정되어 공식적으로 11개의 지방으로 구분되었다. 그러나 이러한 행정 분할구획은 새로운 것이기보다는 기존의 행정 구분에서 수도 마푸토를 지방의 등급으로 격상시킨 것에 불과하다.

모잠비크 전 지역에서 시행되었던 포르투갈 식민행정관제도는 폐지되었지만 기본 행정단위인 행정구는 국가 기구의 가장 작은 행정단위로 지속되었다. 행정개편과 함께 FRELIMO는 헤굴루를 대체하는 자리에 당이 정치적으로 신뢰할 수 있는 사람들을 행정구의 관리로 기용해 FRELIMO의 대표성을 유지했다. 많은 젊은 행정관들이 행정구로 파견되었으나 이들은 현지 언어를 구사하지 못했다. 따라서 지역 주민과의 의사소통은 원활하게 이루어지지 않았고 정상적인 행정업무 수행이 불가능했다. 지역 주민들이 볼 때, 기존의 헤굴루를 대체한 행정관들은 정통성이 부족했으며 이들은 지역적 연고가 전혀 없는 상태에서 단지 국가를 독립시켰던 FRELIMO의 정통성에 의존하고 있었다. 그러나 이러한 FRELIMO의 정통성마저 지역사회와 지역문화에 대한 행정관들의 적응력과 융통성의 부족으로 점점 약화되었다.

다른 아프리카 국가들의 경우처럼 모잠비크는 중앙집권체제하에서 정치적으로 경직된 국정 운영과 경제적으로 국가 주도의 비효율적인 계획경제를 실시함으로써 실패했다. 과도하게 중앙집권화된

FRELIMO 정부는 정치·경제·사회 분야에서 근대화를 이루지 못했고 오히려 지역 간의 심각한 불균형, 지역주의와 파벌주의의 대두, 행정 공백, 경제 침체 등의 결과를 유발시켰다.

그러나 FRELIMO는 주민들로부터 지속적으로 자신들의 정치적 정통성을 인정받고 있으며 또한 자신들의 정치적인 목표를 주민들이 지지하고 있는 것으로 인식했다. FRELIMO가 주민들과의 관계를 낙관적으로 보는 이유는 과거 식민통치 지역을 해방시켰다는 자부심 때문이었다. 독립전쟁 당시 FRELIMO에 의해 해방된 지역은 독립 후 FRELIMO가 권력을 행사하는 데 있어서 정통성을 부여하는 중요한 메카니즘이 되었다.[71] 그러나 FRELIMO는 일부 지역에 국한된 자신들의 정통성에만 의지하여 모잠비크의 여러 지역에서 발생하는 다양한 관심과 이익에 대한 요구를 정책에 반영하지 못했다. 특히 폐쇄적이고 중앙집권적인 성향의 FRELIMO는 정권의 경직성과 배타성으로 다양한 사회계층을 권력에서 배제했고 이는 사회적 지지기반의 약화와 반대 세력의 형성으로 이어졌다. 따라서 1977년 FRELIMO 정부는 미처 정치적 기반을 구축하기도 전에 소외된 엘리트와 사회계층을 흡수한 RENAMO와의 분쟁을 시작하게 되었다.

3) RENAMO의 등장과 16년간의 내전

RENAMO는 초기에 MNR[72](모잠비크 민족저항 - Mozambican

---

71) João Cravinho, *Modernizing Mozambique: FRELIMO Ideology and the FRELIMO State*, Ph. D. Dissertation, University of Oxford, 1995, p.63.

72) 초기의 RENAMO는 로데지아 백인 정권에 의해서 설립되었기에 포르투갈식 표현이 아닌 영문으로 MNR(Mozambican National Resistance)로 표기해 사용했다. RENAMO의 초기 구성원들은 포르투갈 특수부대 출신의 아프리카인들이었고 이들은 FRELIMO 정권이 들어서면서 자

National Resistance)이란 명칭으로 조직되었다. 그리고 1977년부터 본격적으로 모잠비크 영토에서 로데지아 정부의 지원을 받아 FRELIMO에 대한 테러공격을 시작했다. 로데지아 정부는 MNR을 지원함으로써 독립 모잠비크 정부가 ZANU(짐바브웨 아프리카민족연합-Zimbabwe African National Union)에 협조하여 ZANU의 활동 기지로 모잠비크 영토가 이용되는 것을 미리 차단하고자 했다.

1974년 마푸토에 거주했던 약 230,000명의 포르투갈인들은 1975년 모잠비크의 독립과 더불어 대부분 모잠비크를 떠났다. 이들 가운데 약 25,000명이 모잠비크에 남았으며 이들 중 일부는 로데지아로 가서 MNR에 합류했다. 이때 MNR은 영어식 표기에서 포르투갈어식 표기인 RENAMO로 명칭을 바꿨다. 로데지아의 백인정권이 무너지고 흑인정권이 독립정부를 구성하자 RENAMO는 이때부터 남아프리카공화국의 지원을 받게 되었다. 초기에 RENAMO는 로데지아와 남아프리카공화국 백인정권에 의해 조종되는 소규모 무장단체에 불과했으며 실제적으로 모잠비크 내에서 사회적인 지지 세력을 갖고 있지 못했다.

RENAMO는 초창기에 로데지아의 지원을 받았고 이어서 남아프리카공화국의 지원을 받으면서 모잠비크 독립정부를 전복할 목적으로 분쟁을 일으키는 주변국 백인정권의 도구로 이용되었다. 그러나 RENAMO 자체의 역동성을 단지 주변국들의 사주를 받은 게릴라단체로만 인식하기에는 무리가 있다. RENAMO는 초기에 로데지아와 남아프리카공화국의 지원에 전적으로 의존했지만, FRELIMO 정부의 정치적이고 이념적인 경직성으로 인해 생겨난 반대 세력들을 수

신들의 입지가 불투명해지자 곧 FRELIMO 정권에 반대하는 입장을 취했다. Norrie MacQueen, p.273.

용하면서 점차 독립적인 조직으로 성장해갔다. 그러나 RENAMO는 FRELIMO 정부와의 내전을 지속하면서 정권에 대한 도전을 시도했으며 정치적 철학과 이념이 결여된 채 게릴라 성향만을 보였다.

RENAMO는 무자비한 게릴라전 방식을 고수함에도 불구하고 FRELIMO의 정치적 관심 밖에 놓인 농촌지역을 장악할 수 있었고 정치적인 입지와 지지기반을 구축할 수 있었다. FRELIMO의 경우 독립 이후 정치와 경제정책에서 실패하게 되면서 정통성에 타격을 입었고 무엇보다도 농촌정책의 실패로 농민들의 지지를 상실했다. FRELIMO의 정책실패는 RENAMO로 하여금 농촌인구의 관심과 지지를 이끌어 낼 수 있게 했고 농촌지역에 반정부 세력기반을 구축할 수 있는 계기를 제공했다.

독립 이후 포르투갈과 모잠비크의 관계는 매우 소원해졌고 회복하는 데 많은 시간이 걸렸다. 당시 모잠비크에 남은 포르투갈인들의 처우문제가 FRELIMO 정부와 포르투갈 정부와의 관계를 결정 짓는 주된 요인이 되었다. 독립 이후 2년 동안 FRELIMO 정부가 취한 국유화정책으로 인해 모잠비크에 남아 있었던 포르투갈인들은 재정적으로 많은 손실을 입었다. 정치 분야에서뿐만이 아니라 행정, 교육, 경제 등의 모든 분야에서 독립과 동시에 급격한 변화가 시작되었다. 모든 주요 행정업무는 FRELIMO 정부가 직접 관할했으므로 체류하고 있던 백인들은 불만을 갖게 되었다. 독립 후 2-3년이 지나 모잠비크 경제가 침체 국면에 들어서게 되자 포르투갈은 양국 간 관계회복을 위해 경제협력을 제안했지만 긍정적인 대답을 이끌어내지 못했다. FRELIMO는 갈수록 권위주의적인 체제로 변했고 포르투갈과의 관계에서 경직성을 더해갔으며 결국 양국 간의 관계는 답보 상태에 놓이게 되었다.

80년대 초반, 포르투갈의 외교적 노력으로 양국 간의 관계는 일부 호전되었으나 근본적으로 양국의 관계 개선은 모잠비크의 대서방 외교정책에 달려있었다. 즉, 포르투갈의 우호적인 태도에도 불구하고 양국 간의 관계는 개선되지 않았다. 80년대 RENAMO 문제가 모잠비크와 포르투갈 간에 중요한 갈등 요인으로 대두되었다. RENAMO 지도층 인사들의 상당수가 모잠비크에서 거주했던 포르투갈인들로 구성되었으며 이들은 FRELIMO 정권이 들어섰을 때 모잠비크 국적취득을 요구했으나 거부당했다. RENAMO를 지지하는 광범위한 백인 세력들은 FRELIMO 정권 이후 모잠비크에 새로운 정권이 들어서면 양국 간의 교역을 주도할 목적을 갖고 있었다.

1988년 RENAMO의 주요 인사인 페르난드스(Evo Fernandes)가 리스본 근교에서 살해당하는 사건이 발생했다. 포르투갈 정부는 리스본에 있는 모잠비크 정부의 외교관이 사건과 연루된 것으로 추정하여 그를 추방시키면서 FRELIMO와 포르투갈 간의 관계는 더욱 악화되었다. 모잠비크와 포르투갈 간에 발생한 이러한 일련의 사건들로 양국 간 긴장관계가 지속됨으로써 FRELIMO와 RENAMO의 평화협상과정에서 포르투갈은 중재 역할을 맡을 수 없었고 대신 이탈리아가 협상중재자로 나섰다.[73]

1984년 FRELIMO는 RENAMO를 지원하는 남아프리카공화국 정부와 은코마티협약(Acordo de Ncomati)을 체결했다. 조약의 내용은 FRELIMO가 남아프리카공화국의 반정부단체인 ANC(아프리카 민족회의 - African National Congress)를 지원하지 않겠다는 약속의 대가로 남아프리카공화국 측에선 RENAMO에 대한 지원을 중단하겠다는 것이었으나 실제적으로 기대했던 결과는 나타나지 않

---

73) Norrie MacQueen, *op. cit.*, pp.271-276.

았다. 그러나 은코마티조약 이후에도 RENAMO는 지속적으로 남아
프리카공화국으로부터 무기와 게릴라 기지에 대한 지원을 받았기
때문에 모잠비크에서 내전은 중단되지 않았다.[74] 이 당시 아프리카
대륙은 정치적인 불안정이 심화되는 상황이었고 모잠비크는 내전이
장기화되면서 많은 혼란과 어려움을 겪게 되었다.

---

74) Armelle Enders, *op. cit.*, p.119.

제3장 90년대 모잠비크의 선택: 민주화

1. 80년대의 정치·경제적 위기

1) 정치적 위기: 내전과 중앙집권체제의 실패

1980년대 초반부터 모잠비크는 심각한 대외적인 어려움에 직면하게 되었으며, 특히 남아프리카공화국이 배후 지원하는 RENAMO의 게릴라식 공격은 막대한 경제적 피해를 초래했다. 이 시기에 RENAMO와의 내전이 확산되었고 반군들은 중부와 북부지역을 기반으로 농촌지역에서 반정부 활동을 펼쳤다. 그들의 공격 목표는 일반시민을 대상으로 사회하부구조를 파괴하고 경제적인 피해와 정치적인 불안정을 유발시키는 것이었다. 내전에 의해 발생된 피해는 1981년-83년 사이에 140개 마을, 840개 학교, 200개 보건소, 900개 농촌상점, 그리고 수천 명의 사망자와 수천억 달러의 경제적인 손실로 집계되었다.[75]

FRELIMO 정부는 내전으로 인한 경제적 손실과 정치적인 불안정을 해소하기 위해 1984년 남아프리카공화국정부와 '은코마티조약'을 체결했다. 은코마티조약은 기본적으로 상대 국가의 반정부단체를 지원하지 않겠다는 것과 FRELIMO가 정치적으로 RENAMO를 인정하는 것을 골자로 했다. 그러나 FRELIMO는 RENAMO를 정치적 파트너로 인정하지 않았고 남아프리카공화국 정부도 역시 RENAMO에 대한 지원을 중단하지 않았으므로 내전이 종식되지 않아 대다수의 모잠비크인들이 계속해서 생존의 위기에 처하게 되었다. 통계상으로, 내전으로 인해 290만 명 이상의 농촌인구가 자신들의 경작지를 떠나야 했고, 이들 중 170만 명은 국내에 정착할 수 없었으므로 국경을 넘어 남아프리카공화국과 짐바브웨 등 인접국으

---

75) Merle Bowen, *op. cit.*, p.58.

로 향했다.[76]

내전 상황하에서 모잠비크 독립정부가 당면한 우선 과제는 정치와 군사적인 차원에서 RENAMO의 위협으로부터 국가를 보호하고 유지하는 것이었으므로 여러 지역과 종족의 다양한 관심을 정치에 제대로 반영할 수가 없었다. 1980년대 중반부터 FRELIMO는 결집력의 상실, 정책실패, 권위주의적 통치 등으로 인해 정권의 정통성을 점차 잃어가기 시작했다.

독립 이후 권위주의체제의 비효율적인 경제정책으로 인해 농촌과 도시에 걸쳐 70%에 달하는 인구가 절대빈곤 상태에 놓이게 되었다. 이러한 빈곤 상태는 지역별로 차이를 나타내고 있다. 지역 간의 격차뿐만 아니라 도시와 농촌 간의 생활수준의 차이가 크게 났으며, 남부지역보다는 중·북부지역이, 도시보다 농촌이 더욱 가난한 것으로 드러났다.

따라서 지방 정치지도자들이나 지방의 사회·경제 행위자들은 농촌 경제의 붕괴에 대해 FRELIMO의 정치지도자들을 비난했다. 또한 지역적으로 불균형한 발전, 도시와 농촌 간 격차 그리고 급진적인 문화적 동질화를 위해 유연하지 못한 정책 시도는 농촌인구의 불만을 초래했다. 따라서 소외된 엘리트들은 사회적으로 팽배해 있던 불만과 중앙정부로부터 소외된 농촌의 현실을 통해 농촌지역의 일부 종족을 빠르게 정치화해 갔다.[77]

내전이 발생했을 때, 농촌에서 재산을 소유하고 있었던 계층은

---

76) *Ibid.*, p.189.
77) 종족의 정치화는 일부 엘리트들이 국가 권력에 있는 지배엘리트들과 경쟁하기 위해 자신들의 지역사회기반인 종족을 정치적으로 동원함으로써 가능해진다. Hans Abrahamsson and Anders Nilsson(1994), *op. cit.*, p.309.

전쟁을 피해 다른 지역으로 옮겨갔다. 그러나 가난한 계층은 자신들의 고향에서 벗어나지 못했고 RENAMO 군대의 영향권하에서 머물렀다. 이러한 사실로 인해 가난한 농민계층은 FRELIMO 정부로부터 불신을 받았으며 그들의 거주 지역에서 다른 지역으로 이전 배치되어 '복구된 자들'(recuperados)로 분류되었다.[78] 사회적으로 부유한 계층은 사회주의정권인 FRELIMO의 보호를 받은 반면 가장 가난한 계층은 RENAMO 측으로 기울었다. 농촌의 가난하고 소외된 계층은 기본적인 생계유지에 어려움을 겪었고 사회·문화적인 존엄성, 자신들의 전통과 관습에 대한 권리가 무시됨으로써 불만을 갖게 되었다.

RENAMO를 지지하는 계층은 가난하고 소외된 교육을 받지 못한 계층으로 드러났다. 따라서 농촌인구가 가난해지고 소외되어 갈수록 RENAMO는 자신들의 세력을 빠르게 확장해 갈 수 있었다. 모잠비크 정부의 농촌정책 실패 이외에도 1982년부터 발생한 가뭄 역시 절대적인 빈곤의 한 원인으로 농촌지역을 황폐화시켜갔다.

독립 이후 경제정책의 실패로 인한 외채의 증가, 빈곤으로 인한 사회적 불만 누적, 농촌사회의 붕괴 등으로 위기의식을 갖게 된 FRELIMO는 1984년 제4차 전당대회에서 개혁정책을 처음으로 시도했다. 정부는 경제침체를 막기 위한 일련의 개혁정책과 제도를 도입했다. 개혁정책의 기본 골자는 행정의 지방분권화, 경제 활동의 자유, 이념보다는 실용주의에 바탕을 둔 자원의 배분 등이었다. 그러나 이러한 정책 변화의 시도는 남아프리카공화국의 대모잠비크

78) Anders Nilsson, "Legitimidade, Economia, Conflito e a Guerra", in Iraê Baptista Lundin & Francisco J. Machava, *Autoridade e Poder Tradicional*, Vol. I, Maputo: Ministério da Administraçã 모잠비크영토가 o Estatal, 1995, p.140.

교란정책으로 인해 실패했다. 내전이 우선적으로 종식되지 않는 한 개혁정치를 시도하는 것은 불가능했다.

1986년 예기치 않게 모잠비크의 대통령인 싸모라 마쉘이 남아프리카공화국에서 비행기 사고로 사망하는 사건이 발생해서 모잠비크는 새로운 정치국면을 맞이하게 되었다. 대통령 직을 승계한 인물은 바로 FRELIMO 소속 온건주의 성향의 쉬싸누(Joaquim Chissano)였다. 쉬싸누는 대통령이 되자 과거의 맑스－레닌주의 노선에서 탈피해 친서방주의적인 정책을 폈으며, 국가경제 발전을 위해 새로운 전환점을 마련하였다. 1989년에 국호를 '모잠비크 인민공화국'에서 '모잠비크 공화국'으로 변경하였고 이어서 1990년에는 다당제를 인정하는 '신헌법'을 발표하고 친서방정책을 표명하며 미국을 비롯한 서방국가들과 우호관계를 수립해 나갔고, 미국의 경제원조 혜택을 받는 국가가 되었다.79)

요약하면, 80년대 FRELIMO의 과도한 중앙집권체제는 이미 언급된 여러 가지 복합적인 문제를 초래했고 이를 해결하기 위한 방법으로 80년대 말 민주화와 지방분권화에 대한 필요성이 제기되었다. 중앙집권체제의 문제는 민주화 과정에서 중앙정부의 권력을 지방으로 이양하는 방법으로 그리고 지역사회에 자치권을 허용하는 지방자치제도의 시행을 통해서 해결될 것으로 보았다. 지방분권화는 정치·행정적으로 지역 단체들이 자신들의 문제를 스스로 처리할 수 있는 기회를 갖게 되는 것을 의미했으며 따라서 이러한 분권화 과정을 통해서 정치적뿐만이 아니라 사회적인 통합을 이룰 수 있고 나아가 전통적인 엘리트와 지역엘리트를 포용하는 정치가 이루어질 것으로 기대되었다.80)

---

79) Armelle Enders, *op. cit.*, p.119.
80) Hans Abrahamsson and Anders Nilsson(1994), *op. cit.*, p.310.

94

2) 경제적 위기: 농촌정책의 실패

모잠비크는 80년대 경제 침체기를 겪었으며 특히 농촌지역에서 경제악화 현상이 뚜렷하게 드러났다. 이 시기 대부분의 농촌인구는 식민통치 시기보다 열악한 생활환경에서 살았으며 그 원인으로는 FRELIMO의 농촌개발 정책의 실패와 남아프리카공화국의 대모잠비크 교란정책을 지적할 수 있다. 이러한 교란정책은 RENAMO를 통한 내전으로 구체화되었고 이는 FRELIMO 정부가 경제정책을 효과적으로 실행할 수 없게 만들었다. 특히 농촌지역에서 전개된 FRELIMO와 RENAMO 간의 내전은 지역경제를 무너뜨렸고 수많은 난민을 발생시켜 사회조직과 가족제도까지 붕괴시켰다. 이러한 내전 상황이 계속되는 가운데 FRELIMO는 농촌정책에서 현실을 고려하지 않은 채 농촌을 현대화하려는 시도로 대규모 기계화 농업을 도입했다. 이는 기존의 식량공급 체계를 무너뜨리는 계기가 되었고 비효율적인 농업정책으로 인해 농산물 생산량이 급격히 저하되어 사회적인 불만으로 이어졌다.

FRELIMO는 사회주의 사고에 기초한 급진적인 발전전략을 농촌과 산업 분야에 무리하게 적용했다. 농촌에서는 가족 중심의 농업이 빠르게 집단 농업화되었고 농민들은 국영농장이나 협동농장에서 의무적으로 일하게 되었다.[81] 또한 농촌인구는 자신들의 생활터전을 떠나 기본적인 사회시설이 갖추어진 공동마을(aldeias comunais)에서 거주하게 되었다.

보웬(Merle L. Bowen)은 모잠비크 정부의 경제정책을 분석하면서 특히 FRELIMO 정권의 농촌경제정책의 실패 원인에 분석의 초점을 두었다.[82] 그는 국가의 비현실적인 정책이 사회주의 경험의

---

81) *Ibid.*, p.8.

실패와 농촌의 붕괴를 초래했다고 주장한다. 그래서 남아프리카공
화국의 대모잠비크 교란정책과 같은 국외적인 요인보다는 국내적인
요인, 즉 FRELIMO의 경제정책과 중앙집권적이고 권위주의적인 체
제의 성격 때문이라는 시각을 피력했다.

 또한 보웬은 FRELIMO의 농촌정책의 실패가 단순한 정책상의
부주의 이상이라고 주장했다. 국가의 개입정책은 농민들에게는 대
중적이지 못했고 이들을 중앙정부로부터 분리시키는 것이었으며 농
촌의 현실에 어긋나는 정책의 시행은 시기와 지역에 따라 차이를
드러냈다고 보았다. 구체적으로 마푸토를 중심으로 한 남부지역에
대해서는 정부가 다른 지역보다는 정책을 시행하기가 수월했고 무
엇보다도 지역에 대한 접근이 용이했다. 반면에 중앙정부로부터 멀
리 떨어진 지역은 정치엘리트와 행정관료의 관심과 통제 밖에 놓여
있어 정부가 개입하는 데 어려움이 있었다. FRELIMO 정부는 모잠
비크의 넓은 영토를 정상적으로 통제하지 못했고 국가정책을 행정
부로부터 멀리 위치해 있는 농촌지역에 시행할 능력도 없었다. 그
러므로 FRELIMO는 계획했던 정책을 모든 농촌지역으로 확대 적
용하지는 못했다. 전반적으로 FRELIMO 정부의 농촌정책은 '위로
부터' 구상된 것으로 농촌현실과는 괴리가 있는 지나치게 이상적인
성격을 띠고 있었다.

 농촌정책은 사회주의계획의 실패에 기인한 것으로 대표적인 사례
가 농촌에서 실시한 공동마을정책을 들 수 있다. FRELIMO 정부는
농촌인구를 격리시키면서 전통지도자들을 정치적인 권력에서 배제
하고 농촌에서 전통문화와 종교 의식을 금지시켰다. 이에 대해 전

---

82) Merle L. Bowen, *The State against the Peasantry: the rural struggle
  in colonial and postcolonial Mozambique*, Charlotteville and London:
  University Press of Virginia, 2000.

문가들은 FRELIMO의 공동마을정책이 농촌을 발전시키기 위한 전략이라기보다는 FRELIMO 국가기구를 농촌지역에 건설하려는 의도였다고 주장한다.[83]

그러나 FRELIMO의 경제정책 실패를 단순하게 공동마을정책이나 전통적 지도자의 분리정책 등 한두 가지의 정책실패로 설명할 수 있는 것은 아니다. 근본적으로 FRELIMO는 사회주의 노선하에서 국가 주도의 계획경제를 시행했으며 전반적인 농촌 개혁 프로그램 역시 사회주의적 이상을 실현하기 위한 비현실적인 개혁 프로그램이었다. 공동마을정책은 농민들을 공동거주지와 공동생산으로 유도하는 데 성공적이지 못했으며, 여기서는 공동마을 단위로 주민을 격리한 것과 낮은 생산성이 주된 문제였다. 행정 분야에서 FRELIMO가 기존의 헤굴루, 전통지도자, 족장 등을 대신해서 중앙국가의 행정관들을 기용한 것은 행정업무의 효율성을 저하시켰고, 행정관들과 지역사회와의 부자유스러운 관계를 초래했다. 전통지도자들과 족장들을 FRELIMO의 행정관료로 대체한 것은 위계적인 농촌의 전통 조직에서 정부의 지방 행정관들이 중앙정부의 정치적인 결정 사항에 대해 영향을 끼칠 수 없게 했을 뿐만 아니라 지방 행정관들은 이방인의 존재로 인식되어 지역사회에 편입되지 못하였다.

모잠비크의 사회주의 경험은 성공을 거두지 못하였으며 경제적으로 외채의 증가와 생산능력의 붕괴로 인해서 결국은 사회주의 노선의 실패를 인정해야 했고 경제 회생을 위하여 경제 개방을 선택해야 했다.[84] 사회주의 통제경제 실패 이후 식민통치 시기에 이미 존재했

---

83) Merle Bowen, *op. cit.*, p.46.
84) 80년대 중반 이후부터는 FRELIMO는 경제 개방을 선택했고 국제금융 기관에 가입했다. 1984년에 모잠비크는 IMF와 세계은행 체제를 받아들이고 1987년부터 최초의 구조조정 프로그램인 경제재건프로그램 (Programa de Reabilitação Económica)을 시작했다. 그러나 이 프로그

던 지역적 불균형은 독립 이후 더욱 악화되었다. 독립 이후 불균형
한 발전을 초래했던 세 가지 상황을 살펴보면 다음과 같다. 첫째, 재
정의 상당 부분을 제한된 수의 프로젝트에 집중시켜왔기 때문이다.
즉, 일부 지역과 지방에만 생산투자가 시행되었다. 둘째, FRELIMO
가 시행하는 대규모 계획들의 대부분은 이미 과거 포르투갈인들에
의해서 기획되고 설계된 것들이었다. 포르투갈인들이 기획했던 프로
젝트들은 지역적으로 편중된 것으로 FRELIMO는 이를 수정하지 않
고 그대로 승계해서 시행했다. 셋째, FRELIMO는 독립 이후에 빠른
도시화정책을 추진함으로써 농촌지역을 상대적으로 소홀하게 다루
었기 때문이다.

　요약하자면, 모잠비크의 경제 위기는 크게 FRELIMO의 경제정
책 실패와 남아프리카공화국의 대모잠비크 교란정책에서 기인한 것
으로 풀이된다. 이 두 가지 원인 이외에도 독립 이전까지 모잠비크
의 주된 경제 행위자였던 백인들의 축출이 또 다른 주요 원인으로
제기되기도 한다. 포르투갈인들은 정치·경제·행정 분야에서 주요
행위자였으며 이들은 채 일 년이 안 되는 독립이행 기간 동안 거의
모든 분야에서 인수인계를 하지 못한 채 급하게 모잠비크를 떠나야
했다. 1974년 마푸토에 거주하던 포르투갈인들의 숫자는 230,000명
가량이었으나 1년 후인 1975년 모잠비크가 독립할 당시에는 1/10
정도로 줄어들었다. 포르투갈인들이 떠난 후 경제와 행정 분야에서
의 공백은 매우 컸으며, 특히 모잠비크 경제는 독립한 시점부터 90
년대 중반까지 하향곡선을 그리게 되었고 80년대 말에는 최빈국의
수준에 이르게 되었다.

　램은 경제와 사회재건프로그램(Programa de Recuperação Económica
　e Social)으로 명칭이 바뀌면서 중앙집권적 사회주의체제가 시장경제체
　제로 전환하는 것을 골자로 다루고 있다.

독립 이후 모잠비크는 경제 분야에서 급격한 침체기를 겪었고 이
는 주요 경제 인력이었던 백인들이 모잠비크를 떠나면서 남긴 공백
으로 인하여 일차적 충격이 있었다. 이어서 사회주의정권의 농촌정
책 실패로 생산체계가 붕괴되는 이차적 충격이 내전이라는 또 다른
요인과 맞물려 모잠비크 경제는 회생불능의 상태로 빠져들었다. 생
산구조의 파괴는 생산능력의 저하로 이어졌고 수출 격감과 수입 증
가를 초래했으며 수입의 증가는 곧 외채의 증가를 의미했다. 〈표
Ⅲ-1〉과 〈표 Ⅲ-2〉 통계자료를 살펴보면, 독립전쟁이 확산되는 70
년대 초반 모잠비크의 무역수지는 일차적으로 악화되었고, 독립 이
후 특히 내전이 발생하는 1977년 이후 무역적자가 70년대 초반에
비해서 배로 늘어났다.

〈표 Ⅲ-1〉 독립 이전 1965년-1973년 수출입

꼰뚜 단위

연 도	수 출	수 입	무역수지
1965	3 107 070	4 980 968	− 1 873 898
1970	4 496 866	9 302 188	− 4 805 322
1971	4 612 861	9 638 749	− 5 025 888
1972	4 768 031	8 911 824	− 4 143 793
1973	5 540 628	11 415 260	− 5 874 632

* 주: 1꼰뚜는 1000에스쿠도임.
출처: Oliveira Marques, *História de Portugal*, Vol.Ⅲ, p.579.

〈표 Ⅲ-2〉독립 이후 1975년-1984년 수출입

꼰뚜 단위

연 도	수 출	수 입	무역수지
1975	5050, 4	10745, 6	-5695, 2
1976	4524, 1	9058, 0	-4533, 9
1977	4923, 0	10821, 2	-5898, 2
1978	5344, 3	17198, 3	-11854, 2
1979	8310, 8	18575, 3	-10264, 5
1980	9079, 0	25922, 3	-16825, 3
1981	9926, 0	28317, 6	-18391, 6
1982	8655, 3	31573, 7	-22918, 4
1983	5286, 6	25571, 4	-20284, 8
1984	4060, 5	22903, 3	-18842, 8

* 1꼰뚜는 1000에스쿠도임.
출처: Direcção Nacional de Estatística, *Informação Estatística 1975-1984*, Maputo, 1985.

정부의 농촌정책 실패와 내전의 후유증으로 1980년대 초반의 무역적자는 독립 당시에 비해 네 배로 증가했다. 또한 주요 경제행위자였던 백인들이 경제 전반에 남긴 공백의 결과로 거의 모든 경제 분야가 침체되고 마비되었던 것으로 분석된다.

현재의 시장경제의 급속한 확산은 식민통치 시기와 사회주의정권 시기에 초래된 불균형을 더욱 심화시킬 것으로 예상된다. 예를 들면, 1980년대 중반 이후로 모잠비크에 대한 외국인 투자가 늘고 있으며 이러한 투자는 마푸토와 베이라와 같은 대도시 지역을 중심으로 이루어지고 있다. 농촌지역에 대해서는 정부나 외국인 투자가 제대로 이루어지지 않고 있으며 농촌 경제는 갈수록 침체되어 가고 있는 상황에서 도시와 농촌 간 격차는 더욱 커지고 있다.

2. 90년대 모잠비크의 정치적 변화: 민주화

1) 92년 로마평화조약

1980년대 후반 모잠비크 정부와 반군 측은 무력투쟁을 통해서는 권력을 유지하거나 획득할 수 없음을 인식하게 되었다. 시민사회, 가톨릭교회를 비롯한 종교단체, 국제기구 그리고 비정부단체의 노력을 통해서 평화적인 방법으로 분쟁을 해결하려는 움직임이 시작되었다. 특히 가톨릭교회와 이탈리아 정부가 분쟁해결을 위해 적극적인 자세로 임했고 이들이 FRELIMO와 RENAMO 간의 평화협상과정에서 주요 중재자의 역할을 맡았다.

FRELIMO와 반군단체인 RENAMO는 2년여의 협상에 걸쳐 1992년 10월 4일 로마에서 평화협정(General Peace Agreement)[85]을 체결하고 16년간의 내전에 종지부를 찍었다. 쉬싸누 대통령과 RENAMO 반군 지도자인 들라카마(Afonso Dhlakama)가 로마에서 체결한 평화협정에서 이탈리아 정부 대표인 라파엘리(Mario Rafaelli) 의원, 싼뚜 에지디우(Santo Egidio)공동체의 회원 2명, 베이라의 주교인 곤쌀브스(D. Jaime Gonçalves) 등이 중재 역할을 훌륭하게 해냈다는 평가를 받았다.

로마평화협정은 내전종식과 민주주의제도를 수용하는 것을 골자로 하고 있다. 로마평화협정은 1992년 10월 15일까지 휴전을 발효시키고 휴전 이후 양측 병력을 해산시키는 것을 명시했다. 새로이 형성될 모잠비크 방위군에 속하지 않는 병력은 휴전이 선포되고 6개월이 지나서 해산절차를 밟도록 하였다. 동 협정은 협정 사항의 이행을 감시 및 감독할 기구의 설립을 유엔에 요청하는 것과 유엔주재의 감독 및 감

---

85) 로마평화협정에 관한 구체적인 내용은 부록을 참조.

시기구(Supervisory and Monitoring Commission: CSC)의 창설을 포함하고 있었다. 유엔의 안전보장이사회에서는 같은 시기에 모잠비크로 군사감시단과 사무총장 특별대표로 아옐로(Aldo Ajello)를 파견하였다. 같은 해 12월 UN 사무총장은 모잠비크 주재 유엔평화유지단(United Nations Operation in Mozambique: ONUMOZ)의 창설안을 안전보장이사회에 제출하였다. 안전보장이사회는 12월 16일 ONUMOZ를 설립하였고 군사적인 사항들이 이행되는 것을 지켜본 이후에 대통령과 의회 선거를 실시하기로 결정했다. 평화협정에는 협정이 발효된 지 1년이 지나서 중앙선거관리위원회가 대통령 및 의회 선거를 준비할 수 있다고 규정했다. 또한 ONUMOZ가 모든 선거과정을 감시하도록 명시했다. ONUMOZ의 중요한 역할 중 하나는 내전으로 인해 발생한 370만의 전쟁난민의 정착을 지원하는 것이었다.

로마평화협정 이후 ONUMOZ의 가장 우선적인 과제는 FRELIMO와 RENAMO의 군대를 해체하는 것이었다. 준군사조직과 군대의 해산은 1994년 8월까지 실질적으로 종결되었으며 ONUMOZ는 해체된 병력 중에서 만 명 이상을 새롭게 조직된 국가의 방위군으로 통합시키는 것을 지원했다. 평화협정 당시 양측의 병력은 정확하게 파악이 안 되었으나 여러 단계에 걸쳐 최종적으로 해체된 군인의 숫자는 FRELIMO 측에서 71,288명이고 RENAMO 측에서 20,538명으로 양측을 합하여 총 91,826명이었다. 양측에서 해체된 군인들 중 대다수는 〈표 Ⅲ-3〉에 나타나는 바와 같이 자신들의 고향으로 돌아가서 정착하였다.[86] 여기서 주목할 만한 점은 상당수의 해체된 군인들이 잠베지아지방(17%), 소팔라지방(14%), 남뿔라지방(13%)으

---

86) Iraê Baptista Lundin, *Reflections on the Dynamics of a Nation Building Process under Stress: The Case of Mozambique 1993-1998, Illustrated with Five Articles*, Göteborg: Göteborg University, 2001, p.101.

로 돌아가서 정착한 사실이다. 이는 내전이 주로 중·북부지역에서
치러졌고 이 지역의 주민들이 주로 동원되었기 때문이다. 고향으로
돌아간 후 군인들은 직업을 구하지 못해 실업자로 남는 경우가 대
부분이었으며 이는 사회적 불안 요인으로 작용했다.

〈표 III-3〉 지방별 해산된 군대 비율

지 방	출생지역	군복무지역	재정착지역
Cabo Delgado	9.07	5.35	7.30
Gaza	6.65	5.52	5.10
Inhambane	10.19	5.31	7.08
Manica	8.01	7.91	9.73
Maputo	1.76	7.21	4.20
Nampula	13.70	9.65	12.99
Niassa	9.81	9.31	9.26
Sofala	12.11	18.15	13.75
Tete	6.89	8.17	5.90
Zambezia	10.14	14.36	16.64
Cidade de Maputo	1.67	9.06	7.97
총 계	100.00	100.00	100.00

In: Iraê Baptista Lundin, *Reflections on the Dynamics of a Nation Building
Process under Stress: The Case of Mozambique 1993-1998*, Illustrated with
Five Articles, Göteborg: Göteborg University, 2001, p.101.

이러한 군대해체 과정에 들어간 비용은 총 8천 5백만 달러로
80%가량은 수혜제공기관과 모잠비크 정부를 포함한 유엔과 그 밖
의 기관에서 제공했다.[87] 군대해산 과정을 포함하여 1992년-1994년
까지 평화정착 과정에서 거의 10억 불가량이 지출되었으며 이는 모

---

87) Richard Synge, *Mozambique: UN Peacekeeping in Action 1992-1994*,
    Washington D.C.: United States Institute of Peace Press, 1997, p.108.

잠비크 인구 1인당 60불을 사용했다는 수치이다.[88]

무기회수와 군대해체 등 군사적인 문제가 단계적으로 해결되자 인접국가로 피난을 가 있었던 난민들도 모잠비크로 귀환했다. 군사적인 제반 사항들이 이행되자 대통령과 의회선거는 1994년 10월에 실시되었으며 이에 대해 UN 사무총장 특별대표 아옐로는 11월 19일 공정한 선거였음을 선언했다. 모잠비크의 새로운 의회는 12월 8일에 구성되었고 12월 9일에는 투표를 통해 선출된 쉬싸누가 대통령으로 취임했으며 이와 동시에 ONUMOZ의 공식임무는 완료되었다. 군대의 해산과정부터 다당제 선거가 시행될 때까지 ONUMOZ의 활동은 별다른 사고 없이 이어졌으며 95년 1월 ONUMOZ는 모잠비크에서 완전히 철수했다.

UN은 비슷한 시기에 평화협상을 진행하고 있던 앙골라에 비해 모잠비크에 재정적으로나 군사적으로 더 많은 지원을 했다. 그 이유로는 모잠비크의 주변국들, 특히 짐바브웨와 잠비아는 모잠비크의 운송망을 통해 물류를 수송하고 있었으므로 불안정한 정치상황이 곧 자신들의 수송물자에 대한 습격과 약탈로 이어질 것을 우려했기 때문이다. UN은 이러한 주변국들의 상황을 고려해서 7,500명의 평화유지군을 파견했다.[89]

모잠비크에서의 성공적인 내전종식은 무엇보다도 평화협상을 통해서 군부를 성공적으로 해체하고 동시에 내전의 당사자들인

88) Iraê Baptista Lundin and Obede Suarte Baloi and José Macuane, "Uma leitura qualitativa do resultado das primeiras eleições autárquicas em Moçambique", *Conferência Internacional sobre Eleições Autárquicas em Moçambique - Relatório Final*, Maputo: Universidade Eduardo Mondlane, 2000, p.89.

89) Chris Alden, *Mozambique and the Construction of the New State: from Negotiations to Nation Building*, New York: Palgrave, 2001, p.39.

104

FRELIMO와 RENAMO를 제도적으로 수용하는 민주적 다당제의
도입을 통해서 가능했다. 양측의 신뢰구축 과정에서는 국가적인 차
원에서 다당제 민주주의의 제도와 절차를 마련해 나갔다. 예를 들
면 1990년의 헌법개정, 정당 창당을 인정하는 기준과 선거법, 독립
적인 국가선거기관의 설립과 새롭게 선출된 다당제 국회 등이다.
1990년 11월에 신헌법이 승인되었고 이는 모잠비크에 새로운 변화
를 약속하는 것이었다.

　다당제와 노동조합의 도입과 모잠비크 정치에서의 다원주의는 과
거에 금기시되었던 부분들, 예를 들면 전통성과 종족성에 대해서
더욱 개방적으로 수용할 수 있게 하였다. 90년대부터 FRELIMO는
전통적인 세력들을 흡수하기 위해 RENAMO와 경쟁하고 있다. 현
재 FRELIMO의 정치적 목표는 두 가지 차원에서 국가를 형성하는
것으로 설명되며, 이는 도시에는 '현대적인' 국가를, 농촌에는 '전통
적인' 국가를 세우는 것이었다. 농촌에 국가기구를 건설해서 종족 -
지역주의적 피보호자들(clientels)을 형성하는 것이 목표였다. 그러
나 FRELIMO의 90년대 개혁정책에서 다원주의의 수용은 농촌지역
에 국가기구의 설립을 통해 효율적으로 지배하고자 하는 의도였지
실제적인 권력 분산을 통해 농촌을 자치화하려는 의도는 적었다고
보인다.

　다원주의의 수용과 관련해서 몬떼이루(Oscar Monteiro)는 "모잠비
크는 민주화 과정에서 모잠비크 사회와 문화를 특징짓는 다원주의를 어떻
게 잘 조화시켜 나갈지가 핵심적인 과제이며, 이를 위해서는 국가적인 분열
에 대한 불안감을 완화시키면서 긍정적인 차원에서 정당의 형성과 다양성
에 대한 수용과 인정, 그리고 종족에 기초한 이익과 지역성을 인정하는 여
유를 갖는 것"이라고 주장한다.90)

90) Oscar Monteiro, "Governance & Decentralization", pp.28-45, in

모잠비크가 당면하고 있는 정치적인 문제는 권력에 참여할 수 있
도록 정책결정권을 분산하는 것과 대안적 엘리트들이 중앙 수준에
서든 지역 수준에서든 정치적으로 활동하는 것을 허용하는 것이다.
다른 한편으로 정치적인 문제는 국가와 정부가 잃어버린 정치적 정
통성을 회복해야 하는 것과 연관되어 있다. 아프리카 국가들이 안
고 있는 이런 정치적인 문제들은 서양 정치체제의 경험에 근거한
다당제 선거의 시행만으로 해결되지 않는다.[91] 즉, 다수 종족들을
어떻게 민주주의 제도권으로 흡수할 수 있는가와 민주주의가 아
프리카적인 맥락에서 다원주의를 수용하는 실질적인 체제로 제도화
될 것인가가 앞으로 풀어나가야 할 과제이다.

2) 94년 다당제 선거

1990년대 초반 모잠비크는 10년 이상 계속된 경제침체와 정치적인
불안을 극복하기 위한 개혁 프로그램을 도입하면서 많은 변화를 겪게
되었다. FRELIMO는 세계은행과 IMF 그리고 원조제공국들의 지원
을 받아 사회주의 원칙을 버리고 민주화와 시장경제를 시행해 나가면
서 1990년 신헌법을 통해 정치적 다원주의가 합법화되고 국가 권력의
분산과 언론의 자유가 보장되었다. 이어 1992년에는 이탈리아의 로마
에서 정부와 반군단체인 RENAMO 간에 장기적인 분쟁을 종식시
키는 평화조약이 체결되었다. 유엔의 감시하에 1994년 최초로 대통
령과 국회의원 선거[92]가 실시되어 쉬싸누가 대통령에 당선되었고

Bernardo Ferraz and Barry Munslow, *Sustainable Development in Mozambique*, Trenton & Asmara: Africa World Press, Inc., 2000, p.30.
91) Hans Abrahamsson and Anders Nilsson, *Ordem Mundial Futura e Governação Nacional em Moçambique: Empowerment e Espaço de Manobra*, Göteborg: Padrigu, CEEI-ISRI, 1998, pp.20-23.

FRELIMO는 승리를 거두어 집권당이 되었으며 RENAMO는 선거에서 패했으나 제일 야당이라는 공식적인 지위를 갖게 되었다. 총 250 의석의 국회의원 선거에서 FRELIMO는 129석, RENAMO는 112석, 3개의 연합정당(PALMO, PANAMO, PANADE)은 9석을 차지하게 되어 정치적 안정의 토대를 마련하였다. 선거 이후 모잠비크 내에서 평화정착 과정이 순조롭게 진행되었고 RENAMO의 선거결과 승복은 총선 후의 정세 불안정 및 치안에 대한 우려를 불식시켰다. 국내 정치의 안정으로 말미암아 FRELIMO는 대외적으로 미국, 일본, 유럽 등의 서방국가와의 우호관계 개선에 주력하게 되었다.

모잠비크는 식민통치와 장기적인 내전 기간을 통해서 정치·경제·사회 차원에서 심각한 균열현상을 겪었으며, 이는 특히 중앙과 지방, 도시와 농촌 간의 균열구도를 초래했고 내전이 끝난 오늘날까지 지속되고 있다. 이러한 균열현상은 다양한 양상을 나타내며 지역이나 종족에 기초한 정치적 선호 성향으로 이어지기도 한다. 이는 1994년 선거의 투표결과가 지역적인 성향을 명확하게 반영한 것에 의해 재확인되었다.

〈표 Ⅲ-4〉의 1994년 10월 27일-29일에 실시된 국회의원 선거에서 드러난 투표행태는 개인적인 선택 성향보다는 그룹이나 지역 또는 종족적 관심을 반영한 것으로 분석된다. FRELIMO는 남부지역의 가자지방, 잉얌반느지방, 마푸토지방과 북부지역의 까부 델가두지방과 니아싸지방에서 다수표를 얻었고, RENAMO는 중부와 북부지역

---

92) 모잠비크의 대통령 선거는 국내 총 득표수로, 국회의원 선거는 11개 지방의 득표수로 계산한다. 즉, 국회는 비례대표제 선거로 치르므로 지역의 지지기반은 당의 선거 승리에 중요한 역할을 한다. 남뿔라지방, 잠베지아지방, 까부 델가두지방은 유권자가 가장 많이 등록한 지방이므로 최다 의석을 할당받는다.

의 마니까지방, 남뿔라지방, 쏘팔라지방, 떼뜨지방, 잠베지아지방에
서 다수표를 획득했다.

〈표 Ⅲ-4〉 1994년 선거결과에 따른 지방별 각 정당의 국회의원 수

	총의석수	FRELIMO	RENAMO	UD
지 방	250	129	112	9
Niassa	11	7	4	
Cabo Delgado	22	15	6	1
Nampula	54	20	32	2
Zambézia	49	18	29	2
Tete	15	5	9	1
Sofala	21	3	18	
Manica	13	4	9	
Inhambane	18	13	3	2
Gaza	16	15		1
Maputo	13	12	1	
Maputo city	18	17	1	

출처 – Instituto Nacional de Estatística, *Moçambique em Números 1997*, p.51
참조.

선거결과에서 도시거주자들은 FRELIMO를 지지하고, 농촌인구
는 RENAMO를 선호하는 것으로 나타났다. 인구밀도가 높은 남뿔
라지방과 잠베지아지방에서 RENAMO는 FRELIMO를 누르고 해
당 지역 주민 2/3의 지지를 얻었다. 중부 지역 쏘팔라지방에서
FRELIMO는 20%에도 못 미치는 지지율을 기록하며 RENAMO에
게 완전히 패배했다. 그러나 남부지역에 지지기반을 둔 FRELIMO
가 북부지역의 니아싸지방과 까부 뗄가두지방에서 높은 득표율을
기록할 수 있었던 것은 과거 식민통치 시기에 FRELIMO가 독립운
동을 했던 지역으로 기존의 지지 세력이 있었기에 가능했다.

국회의원 선거와 동시에 치러진 대통령 선거에서는 총 12명의 후보가 경합을 벌였으며 FRELIMO의 조아낌 쉬싸누가 과반수인 53.3%를 얻어 33.7%를 획득한 RENAMO의 아퐁수 들라카마를 제치고 대통령에 당선되었다. 그 외의 후보자들은 3% 미만의 득표율을 보였다.[93]

다당제 선거를 통해 FRELIMO는 재집권에 성공했으나 국회에서 45%의 의석을 얻은 RENAMO와 권력을 공유해야 하는 상황이 되었다. RENAMO는 다당제 선거를 통해서 공식적으로 정치적인 권력을 갖게 되었으나 이미 선거를 치렀던 당시에 모잠비크 전체 영토의 25%를 직접적으로 통치하고 있었다.

94년 선거결과에 대한 긍정적인 분석은 FRELIMO와 RENAMO 양측이 모두 승리했다고 인정한다. FRELIMO는 대통령 선거와 국회의원 선거(적은 투표수로 다수의 의석을 차지)에서 승리를 차지했고 이 선거는 국제사회에서 모잠비크 민주화 과정의 긍정적인 결실로 인정을 받았다. RENAMO도 비록 선거에서는 실패했지만 RENAMO는 공식적으로 자신들의 정통성을 인정받는 계기가 되었고, '게릴라 단체'에서 정당으로 거듭나게 된 점이다. 또한 RENAMO는 예상외로 선거에서 높은 득표율을 기록해 차기 선거에서 승리할 수 있다는 희망을 갖게 되었다. RENAMO가 모잠비크 인구의 40%의 지지를 얻었고 무엇보다도 가장 인구가 많은 중부와 북부 지방에서 다수표를 얻어 지지기반을 확고히 했다.

그러나 선거결과에 대한 부정적인 시각도 제기되었으며, 이는 내전의 종식과 더불어 다당제 민주주의로의 이행을 추진하면서 종족 간의 갈등과 분열 현상을 해결하려고 했으나 94년 선거결과는 매우

---

93) Instituto Nacional de Estatística, *Moçambique em Números 1997*, p.52.

제한적인 가능성만을 보여주었다는 것이다. 선거는 RENAMO를 부분적으로 권력에 편입할 수 있게 했고, FRELIMO는 기존의 정치인들로 하여금 정치적인 기득권을 지킬 수 있게 했다. 즉, 새로운 민주정치제도는 도입되었지만 정치행위자는 과거 권위주의체제와 동일한 정치행위자들로 과연 민주화를 위한 근본적인 변화가 가능할지에 대한 회의적인 시각이 대두되었다. 그리고 선거결과는 FRELIMO와 RENAMO의 양분구도로 나타났고 결국 지역적·종족적 성향을 반영한 선거였다는 점이다. 이러한 부정적인 시각에도 불구하고 1994년 다당제 선거는 모잠비크에서 새로운 정치 시대를 열었고 평화정착과 신뢰, 정치적 선택과 민주주의의 제도화가 국가적인 차원에서 시작된 것임을 의미했다.

다당제 선거를 통해서 새로운 사법부와 입법부가 체계를 갖추었고 처음으로 3개의 정당으로 대표되는 국회가 구성되었다.[94] 그러나 선거를 통해 대통령과 정부와 국회라는 중요한 세 가지 요소가 제도화되었으나, 이는 민주주의 시작일 뿐이며 공고화되기 위해서는 민주적 제도와 절차가 중앙 수준에서 지방 수준으로까지 확대되어야 할 필요가 있다.

---

94) 모잠비크의 정당법은 새로운 다당제와 관련해서 몇 가지 한계점을 드러내고 있다. 즉, 정당을 창설하는 과정에서 전국적인 차원에서의 지지를 얻어야 하고, 정당을 공식적으로 등록하기 위해서는 법적으로 최소한 각 지방에 100명의 당원을 확보해야 한다. 정당은 분리주의정책을 실행할 수 없으며, 지역, 종족, 부족, 인종, 종교적인 단체에 근거할 수 없다. 법적으로 정당의 지도자들은 모잠비크에 거주하는 모잠비크 시민이어야 한다. Hans Abrahamsson and Anders Nilsson(1994), *op. cit.*, p.67.

110

3. 정치와 행정개혁 프로그램: 지방분권화정책

80년대 FRELIMO가 정치적인 위기를 맞이하게 된 원인들로는 민주주의의 세계적인 확산, 이념적인 정통성 부재, 경제정책의 실패, 정치 참여 요구의 증대, 종족 간의 갈등 증가 등을 꼽을 수 있다. 이러한 위기를 겪으면서 FRELIMO 정부는 변화의 필요성을 인식했고 민주화와 개방을 위한 정책을 수립했다.

1980년 말부터 중앙정부에 과도하게 집중된 권력을 지방으로 이양하는 것에 대한 요구가 확산되었다. 이는 중앙정부에 대한 도전으로 중앙정부가 지역 문제에 대해 효율적으로 대처하지 못하므로 중앙의 권력을 지방의 낮은 수준으로 이양해야 한다는 요구이었다. 이러한 지방의 불만은 중앙정부에 의해 지명된 도행정관료들(provincial administrations)에 의해서도 제기되었다. 이는 지방 행정관료들의 탈중앙집권화의 움직임으로 나타났고 결과적으로 인사관리와 세금징수 차원에서 도행정관료에게 더 많은 권한이 이양되었다.[95]

1983년부터 1991년까지 FRELIMO 전당대회에서 모잠비크의 정치제도에 대한 비판이 꾸준히 제기되었으며 따라서 기존의 정책에 변화를 가져오게 했다. 그래서 1990년 헌법 개정을 통해 사회주의 노선을 포기하고 시장경제와 다당제를 도입하게 되었다. 90년에 제정된 새로운 헌법은 민주화의 범주에서 광범위한 개혁 내용을 담고 있었다.

정치개혁 과정은 1987년의 구조조정 프로그램(PRE-Programa de Reajustamento Estrutural)을 통해 시작되었다. 정치개혁은 일원주

---

95) Oscar Monteiro(2000), *op. cit.*, p.39.

의에 입각한 통치제도에서 다원주의 사고로 전환하는 것과 시민들
의 요구를 수용할 수 있는 제도로 변화하는 내용을 담았다. 구체적
으로 종교 행위와 정당 활동이 보장되고, 시민 단체와 시민기구, 전
문가 집단 등이 개혁과정에 참여하는 것 등으로 요약된다.

경제적인 측면에서는 수출의 감소와 수입의 증가로 무역적자가
발생해 국제금융 지원이 요구되는 상황으로 변화가 필요했다. 1987
년 세계 최빈국으로 분류된 모잠비크는 유엔으로부터 3억 3천만 달
러의 긴급 금융지원을 받았다.[96] 같은 해 모잠비크 정부는 경제재
건 프로그램(PRE-Programa de Recuperação Económica)을 발표했
고 이 프로그램에 대해 정부는 세계은행과 IMF로부터 합의를 받아
냈다. 그리고 IMF 체제하에서 구조조정 프로그램을 시작했다. 1990
년 모잠비크 정부는 확대된 경제재건계획을 발표했으며 여기에 빈
곤 퇴치와 농촌지역의 사회구조조정을 통한 개발계획을 포함시켰
다. 모잠비크 정부는 1991년부터 지방정부 개혁을 추진했으며, 이
개혁의 주요 목표는 민주주의의 정착, 모잠비크 민족의 화해와 단
결, 정치와 경제의 안정 등이었다.[97]

1994년 정부는 지방기구개혁 프로그램(PROL-Programa de Reforma
dos Órgãos Locais)을 발표했다. 이 법은 지방정부 개혁에 대한 제도적
인 틀로서 1994년 9월의 헌법 3/94조항에 근거한다. 이 법은 무엇보다
도 국민 대다수의 기대를 모았으며 거의 모든 엘리트 계층과 전통적

---

96) "Chronology of War and Peace in Mozambique", *Accord*, Issue 3,
 1998, p.84.
97) Bernhard Weimer and Sabine Fandrych, "Administrative Reform
 and Local Government Elections in Mozambique: Democratic
 Decentralization with Obstacles", in Glenn Holland and Gwen Angell
 (eds.), *Wins of Small Change - Civil Society Interaction with the
 African State*, Austrian Development Cooperation, 1998, p.271.

지도자 그리고 시민사회의 호응을 얻었다. 또한 이 지방기구개혁 프로그램(PROL)은 외국의 수혜제공기관들에 의해서도 지지를 받았다. 지방기구개혁 프로그램의 핵심은 지방자치제도의 시행이라고 할 수 있다. 지방자치제도를 통하여 권력과 자원을 지방정부로 이전하는 것은 실패한 국가체제를 재건하는 방법이자 민주적 개혁에 대한 결실을 맺기 위한 기제이며 동시에 분쟁을 해결하는 방법이기도 하다. 그래서 수혜제공기관들은 지방분권화가 지속가능하고 균형 잡힌 경제 발전을 위한 환경을 조성할 것으로 기대하며 이 정책을 지원하고 있다.[98]

　1998년 지방자치제도가 시행되기까지 FRELIMO와 RENAMO 사이의 복잡한 정치적 투쟁과 오랜 협상 기간으로 인해 예정되었던 지방선거는 세 차례 연기되었다. 연기되는 과정에서 지방자치제도의 제도적이고 법적인 틀에 변화가 있었다. 지방분권화정책은 이미 로마에서 체결된 모잠비크 평화조약과 1994년의 총선거 기간 중에 여러 차례 논의를 거치면서 지방자치 관련법이 제정되었다. 그러나 지방분권화의 세부적인 내용에 관련해서는 협상과 논쟁이 이어졌으며 이는 정치엘리트들이 자신들의 정치적, 경제적, 행정적인 관심을 반영하는 합의점에 도달하지 못했기 때문이었다.

---

98) Francis C. Enemuo "Problems and Prospects of Local Governance", in *African Perspectives on Governance*, Goran Hyden et al.(ed.), Trenton: Africa World Press, Inc., 2000, p.181.

제4장 모잠비크의 지방분권화

1. 모잠비크의 지방분권화제도와 기구

1) 모잠비크의 지방분권화 배경

지방분권화의 동인을 분석하는 시각은 크게 두 가지로 구분된다. 첫 번째는 국제기구와 NGO 등 수혜제공기관에 의한 외부의 압력으로 시작되었다는 시각이다. 두 번째는 FRELIMO 정부의 전통적 엘리트를 포함한 일부 사회계층을 배제시키는 정책, 비현실적 농촌 정책, 권위주의체제의 경직성 등 내부적 요인에 의해 초래되었다고 보는 입장이다. 이러한 두 시각은 상호 연관되어 있으나 내부적 원인이 결정적으로 중앙집권체제에서 지방분권체제로의 변화를 초래한 것으로 인식하고 분석의 초점을 내부적 요인에 두고 있다. 바이머(B. Weimer)나 룬딘(I. Lundin) 등의 학자들도 지방분권화의 동인을 내부적 요인에서 찾고 있다. 바이머가 인터뷰에서 주장한 지방분권화의 동인은 다음과 같다.

"FRELIMO는 독립을 획득한 이후 전통적인 것은 모두 포르투갈의 식민 정책과 연관이 있다고 보았고 이러한 태도는 FRELIMO 독립정부에서도 그대로 반영되었다. 다른 아프리카 국가들에서는 전통성을 자연스럽게 수용했지만 모잠비크에서는 정부에 의해 거부되었다. 그러나 80년대 중반 이후에 내부적인 위기와 더불어 전통적 지도자들의 권위를 인정하며 아프리카적인 요소를 되찾으려는 시도가 있었다. 90년대 들어서자 FRELIMO는 자체적인 조직을 지닌 전통적 지도자들을 인정하기 위해 많은 시간과 노력을 투자했다. 이렇게 점진적으로 전통성이 받아들여졌다. 결과적으로 중앙집권적인 권위주의 국가체제에서 전통성을 수용하기 위해 결국 지방분권화를 시행하게 되었다고 본다. 즉, 내부적인 차원에서 FRELIMO의 정치엘리트들에게 집중된 권력을 지방에서 자체적으로 전통조직을 가지고 있는 전통적 지도자들에게 이양하지 않을 수 없는 상황이었다. 따라서 권력의 분산을 가능케 하는 지방분권화가 필요했다고 본다."99)

역사적으로 볼 때 모잠비크의 정치는 식민통치 시기와 독립 후 사회주의정권 시기에 제도적으로 이중성(dualismo)을 갖게 되었다. 제도적 이중성이라 함은 도시와 농촌의 분리로 인한 도시와 농촌지역 간의 이중구조를 의미한다. 도시정치는 모잠비크를 대표하는 대표성을 갖고 있었으며 농촌정치는 종족주의에 뿌리를 두고 있었고 중앙정부가 임명 또는 파견한 행정관료에 의해 통제되었다. 정치·행정적 이중구조하에서도 모든 권력은 중앙정부에 집중되어 있었다.100)

독립 이후 FRELIMO 정권은 식민통치하에서 식민정권에 협조했었던 전통적인 세력과 전통적인 사고에 대해 적대적인 분위기를 조성했다. 그리고 FRELIMO의 정치엘리트들은 자신들의 권력기반을 구축하고자 농민 이외에도 자신들의 경쟁 대상인 엘리트들을 소외시켰고 사회주의와 민족주의를 강조했다. 경제적인 측면에서는 농촌정책이 사회주의 이념을 바탕으로 계획되어 추진되었고, 정치적으로는 '헤굴라두'의 폐지 뿐만 아니라 종족성과 전통성 역시도 부인되었다. 정치엘리트들은 사회주의에 바탕을 둔 근대화를 시도했고 전통적인 제도와 종족적 정체성을 과거 식민통치의 유물로 인식했다. 이는 모잠비크 근대화 과정에서 전통적인 농촌사회의 사고는 개혁적 사회주의를 옹호하는 정치엘리트의 철학에 상반되기 때문이었다. 근대화를 이유로 정치엘리트들은 점차 혈족에 바탕을 둔 아프리카의 전통적 정체성을 파괴해갔고 권력을 통제하기 위한 목적으로 종족의 정체성을 왜곡하였다.101)

---

99) 2002년 1월 5일 마푸토에서 이루어진 바이머(Bernhard Weimer)와의 인터뷰.
100) Graham Harrison, *op. cit.*, p.6.
101) *Ibid.*, pp.134-137.

사회주의체제하에서 FRELIMO 정부는 과거 식민통치 기간 동안
전통적 지도자들이 식민 세력에 협조했다는 이유로 그들의 권위를
인정하지 않았음에도 불구하고 대다수의 지역공동체는 전통적 지도
자들의 권위를 인정해왔다. 지역사회 내에서 전통적 지도자들의 역
할은 토지 행정, 시민 교육, 법의 집행 등을 꼽을 수 있다. 해리슨
은 농촌마을 '메꾸피'(Mecúfi)의 민주화에 대한 연구에서 헤굴루의
역할에 대해 설문 조사했으며, 그 조사결과로 주민들의 헤굴루에
대한 인식이 드러났다. 메꾸피 마을주민들은 헤굴루가 식민정부에
협조했다는 사실은 인정했지만 마을주민들과 원만한 관계를 유지했
고 대중적이었다고 밝혔다. 주민들은 농촌지역에서 헤굴루의 역할
이 행정 분야에서 특히 중요했음을 인정했다. 결과적으로 이러한
헤굴루 역할의 폐지는 농촌정책의 실패와 농촌지역에 행정공백을
초래하는 원인이 되었다.[102]

80년대 말엽 이러한 농촌지역에서의 중앙정부의 정치와 행정 공
백현상으로 인해 일부 학자와 관료들은 과거의 전통적 지도자들의
역할과 권위를 회복시켜야 한다고 주장하기에 이르렀다. 특히 룬딘
의 경우는 농촌지역에서 전통적 세력이 국가의 정치와 행정 공백을
채우고 농촌지역의 발전을 이끌어 갈 수 있는 원동력으로 보았다.
룬딘은 전통적 세력과 제도에 대해 긍정적인 기대를 하며, 특히 전
통적인 제도가 합리적인 차원에서 국가의 단결을 강화하고 사회질
서와 평화를 공동체에 가져다줄 수 있을 것이며, 이러한 과정에서
국가도 강해질 것이라고 전망했다.[103]

전통적 지도자들에게 권한을 다시 부여해야 하는 이유에 관해 룬
딘은 다음과 같이 설명한다.

---

102) Graham Harrison, *op. cit.*, pp.182-189.
103) Iraê Baptista Lundin(1996), *op. cit.*, p.90.

첫 번째 이유는 행정적 측면에서의 국가의 노력이라고 할 수 있
다. 모잠비크는 4단계의 행정등급으로, 즉 중앙국가(Estado Central),
지방, 행정구, 행정소로 나뉘며, 행정소 아래 단계는 농촌지역으로
국가의 행정기구가 존재하지 않으며, 식민통치 시기에는 이 농촌지
역에서 국가와 농민을 잇는 고리역할을 전통엘리트들이 담당했다.
그러나 독립 이후 전통엘리트들은 정치와 행정조직에서 배제되었고
당의 기구가 설치되었다. 즉, 당에서 파견한 서기(secretário)가 전통
엘리트를 대신했다. 90년대 민주화와 더불어 다당제가 도입되면서
더 이상 당에서 파견된 관료들이 행정업무를 수행할 수 없게 되었고
행정관료들이 철수한 이 지역들은 행정적으로나 정치적으로 방치되
었다. 현재는 이 농촌지역을 로깔리다드(Localidade는 Locality에 해
당)로 등급을 매기어 국가 공무원이 관리할 수 있도록 하는 법령을
준비 중이나 아직 표결되지 않은 상태이다. 그리고 국가와 전통 세
력을 연계시키기 위해 법령 15/2000이 발표되었다. 이 법령은 국가
가 전통적 지도자와 상호 협력할 수 있도록 하는 내용으로 지역공동
체의 대표를 주민들이 선출하는 것과 이 지역 대표들을 통해서 주민
들의 의견을 수렴하고 이를 공공행정과 정책결정과정에 반영하고자
하는 의도이다.

두 번째, 정치와 선거의 측면에서 보는 시각이다. 독립과 더불어
전통엘리트를 포함한 일부 사회계층이 정치에서 배제되었으며, 특
히 전통적 엘리트들은 전부 배제되었다. 그러나 지금은 상황이 바
뀌어 이들을 정치권에 편입시키려는 경향이 지배적이다. 전통적
지도자들의 영향력은 농촌지역에서 상당 부분 지속되어 왔기에
FRELIMO는 전통엘리트들을 수용하는 정책을 펴서 이들을 통해
선거에서 농촌지역의 표를 확보하겠다는 정치적 의도를 갖고 있다

는 점이다. 이상으로 룬딘이 행정적이고 정치적인 차원에서 전통적 지도자들의 권한을 부활시켜야 하는 이유를 설명한 것은 매우 설득력이 있다.

요약하면, 포르투갈 식민통치 시기에 이미 과도하게 중앙집권화된 체제는 독립 초기 사회주의정권하에서도 지속되었고, 이는 FRELIMO 정부의 정치적 효율성을 떨어뜨리고 지역 간 불균형을 심화시키는 결과를 초래했다. 그래서 지방분권화를 통해 지역 간 갈등과 분쟁을 해결하고자 했고, 민주적 정치 참여를 유도하고자 했다. 특히 FRELIMO는 소외된 지방엘리트들과 전통적 지도자들에 대한 문제를 중앙정부 수준에서 독자적으로 해결하는 것이 어려웠으므로 지방자치기구의 설립을 통해 이들을 제도권으로 흡수하여 문제를 해결할 수 있을 것으로 기대했다.

현실적으로 권력에서 배제된 엘리트들은 정당제도를 통해서 권력에 도달하고자 했으나 어려움이 뒤따랐다. 무엇보다도 구조적인 문제로 모잠비크 사회는 아직까지 정당들이 계급정치를 채택할 수 있을 정도로 경제적으로 계층화되어 있지 않아 종족과 지역에 기반을 둔 정당정치를 하고 있다. 이와 같이 계급정치가 불가능한 경우에 엘리트들이 선택할 수 있는 대안은 무엇인가? 역사적인 경험을 통해 볼 때, 일부 엘리트들의 경우는 종족을 정치적으로 동원해왔다. 경제적으로 계층화된 사회에서 정당제도는 정당의 지지기반을 얻을 수 있다. 따라서 계층화되지 못한 사회에서 다당제를 유지하기 위해서는 정치적 동원을 위한 다른 토대를 찾아야 한다. 모잠비크의 경우는 권력에서 배제된 엘리트가 대중 동원을 하기 위해서는 농촌의 소외되고 가난한 계층과 결탁하는 것이 가능하고 또한 종족의 정체성을 정치화할 수 있다. 즉, 종족의 정체성을 정치적 동원을 위

한 도구로 이용할 수 있다. 일반적으로 중앙집권화된 국가들은 지
역사회로부터 단절되어 있어 정치적으로나 행정적으로 영향력을 행
사하지 못하고 있다. 그러나 지방과 지역사회로 중앙정부의 권한을
이양한다면 궁극적으로 중앙과 지방의 균열구조를 해결하고 사회통
합의 문제를 정치적인 방법을 통해서 풀어나갈 수 있을 것이다.104)

여러 다양한 종족들을 어떻게 민주체제 내에 수용할 수 있는가
하는 것과 민주주의가 아프리카의 현실에서 다수를 수용하는 합법
적인 체제로 어떻게 정착될 것인지의 여부가 모잠비크에서뿐만 아
니라 현재 아프리카 정치의 과제이다.105) 룬딘은 다종족과 다문화
가 존재하는 국가에서 발전적 통치모델에 대한 합의에 어떻게 도달
할 수 있는가 하는 질문을 제기했다. 그리고 다양한 문화가 존재하
는 사회에서는 통치구조나 발전모델보다는 문화적인 유사성을 찾는
것이 중요하다는 점을 지적했다. 모잠비크의 경우, 이러한 유사성은
여러 아프리카 사회의 구성원들을 연결하는 매개체가 되고 있다.
아프리카 사회의 구성원들을 위해 중요한 고리 역할을 할 수 있는
존재가 곧 전통적 지도자라고 보았다. 따라서 지역 수준에서 전통
적 지도자들의 정책결정과정의 참여는 지방분권화가 제도적으로 정
착하는 데 도움이 될 것으로 전망했다.106)

---

104) Hans Abrahamsson and Anders Nilsson(1998), *op. cit.*, p.xii.
105) *Ibid.* (1994), pp.323-324.
106) 모잠비크에서 전통적 지도자는 전통적인 지역정치기구로서 존재했다.
    또한 전통적 지도자는 혈통(lineage)에 기초한 정치적이고 사회적인
    아프리카 지역사회기구이다. 지역의 전통적 엘리트를 포함하고 있는
    이들은 지역의 전통적인 정치권력을 소유한 자들로 영매, 전통적 의
    사, 원로, 문화 전파자들로 구성되며 대부분 나이가 많고 풍부한 경
    험을 지닌 자들이다. Iraê B. Lundin, "Traditional Authority in
    Mozambique", in Iraê B. Lundin and Francisco de A. Masquil
    (1998), *op. cit.*, pp.33-34.

120

80년대 말 모잠비크의 중앙집권체제는 정치적인 무기력, 지역적 불균형, 지역주의와 파벌주의, 행정 업무의 비효율성, 경제 침체와 부정부패 등의 총체적 위기에 직면했다. 또한 장기적인 내전으로 인해 RENAMO에 의해 통제된 지역에서는 중앙정부의 행정력이 미치지 못해 행정의 기능과 역할이 마비되었다. 이러한 중앙정부의 행정 공백은 주로 비정부기구나 전통적 지도자나 종교적인 기관들을 통해서 채워졌다. FRELIMO 정부는 총체적 위기 속에서 공공행정과 정치·경제정책의 사각지대에 놓여 있는 지역의 문제를 해결하기 위해 개혁이 필요했고 이는 지방분권화를 통해 시도되었다.

모잠비크에서 지방분권화정책을 시행하면서 기대되는 긍정적인 효과들에 대해 바이머는 다음과 같이 언급했다.[107] 첫째, 국가와 행정력이 아래로부터 정당화되고 재건되며 주민이 지방 수준에서 선거를 통해서 얻은 권력에 참여하는 것이다. 둘째, 지역적이고 국가적인 수준에서의 분쟁 확대의 억제이다. 셋째, 현대성과 전통성 사이의 문화적인 균열구조에서 가교의 역할이다. 넷째, 지역적인 차원에서 경제 활동의 재활성화를 추진하고 국가경제의 재건을 도모하는 것이다. 다섯째, 문화적·지역적인 다양성을 인정하고 안정과 단결을 도모하여 종족성의 정치화를 막는 것이다.

그러나 과도하게 중앙집권화된 체제에서는 정치, 경제, 행정적으로 지방분권화된 체제로의 이행과정은 조심스럽고 단계적으로 진행되어야 한다. 지방분권화로 인한 '사회적이고 지정학적인 권력' 구도의 변화는 예기치 않은 분쟁을 유발시키거나 아니면 완전히 새로운 제도로 다시 태어날 수도 있다는 점을 고려해야 한다. 방향, 단계, 과정 등을 고려해서 개혁에 합의를 이루는 것은 매우 중요하다.

107) Bernhard Weimer(1996), *op. cit.*, p.51.

왜냐하면 그러한 합의가 없을 경우 일방적이고 성급한 지방분권화
와 권력 이양은 잠재되어 있는 분쟁을 최소화하기보다는 오히려 증
대시킬 가능성이 있기 때문이다.[108]

2) 지방자치제도

모잠비크 정부는 80년대 말부터 시작된 경제·행정 개혁을 필두
로 1990년대 초반에는 지방분권화를 위한 폭넓은 변화를 시도했다.
정부가 제시한 지방기구 개혁 프로그램(Programa de Reforma dos
Órgãos Locais-PROL)은 1990년의 신헌법에 의해서 모잠비크의 정
치적 개방과 함께 추진되었다. 정치적 개방은 정치적 다원주의, 권
력의 분산, 사형제도의 폐지, 언론의 자유 등으로 이어졌다.

초기 단계에 지방기구 개혁은 지방분권화에 근거하여 다원주의와
참여의 원칙, 전통적 지도자[109]의 존중과 협력에 대한 원칙, 그리고
점진주의(gradualismo) 원칙에 의해 시행될 예정이었다.[110] 지방분
권화에서 점진주의 원칙은 다양한 의미로 파악되어야 하기에 크게
다음과 같이 다섯 차원으로 분류할 수 있다.[111] 첫째, 시간적인 의

108) Bernhard Weimer and Sabine Fandrych, op. cit., p.272.
109) FRELIMO 정부는 1991년부터 전통적 지도자들에 관해 연구했으며,
    이 연구는 국가행정부(Ministry of State Administration)가 지방분권
    화의 준비 차원에서 시행하였다. Iraê Lundin, "Traditional Authority
    in Mozambique", in Iraê Baptista Lundin and Francisco Jamisse
    Machava(eds.)(1998) op. cit., p.33.
110) José Manuel Elija Guambe, "Historical Evolution of Decentralization
    in Mozambique", in Iraê Baptista Lundin and Francisco Jamisse
    Machava(eds.), Decentralization and Municipal Administration,
    Maputo: Friedrich Ebert Stiftung, 1998, p.18.
111) Alfredo Chambule, Organização Administrativa de Moçambique,
    Maputo: O Autor, 2000, pp.159-160.

미에서의 점진주의; 둘째, 자치시와 자치마을, 즉 자치지역 확대 차원에서의 점진주의, 셋째, 직권 위임에 있어서의 점진주의, 넷째, 국가 개입의 감소에 대한 점진주의, 마지막으로 민주화 개방에 있어서의 점진주의이다.

이러한 점진주의 원칙에 따라서 1994년 처음으로 지방기구를 제도화하는 법이 승인되었으며 신헌법 제9조에서 국가의 지방기구 (Órgãos Locais do Estado)로 행정구가 분권화의 단위로서 언급되었다. 지방정부와 행정개혁 프로그램(PROL)이 1994년 제도적인 틀을 갖추게 되었다. 지방기구의 개혁 프로그램은 국가행정부(Ministério da Administração Estatal)에서 주관하고 있다. 지방정부 관련 '지방 도시의 구조적인 틀'에 대한 법 94/3은 국회에서 쉬싸누 대통령에 의해 1994년도 9월 13일에 공포되었다. 이 법은 164개의 빌라(vila는 town에 해당함)와 행정구를 재정과 행정 차원의 대규모 자치단체법인으로 전환하는 것을 골자로 했다. 즉, 시와 빌라의 의회와 주민이 투표로 선출한 대표자(행정관이나 자치단체장)가 자치단체를 이끌어 가는 것이었다. 이 법은 국민 대다수의 관심과 지지를 받았고 사회 전반에서 수용되었다.

법 3/94를 통한 지방개혁은 정치적으로 매우 중요한 의미를 내포했다. 이 개혁에 대한 의견은 FRELIMO 내부에서 찬반으로 양분되어 오랜 의견수렴 기간을 거쳐서 점진주의 원칙하에서 단계적이고 시험적으로 시행하기로 결정되었다. 점진주의 원칙에도 불구하고 장기적인 내전으로 인해 지방행정구조가 파괴되고 부실해진 상태에서 새로운 지방행정제도를 도입하려는 시도에는 많은 어려움이 뒤따랐다.112)

---

112) Bernhard Weimer and Sabine Fandrych, *op. cit.*, p.272.

94년의 지방자치법은 다음과 같은 개혁적인 측면을 담고 있었다.[113] 행정분할 구획은 128개의 농촌자치행정구(Distrito Municipal Rural)와 23개 도시자치행정구(Distrito Municipal Urbano)로 이루어졌다. 1994년의 지방자치법의 내용은 다음과 같다. 직접, 비밀선거를 통해 선출된 시의회(Assembleia Municipal)는 지역대표기구이고 자치단체장(농촌자치단체의 경우에는 행정관 - Administrador - 이 대표)과 시행정위원회(Conselho Municipal)는 집행기구로서 기능을 수행한다. 지방정부의 기능과 역할은 지방업무, 공공안정, 물 공급, 토지이용, 개발정책 등에 중점을 둔다. 중앙정부의 행정부와 자치단체 사이에 사무와 권한이 분리되고, 세무조사, 기획과 조직에서 예산과 재정에 관한 자치권이 보장된다. 지방정부는 중앙정부로부터 예산을 보조받는다. 지역회의나 정책결정과정, 특히 분쟁중재나 토지문제 등에 관해서는 전통적 지도자의 역할을 법적으로 인정한다. 그리고 지방자치단체는 지방정부의 이익을 추구하는 단체에 대해 지원해 줄 수 있다. 그러나 행정과 재정적 측면에서 지방정부는 국가행정부와 기획재정부의 감독을 받는다.

제도적인 차원에서 94년 지방분권화 프로그램은 재정적, 행정적, 민주적인 분권화를 시도했다. 중앙정부의 행정기능을 지방으로 분산하려는 시도 이외에도 지방정부가 전통적 지도자들을 수용하고자 한 점은 주목할 만한 것이었다.[114] 법 3/94는 독립 이후의 모잠비

---

113) *Ibid.*, p.273.
114) 지방자치법 제28조에서는 전통적 지도자들의 수용에 관해 언급한다. 제1항. 국가의 공공기능과 지방행정을 감독하는 장관은 전통지도자들에 대한 수용정책과 지방자치단체에 의해 구분된 공동체 조직의 틀에 관해 정책을 수립한다. 제2항. 관련 공동체의 세부적 필요성을 만족시킬 수 있는 활동을 전통적 지도자들과 함께 실현할 수 있도록 역할의 수행에 있어서 지방자치기구는 공동체에서 정하는 전통적 지

크에서 혈통과 씨족체제를 인정하는 최초의 법이었다.

1994년 민주선거 실시 이후에 다당제 국회가 들어서자 지방자치 제도의 적용범위에 대해 특히 농촌지역에서의 지방자치제 적용에 대해 논란이 일었다. 한편에서는 농촌지역에서의 지방자치제의 시행은 여건이 마련되어 있지 않아 시기상조라는 시각이 있었고, 다른 한편에서는 집권당인 FRELIMO의 정치논리로, 여당의 정치기반이 약한 농촌에서 지방자치가 시행될 경우 야당인 RENAMO가 득세할 가능성이 컸으므로 이를 예방하기 위해 농촌지역에 대한 자치제도 시행을 보류하자는 의견이 있었다. 결국 여당과 야당은 농촌지역에서의 자치제도 시행 여부를 놓고 절충안을 찾지 못했고 지방분권화 과정은 파행국면에 다다랐다.

그러나 1996년 수정조항을 담은 법 9/96을 통해 지방분권화 과정이 재개되었다. 헌법 94/3조는 광범위한 지방분권화 계획을 담고 있었지만 정치엘리트들 간의 협상 과정에서 지방분권의 규모가 대폭 축소되었다. 개정된 내용을 담은 법 97/2는 97년에 공포되었다. 이러한 지방분권화의 후퇴 내지 축소는 중앙집권을 옹호하는 보수적인 세력의 승리로 받아들여졌다. 개정된 자치법에서 자치제도의 시행 범위를 일부 지역으로 축소시킨 것은 모잠비크를 자치지역과 비자치지역으로 분할시키는 계기가 되었고 이는 참여의 차원에서 자치지역의 주민과 비자치지역 주민 간에 형평성의 문제를 유발시켰다.

자치단체에 관한 새로운 제도적 틀을 다루고 있는 개정법 2/97의 내용은 다음과 같다. 즉, 94년 적용했던 농촌자치행정구와 도시자치행정구의 구분이 없어지고, 자치단체와 자치마을의 단위로 재조정되었다. 개정된 조항에서는 우선적으로 도시지역에서만 지방자치제

도자들의 의견을 수렴한다.

도가 시행되는 것으로 제한했다. 1997년 개정된 자치법은 민주적 지방분권화를 위한 새로운 법적인 틀을 담고 있었다.

이 법은 행정·재정에 대한 결정을 내릴 수 있는 자치권을 가진 지방자치기구를 점진적으로 조직한다는 내용을 포함하고 있다. 즉, 법 2/97은 지방자치제의 시행에서 농촌지역을 제외시키는 것 이외에도 지방분권화 과정이 점진적으로 이루어질 것이고, 우선적으로 23개의 도시와 각 지방의 한 군데의 빌라를 포함한 총 33개 지역에서 지방차지 선거가 시행될 것을 명시했다.

모잠비크는 행정적으로 11개의 지방으로 나뉘며 여기에는 수도인 마푸토가 포함되었다. 모잠비크 영토는 구체적으로 128개의 행정구와 393개의 행정소, 1,042개의 로깔리다드로 나뉜다.115) 또한 지역 행정 구조에 따라 도시를 4개의 등급으로 구분했다. 수도인 마푸토는 'A등급', 10개의 지방수도는 'B등급', 12개의 소도시들은 'C와 D 등급'으로 분류되었다.

자치단체의 제도적 틀은 대의제 민주주의의 형태를 띠고 있으며, 자치단체는 시장과 시행정위원회의 두 집행기구를 갖고 입법기구는 시의회로 구성된다. 개정된 헌법에 의하면 지방자치가 시행되는 도시 이외의 지역에서는 중앙정부에서 임명한 지방행정관이 지역 행정을 이끌어간다. 즉, 한편에서는 민주적으로 선출된 대의적 실행기구를 통해 자치가 실현되고 다른 한편에서는 중앙국가의 행정기구가 지역 행정을 담당하게 되어 자치지역과 비자치지역이 공존하는 상황이 되었다.116)

법 2/97은 국가행정부와 기획재정부의 감독하에 행정, 재정, 재산에 관한 자치권을 보장한다. 그리고 행정감독법 7/97117)은 국가의

---

115) Bernhard Weimer and Sabine Fandrych, *op. cit.*, p.275.
116) *Ibid.*, p.276.

126

공공단체 법인과 지방자치단체 법인 간의 관계에서 국가기관이 지방자치단체를 감독할 수 있는 권한을 소유한다. 이 법은 가장 큰 논란을 불러일으켰으며 이는 지방기구의 자치권을 훼손할 가능성이 있는 감독권(tutela)의 원칙에 대해 정치행위자들 간에 이견이 있었기 때문이었다.

구체적으로 자치단체에 대한 국가의 감독권에 관련해서는 헌법 제194조의 제1항에서 "지방자치단체는 국가의 행정감독(tutela administrativa) 하에 있다"고 규정했다. 이것은 지방자치단체가 행정적인 자치권은 갖고 있지만 행정감독을 수용해야 하는 것을 의미한다. 샴불르(A. Chambule)는 행정감독이 하위 기관에 대한 국가의 보호나 지원을 의미하기보다는 국가 통합의 차원에서 지방기구의 자치권에는 반대되지만 지방정부를 관리하기 위한 것이라고 주장한다.118) 이러한 행정감독은 지방자치단체에 대한 통제로 이어질 수도 있지만 근본적으로는 지방자치기구의 법의 이행 여부를 감독하려는 목적을 갖고 있다고 보는 시각이다. 이에 대해 마까무(Fernando R. Macamo)는 국가의 행정감독권을 지방자치단체의 권한 남용을 방지하기 위한, 즉 자치권 남용에 대한 통제 방법이므로 자치권을 제한하는 의미로 혼동해서는 안 된다고 지적한다.119) 이는 헌법 97/7에 "자치단체에 관한 국가의 행정

---

117) 지방자치법 제9조는 국가의 지방자치기구에 대한 감독에 관한 법이다. 제1항. 지자체는 법에 예시된 경우 따라 국가의 행정보호하에 놓인다. 제2항. 지자체에 대한 행정보호는 법에 명시된 대로 자치기구의 행정적 행위에 대한 법적인 검토이다.

118) Alfredo Chambule, *op. cit.*, pp.162-163.

119) Fernando R. Macamo, "The Legal Framework of the State's Administrative Tutelage over Mozambican Local Authorities", in Iraê Baptista Lundin, and Francisco Jamisse Machava (eds.), *Decentralization and Municipal Administration - Description and development of ideas on some African and European models*,

감독은 행정감독법에 의거해서 지방자치기구의 행정관련 행위에 대한 적법성을 검토하기 위해 이루어진다."[120]라고 명시하고 있다. 이와 같이 헌법에 의한 준법주의 원칙에 따른다면 모잠비크의 지방자치단체는 포괄적인 의미에서 통치권은 없고 일부 재정과 재산(património)의 자치권만을 갖게 되는 셈이다.

헌법 제8조는 지방자치 구역에서 국가의 대표성과 자치단체의 사무에 관한 부분이다. 국가행정부는 일부 지역에서 사법적 영역이 지방자치지역과 완전하게든 아니면 부분적으로든 중복될 수 있으며 여기서 국가의 대표기구와 함께 자치단체 고유의 사무를 유지할 수 있다고 밝힌다.[121]

지방재정에 관해서는 법 11/97이 지방자치기구의 재정에 대해 규정한다. 지방자치단체는 두 가지 형태의 세입제도를 갖고 있다. 첫째, 자체적인 세입으로 이는 지방자치단체를 통해 관리되는 세금으로 지방세이다. 둘째, 중앙정부로부터 받는 기금으로 보조금(recursos complementares)이 있다. 지방자치단체의 자체적인 세입은 크게 네 가지의 지방세에 기초한다. ① 주민세 – 모든 주민이 납부한다. ② 건물세 – 부동산을 소유한 사람들이 납부한다. ③ 교역과 산업세 – 행상인, 시장의 상인, 상업에 종사하는 사람들이 납부한다. ④ 근로소득세

Maputo: Friedrich Ebert Foundation, 1998, p.23.

120) Teodoro Andrade Waty, *op. cit.*, p.73.

121) 지방자치단체의 구역문제는 지방행정에서 전체적인 체제를 좌우하는 중요한 사항으로 지방자치단체의 구역을 구획하는 기준 여하에 따라서 행정 편의 차원에서 지방행정의 능률성이 좌우된다. 다시 말해서 지방자치단체의 구역과 중앙정부의 지방행정 구역은 반드시 구별되어야 하지만 실제적으로 두 영역이 항상 구별되는 것은 아니다. 일반적으로 지방자치기구의 구역은 자치기구의 자치권의 영향력 범위를 결정하므로 자치기구의 기능을 강화하고 주민에 대한 행정서비스를 향상시키고 자치의식을 고취시키는 데 있어서 결정적인 요인이 된다.

128

-소규모 회사, 농업협동조합, 농부 등이 납부한다. 국고보조금과 지방양여금은 국가로부터 지방자치기구에 할당되며 가장 중요한 지방교부세(fundo de compensação)는 다음과 같은 네 가지 원칙에 의거해 조건 없이 받을 수 있으며 국가 세입(receitas fiscais)의 1.5%-3%에 해당하는 것이다. 지방교부세를 책정하는 네 가지 기준은 거주 인구수, 면적, 발전 가능 지수, 조세이행 지수이다.

지방자치단체의 재정자치권은 다음의 범위에서 이해할 수 있다.[122] 첫째, 지방자치단체는 예산 및 업무활동에 대한 계획 수립, 승인, 변경, 실행한다. 둘째, 자체 예산을 갖고, 지방자치단체는 자치법에 의거해 세금을 징수한다. 셋째, 예산 지출을 명령하고 집행한다. 넷째, 공공투자를 집행한다. 다섯째, 예산운용에 참여하고 승인한다. 여섯째, 지방예산을 운용한다. 일곱째, 중앙정부의 승인하에 외국 또는 지역의 차관을 요청할 수 있다.

이상으로 모잠비크의 지방자치제도의 법적인 측면을 살펴보았으며 구체적인 분석은 V. 모잠비크의 지방분권화 평가 부분에 언급되어 있다.[123]

3) 지방자치단체

각 국가의 지방자치제도는 그 나라의 역사적 배경과 정치, 경제, 사회, 문화의 여러 환경 속에서 형성되고 발전되는 것이기 때문에 그 유형이 다양하다. 본 연구에서는 모잠비크의 지방자치제도 양식을 검토하고 유형을 밝히며 차후 제도적 개선의 필요성과 방향을 제시하고자 한다.

모잠비크의 지방자치단체[124]는 법 2/97에 의거해서 두 등급으로

---

122) Alfredo Chambule, *op. cit.*, p.169.
123) 부록에 있는 지방자치법을 참조.

나뉜다. 우선 도시자치단체에 해당하는 자치단체는 도시와 빌라의
영역이고 농촌자치단체에 해당하는 자치마을은 행정소 소재지(sede
de posto administrativo)의 영역이다.[125] 자치제도의 첫 단계 시행
에서는 시험적으로 33개의 자치단체(도시와 빌라)만 포함되었다.

---

124) 오늘날 지방자치단체의 기관은 의결기관인 지방의회와 의결 사항을
    집행하는 기관인 자치단체장으로 구성되는 것이 일반적이나 각 나라
    별로 역사적인 전통이나 지역적인 특성에 맞게 다양한 형태로 조직
    된다. 자치행정조직을 크게 구분하면, 자치단체의 의사결정기능과 집
    행기능을 단일 기관에 귀속하느냐 또는 각각 분리시키느냐의 여부에
    따라 기관통합형과 기관대립형이 있고 이 두 가지 형태의 장·단점
    을 적절하게 보완한 절충형이 있다. 모잠비크의 지방자치단체는 절
    충형에 해당한다.
125) José Lopes, *Legislação Autárquica-Moçambique*, Coimbra: Centro de
    Estudos e Formação Autárquica, 1998, p.3.

〈표 Ⅳ-1〉 33개 자치단체의 등급

지 방	자치단체	등 급
까부 델가두(Cabo Delgado)	뻼바(Pemba)	C
	몽뜨뿌에쉬(Montepuez)	D
	모씸보아 다 쁘라이아(Mocimboa da Praia)	vila
니아싸(Niassa)	리쉥가(Lichinga)	C
	꾸암바(Cuamba)	D
	메땅굴라(Metangula)	vila
남뿔라(Nampula)	남뿔라(Nampula)	B
	앙고쉬(Angoche)	D
	일야 드 모잠비크(Ilha de Moçambique)	C
	나깔라(Nacala)	C
	모나뿌(Manapo)	vila
잠베지아(Zambèzia)	껠리만느(Quelimane)	C
	구루에(Gurué)	D
	모꾸바(Mocuba)	D
	밀란지(Milange)	vila
떼뜨(Tete)	떼뜨(Tete)	C
	모아띠즈(Moatize)	vila
마니까(Manica)	쉬모이우(Chimoio)	C
	마니까(Manica)	D
	까딴디까(Catandica)	vila
쏘팔라(Sofala)	베이라(Beira)	B
	돈두(Dondo)	D
	마호메우(Marromeu)	vila
잉얌반느(Inhambane)	잉얌반느(Inhambane)	C
	마쉬쉬(Maxixe)	D
	빌랑꿀루쉬(Vilanculos)	vila
가자(Gaza)	샤이샤이(Xai-Xai)	C
	쉬부뚜(Chibuto)	D
	쇼끄웨(Chókwé)	D
	만들라카지(Mandlakazi)	vila
마푸토(Maputo)	마똘라(Matola)	C
	마니싸(Manhiça)	vila
수도 마푸토(Maputo)	마푸토(Maputo)	A

출처: Joseph Hanlon, *Guia Básico sobre as Autarquias Locais*, Maputo:
Ministério da Administração Estatal e AWEPA, 1998, p.45와 Ministério
da Administração Estatal, *Folhas Informativas dos 33 Municípios*,
Maputo, 1998, 참조.

도시는 법령 76/14에 의거해서 4개의 등급으로 나뉘며 이는 규모,
발전, 중요도를 고려한 것이다. 마푸토는 유일하게 A등급의 도시이
고, 베이라와 남뿔라가 B등급이다. C등급은 그 밖의 수도와 지방에서
중요한 도시들이다. D등급은 단지 지역적인 중요도만이 있는 곳이다.

각 지방자치단체는 자치시와 자치마을로 구분되며 다음과 같이 조
직되어 있다. 첫째, 시행정위원회 대표인 자치단체장은 지역 주민들
에 의해 선출된다. 둘째, 시의회의원들 역시 주민에 의해 선출된다.
셋째, 시행정위원회 구성원은 시의원(deputado)과 시의 주민들 중에
서 단체장에 의해 임명된다. 시의원의 숫자는 유권자 수에 비례한다.

법 97/2의 32조에 의거해서 지방자치단체의 기관은 시의회, 자치
단체장, 그리고 시행정위원회로 구성된다.

첫째, 지방의회는 의결권을 가진 자치단체의 대표기구이고 선거
를 통해서 지역민들이 선출한 의원들로 구성되며 지방의원들의 임
기는 5년이다.[126]

〈표 Ⅳ-2〉 시의회 구성원 수

자치시 (자치마을) 유권자 수	자치시 (자치마을) 의원 수
20,000 (3,000)명 이하	13 (11)명
20,000-30,000 (3,000-6,000)명	17 (15)명
30,000-40,000 (6,000-12,000)명	21 (19)명
40,000-60,000명	31명
60,000-100,000명	39명
100,000명 이상	39명에서 20,000(12,000)명에 1명씩 추가
마푸토시	71명까지

출처: Teodoro Andrade Waty, *Autarquias Locais - Legislação Local*, 지방자치
법, 제36조항, 법 2/97.

---

126) Teodoro Andrade Waty, *op. cit.*, pp.41-42. 지방자치법 34-37조항.
법 2/97.

둘째, 수장인 자치단체장은(Presidente do Conselho Municipal)은 자치시(자치마을) 단독 집행기구이다. 자치단체장은 선거를 통해 선출되며 임기는 5년이다. 시장은 시행정위원회 위원들을 조정하고 감독하면서 자치시(자치마을)의 모든 활동을 이끌어간다. 시행정위원회의 조직을 운영 및 조정하고 지방의회 법과 의결과정을 통해서 명명된 모든 권한을 행사한다.127)

셋째, 시행정위원회128)는 자치단체장과 시행정위원(vereador)으로 구성된 자치단체의 집행기구이다. 이 기구의 기본적인 권한은 행정집행에 있다. 시행정위원회는 법적인 테두리 내에서 시행정위원회가 결정한 지역 관련 경제·문화·사회 분야의 업무와 계획을 집행하고 실행한다. 자치단체장이 자치단체의 대표자가 되며 시행정위원회는 실질적인 행정업무를 담당한다고 볼 수 있다. 시행정위원회 위원 수는 시 인구수에 의해 결정된다. 시행정위원회 대표는 자체적으로 독립된 집행기구로 자치단체장을 의미한다. 시행정위원의 임기는 5년이다.129)

〈표 Ⅳ-3〉 자치단체장을 포함한 시행정위원 수

인구수	시(빌라)행정위원 수
5,000명 이하	3명
50,000명 이하	5명
50,000-100,000명	7명
100,000-200,000명	9명
200,000명 이상	11명
마푸토시	14명-18명까지

출처: Teodoro Andrade Waty, Autarquias Locais - Legislação Local, 지방자치법 50조항, 법 2/97.

---

127) *Ibid.*, pp.56-57. 지방자치법 57-62조항, 법 2/97.
128) 시행정위원회는 집행기관인 자치단체장의 하부행정기관으로 단체장을 도와 지방자치기구의 사무를 처리한다.
129) Teodoro Andrade Waty, *op. cit.*, pp.51-53. 지방자치법 49-53조항. 법 2/97.

지방자치단체 행위자는 두 그룹으로 나뉘는데 시의원, 그리고 자치단체장을 포함한 시행정위원으로 구성된다. 시의원은 유권자 비율에 따라 선출되고 자치시에 관련된 선거공약을 이행하는 역할을 한다. 시행정위원은 자치시에서 시민보다는 당과 더 연계되고 중앙정부나 당에 관련된 업무를 수행하는 것으로 인식되지만 실제적으로는 자치시의 행정업무를 담당한다. 시의원은 유권자들과 우호적인 관계를 유지하며 대부분이 해당 지역 출신자들로 자치시를 위해서 많은 일을 할 수 있을 것이라는 주민들의 기대를 받고 있다.

모잠비크의 지방자치단체의 유형은 절충형인 '기관3원형제도'[130]에 해당한다. 즉, 의결기관인 시의회와 이원화된 집행기관인 자치단체장과 시행정위원회로 기관3원형제도를 시행하고 있다. 그러나 이러한 절충형은 효과적으로 자치제도가 운영될 때는 장점을 갖지만 그렇기 못한 경우에는 단점이 매우 크다. 절충형의 장점은 대립과 마찰을 줄이면서 기관 간의 긴밀한 협조체제를 유지할 수 있고 민의를 폭넓게 반영하면서 공정한 행정업무의 수행을 가능하게 한다. 이와 반대로 기관통합과 대립의 각 장점을 살리지 못한다면 기관 3

---

130) 지방자치정부의 조직을 크게 세 가지 형태로 구분할 수 있다. 첫째, 기관통합형(기관2원형)으로 지방자치정부의 조직에 있어서 의결기능과 집행기능을 모두 단일 기관에 집중시키는 형태이다. 둘째, 기관대립형(기관2원형)으로 특징이 지방자치정부 조직에서 의결기능과 집행기능을 각각 다른 기관에 분담시켜, 각 기관의 상호 견제와 균형을 통해서 지방자치를 이끌어 가는 형태이다. 셋째, 절충형은 기관통합형과 기관대립형을 적절하게 조화시킨 형태이다. 즉, 의결기관과 집행기관을 따로 두고 있는 점에서는 기관대립형적이나 이들 기관들이 대립하지 않는다는 점에서는 기관통합형적이다. 대체적으로 절충형은 의회와 자치단체장 이외에 행정위원회 등의 집행 기관을 따로 두어 집행기관을 2원화하며, 결과적으로 기관3원형이 되는 점이 특징이다. 최창호, 『지방자치학』, 서울: 삼영사, 1999, pp.424-434.

134

원제로 인한 행정의 혼란과 비효율성, 책임소재의 불명확 등의 단점이 발생한다.[131]

2. 지방선거 시행과 지방자치의 경험

1) 98년 지방선거 시행

최초의 지방자치선거는 1996년에 시행될 예정이었으나 지방자치 제도에 대한 전반적인 준비가 미흡했기에 1997년 12월 27일로 연기되었고 다시 한번 1998년 5월 28일로 미루어졌다. 그러나 최종적으로 선거는 1998년 6월 30일에 시행되었다. 선거준비 과정에서 FRELIMO와 RENAMO는 자치제도의 세부적인 사항에서 합의에 이르지 못했고 선거를 불과 얼마 남겨두지 않은 상황에서 RENAMO는 지방자치선거에 대한 일방적인 보이코트를 선언했다. 그러나 지방자치선거는 RENAMO의 보이코트에도 불구하고 민주연합(União Democrática)과 무소속 후보들이 후보자등록을 함으로써 강행되었다. 아홉 군데 자치단체에서 후보들이 단독 출마했고 마푸토시에서는 세 명의 후보가 무소속으로 출마하여 경쟁에 합세했다. 제2의 도시이며 RENAMO의 영향권하에 있는 베이라시에서는 FRELIMO의 중앙위원회 위원이었고 쏘팔라 도지사였던 마스낄(Francisco Masquil)이 당적을 버리고 무소속으로 출마했으며 베이라의 가톨릭 주교의 지원을 받았다.[132] 마스낄은 강력한 단체장 후보로 부각되었다.

---

131) 최창호, *op. cit.*, p.434.
132) *AIM Reports Issue No.132*, 21/04/1998.

그 밖에 남뿔라에서도 두 명의 독립 후보가 출마했다. 무소속 후보자들은 주로 도시권에서 출마했다. 3개의 군소정당이 연합한 민주연합(UD)은 다섯 군데 자치단체(쉬모이우, 껠리만느, 임양반느, 빌랑꿀루쉬, 뺌바)에서 단체장 후보만을 내세웠다. 민주연합은 총 11군데 자치단체에서 시장 후보를 출마시켰지만 선거규정을 준수하지 못하여 여섯 군데의 후보자가 탈락되었다. 선거법에 의하면 각 단체장 직 출마 후보자들은 해당 지역에서 전체 유권자의 1%로부터 지지서명을 받아서 제출하게 되어 있으나 민주연합 후보의 절반 가량은 이 규정을 지키지 못했다. 그리고 시의회 선거를 위해 민주연합이 제출한 의원명부 27부 중에서 26부가 기각되었다. 그 이유로는 6개월 이상 해당 지역에 거주했다는 증명서, 유권자카드 공증 사본, 범죄기록부 등과 같은 증빙 서류를 첨부하지 않았을 뿐만 아니라 명부를 제대로 작성하지 않았기 때문이다.[133] 결국 중앙선거관리위원회가 민주연합의 시장 후보 11명 중 6명을 탈락시키자 선거를 임박하게 앞두고 민주연합은 후보자들을 전부 사퇴시키기로 결정했다. 이러한 사퇴 의사는 뒤늦게 선거관리위원회에 통보되어 사퇴한 민주연합의 일부 후보자들의 이름이 선거용지에서 삭제되지 않은 채 그대로 남아있는 경우도 발생했다. 선거법상으로 후보자 사퇴는 선거 열흘 전까지 선거위원회에 통고되어야 했다.[134] 선거규정이 제대로 지켜지지 않는 사례가 발생하였지만 유권자들은 후보자들의 사퇴 사실을 모른 채 투표를 하는 혼란스러운 상황이 전개되었다.

1998년 6월 30일에 최초의 지방선거는 차분하게 치러졌지만 유권자들의 저조한 투표율로 주민들의 참여를 이끌어내는 데 실패했다.

---

133) *AIM Reports Issue No.136*, 15/06/1998.
134) *AIM Reports Issue No.137*, 29/06/1998.

136

33개의 지역에서 치러진 지방선거에서 RENAMO가 불참함으로써 FRELIMO는 전 지역에서 승리를 거두었다.

지방자치선거에 참여한 정당들과 시민단체들은 다음과 같다.

1) FRELIMO - 33개 지역에 전부 참여
2) 노동당(Partido Trabalhista) - 마푸토, 마똘라, 샤이샤이
3) RUMO연합(Resistência da Unidade Moçambicana - 모잠비크 연합저항) - 마푸토, 마똘라
4) 네 개의 독립시민단체 - 마푸토
5) NATURMA(Naturais e Residentes de Vila de Manhiça 마니싸 거주민 단체) - 마니싸
6) GACECIMUCHI(Grupo de Apoio à Candidatura Eleitoral do Candidato Independente para o Município de Chibuto), - 쉬부뚜
7) GBT(Gente Boa da Terra) - 잉얌반느
8) GRM(Grupo de Reflexão e Mudança) - 베이라
9) ANAGUR(Associação de Amigos e Naturais do Gurué) - 구루에
10) DEONA(Organização dos Desempregados de Nampula) - 남뿔라
11) GDA(Grupo de Desenvolvimento de Angoche) - 앙고쉬
12) OCINA(Organizção de Candidaturas Independentes de Nacala) - 나깔라
13) Associação dos Cidadãos de Pemba para a Ordem-A - 뼘바

위에 언급된 지역 외에 총 22개 지역에서는 FRELIMO 측 후보만 단독으로 출마했다.[135)]

---

135) Iraê Baptista Lundin, "Algumas Reflexões sobre a Alta Taxa de

33개 지역의 시장 후보 중 단 두 명만이 여성 후보였고 한 명은
마푸토에서, 다른 한 명은 마니싸에서 출마했다. 마푸토에서 출마한
후보는 한 인권단체의 회장인 마보따(Alice Mabota)로 무소속 출
마했고, 마니싸 출마자는 따멜르(Laura Tamele)로 FRELIMO 소속
이었다. 시장선거에서는 마니싸의 따멜르가 당선되어 유일한 여성
시장이 되었다. 이는 94년 국회의원선거에서 총 250의석 중 2
6%[136])를 여성 후보가 차지했던 사실에 비하면 98년 지방선거에서
는 여성의 활약이 거의 미진했다고 할 수 있다.

지방선거에서 가장 주목해야 할 점은 평균 85%가량의 높은 기권
율이다. 이 기권율은 1994년 총선과 대선에서의 투표 참여율에 해
당하는 것이었다. 지방선거에서 기록한 높은 기권율에도 불구하고
대법원은 지방선거 결과를 합법적인 것으로 인정했다. 이는 선거법
상에 투표율에 대한 제한을 두지 않았기 때문이다. 그러나 선거에
불참을 결정하였던 RENAMO와 군소정당들은 대법원의 결정에 승
복하지 않았다.

선거에서 나타난 높은 기권율은 지역적으로 근소한 차이를 나타
낼 뿐 전국적으로, 지방과 도시의 구분 없이 골고루 나타난 현상이
었다. RENAMO는 베이라에서의 저조한 투표 참여율이 자신들의
지지기반 지역에서 보이코트 전략이 성공했기 때문이라고 주장했
다. 그러나 이는 충분한 근거가 없는 것으로 FRELIMO의 지역기반
인 마푸토시를 비롯한 남부지방에서도 투표율이 낮은 상황을 설명
하지 못한다. 〈표 Ⅳ-4〉에 의하면, 돈두, 몽뜨뿌에쉬, 까딴디까, 쉬

Abstenção nas Primeiras Eleições Autárquicas em Moçambique ‐ um
breve estudo qualitativo", *Mensal*, Centro de Estudos Estratégicos e
Internacionais, 4, 1998, p.10.

136) *AIM Reports Issue No.137*, 29/06/1998.

138

부뚜, 메땅굴라와 같은 규모가 작은 자치구역일수록 투표율이 높게 나타났으며 이는 정당들의 지지기반과는 상관이 없는 것으로 이들 지역 중 일부에서는 FRELIMO의 단독 후보만이 출마했다. 가장 낮은 투표율을 보인 곳은 RENAMO의 지지기반인 껠리만느로 불과 5%대의 투표율을 기록했다.

FRELIMO의 단독 출마 지역 이외에 대부분 무소속 후보들과 경합을 벌인 지역에서 FRELIMO는 수월하게 승리를 거두었다. 예외적으로 마니싸 자치단체에서는 FRELIMO 측의 여성 후보인 따멜르가 58.71%(1,887표)로 41.29%(1,327표)를 얻은 에우제비우 마니싸와 경합을 벌였다.[137]

지방선거에서의 저조한 투표 참여율은 FRELIMO 내부에 정치적인 위기감을 불러일으켰고, 아울러 민주적 지방분권화 과정에 대한 재검토와 선거행정과 감독 기관들에 대한 재점검이 요구되었다.

---

137) *AIM Reports Issue No.139*, 20/07/1998.

〈표 Ⅳ-4〉 시의회의원과 자치단체장 선거 기권률

자치단체	시의회의원	시 장	등 급
앙고쉬(Angoche)	74.95%	74.68%	D
베이라(Beira)	89.67%	89.65%	B
까딴디까(Catandica)	67.40%	67.37%	vila
쉬부뚜(Chibuto)	64.77%	64.73%	D
쉬모이우(Chimoio)	88.74%	88.87%	C
쇼끄웨(Chókwé)	76.11%	76.35%	D
꾸암바(Cuamba)	89.21%	88.82%	D
돈두(Dondo)	47.52%	46.37%	D
구루에(Gurué)	89.11%	89.16%	D
일야 드 모잠비크(Ilha de Moçambique)	87.56%	87.37%	C
잉얌반느(Inhambane)	81.07%	81.32%	C
리셩가(Lichinga)	84.75%	84.80%	C
만드라카지(Mandlakazi)	80.86%	80.01%	vila
마니싸(Manhiça)	81.20%	81.27%	vila
마니까(Manica)	69.72%	69.12%	D
마푸토(Maputo)	86.86%	86.86%	A
마호메우(Marromeu)	77.41%	77.41%	vila
마똘라(Matola)	88.40%	88.44%	C
마쉬쉬(Maxixe)	89.20%	89.22%	C
메땅굴라(Metangula)	67.35%	69.22%	vila
밀란지(Milange)	83.97%	83.97%	vila
모아띠즈(Moatize)	83.99%	83.99%	vila
모씸보아 다 쁘라이아(Mocimboa da Praia)	87.42%	87.47%	vila
모꾸바(Mocuba)	78.37%	78.66%	D
모나뿌(Monapo)	85.19%	84.89%	vila
몽뜨뿌에쉬(Montepuez)	55.82%	56.20%	D
나깔라-뽀르뚜(Nacala-Porto)	86.32%	86.18%	C
남뿔라(Nampula)	91.86%	91.85%	B
뺌바(Pemba)	79.84%	79.38%	C
껠리만느(Quelimane)	94.22%	94.05%	C
떼뜨(Tete)	85.27%	85.24%	C
빌랑꿀르쉬(Vilanculos)	75.11%	75.13%	vila
샤이샤이(Xai-Xai)	78.19%	78.17%	C
합 계	85.46%	86.42%	

출처: *Boletim da República*, I Série, No.32, 17/08/1998, Iraê Baptista Lundin, et al.(2000)와 Joseph Hanlon, *Guia Básico sobre as Autarquias Locais*, Maputo: Ministério da Administração Estatal e AWEPA, 1998, p.45와 Ministério da Administração Estatal, *Folhas Informativas dos 33 Municípios*, Maputo, 1998 참조.

바이머는 1998년의 지방자치 선거의 높은 기권률을 설명하는 6가지 가설을 제시했다.[138]

첫째, 낮은 투표 참여율은 유권자들의 다당제 정치체제에 대한 거부이거나 다당제 선거와 관련된 두려움의 표출이라는 것이다. 즉, 민주화에 대한 거부로 보는 시각이다.

둘째, 투표에 대한 기권은 유권자의 지방분권화와 지방자치에 대한 거부를 의미한다.

셋째, 기권은 자치제도에 관한 투표자와 시민 교육의 부족에 대한 결과이다. 이는 주로 정부관료와 여당과 국제기구 측이 제시하는 이유이다. 지방자치제도에 관한 사전 교육이 부족했다는 설명은 마푸토나 베이라와 같은 대도시는 다른 소도시들에 비해서 많은 교육과 홍보가 이루어진 현실에 비추어 볼 때 설득력이 없다. 즉, 33개 지역에서 거의 비슷한 기권율이 나타났으므로, 즉 사전 교육이 시행되었던 지역과 그렇지 못한 지역에서 투표율이 차이를 보이지 않았으므로 타당성이 없다.

넷째, 기권은 야당의 보이코트로 인한 결과이다. RENAMO는 지방선거를 보이코트하면서 다른 군소정당들에도 선거를 불참할 것을 강요했다. 구체적인 예로 RENAMO가 일부 지역에서 유권자들의 선거용지를 불법적으로 모아서 파손시킨 사건이 선거행정기술분과(STAE)에 고발 접수되었다. 이외에도 유권자들에게 잘못된 선거 정보를 유포해 유권자 등록을 방해했다는 사례도 전해졌다.[139] RENAMO는 베이라의 무소속 시장 후보 출마자인 마스껠에게 선

138) Bernhard Weimer, "Abstaining from the 1998 Local Government Elections in Mozambique - Some Hypotheses", in *L'Afrique Politique entre Transitions et Conflits*, Paris: Karthala, 1999, pp.132-140.
139) *AIM Reports Issue No.133*, 01/05/1998.

거를 포기하라는 압력을 넣었다고 언론에서 밝혔다.[140]

RENAMO는 유권자와 선거 후보자들을 구분하지 않고 무조건적으로 지방선거를 포기할 것을 강요했다는 이 주장은 일부 타당성이 인정되지만 야당의 보이코트가 전체적인 투표율을 현저하게 낮춘 주된 이유는 아니었다고 분석된다.

다섯째, 기권은 FRELIMO와 정부에 대한 불신을 의미한다. 즉, FRELIMO 정부에 대한 경고의 의미를 담고 있다는 시각이다. FRELIMO의 내부적 분열,[141] 당내 민주주의 문화의 부재, 야당과의 대화능력 부족,[142] 당의 지나친 권력욕, 경제 발전과 빈곤 해결 능력에 대한 여당의 무능함에 대한 비판으로 보는 시각이다.

여섯째, 높은 기권율은 선거기구인 중앙선거위원회(Comissão Nacional de Eleições)와 선거행정기술분과(Secretariado Técnico da Adminstração Eleitoral)에 대한 불만의 결과이다. 특히 야당 측에서는 선거 행정과 감독기구의 능력과 역할에 대한 불만이 있었고 유권자 사이에서도 선거기구에 대한 신뢰도가 적었으므로 이에 낮은 투표 참여율로 이어진 것이라고 보았다.[143] 선거행정기술분과의 선

---

140) *AIM Reports Issue No.136*, 15/06/1998.
141) 실용주의 노선을 주장하는 측과 구세대 사이의 분열은 FRELIMO에 영향을 미쳤으나 당 내에서 구세대의 점진적인 퇴진과 젊은 기술관료 엘리트의 등장으로 FRELIMO는 새로운 변화에 대해서 수용적인 태도를 취하게 되었다.
142) 원래 이 지방선거는 1996년 후반기에 시행하기로 했으나 여당과 야당 간의 근본적인 합의가 이루어지지 않아 세 차례에 걸쳐 연기되었다. 여당과 야당 간의 합의 도출 실패는 정부의 전반적인 지방분권화 프로그램, 즉 지방자치제의 법적이고 제도적인 틀, 범위와 속도에 관한 이견이 있었기 때문이다.
143) 민주연합동맹(UD)은 국회 의석의 5.15%를 차지했음에도 불구하고 중앙선거위원회(CNE)에 포함되지 못한 사실에 대해 강하게 이의를 제기했다. 또한 야당 전체가 선거기술분과(STAE)에서 배제된 것에 대해

거행정의 미숙은 여러 상황에서 드러났다. 예를 들면, 투표시작 시
간이 예정보다 늦어진 경우, 투표용지나 투표함 등의 물품이 늦게
도착한 경우, 선거행정기술분과 직원들의 투표장에 대한 부실한 관
리감독 등을 들 수 있다. 그 외에도 선거행정기관으로부터 선거관
리인들은 식비를 제공받지 않아 하루 종일 굶은 채로 일해야 했던
상황이 발생했고, 투표장소가 유권자 등록 장소에서 바뀌어 유권자
들이 투표장을 찾지 못한 경우도 발생했다.[144]

위에 열거된 이유 이외에도 주민들은 지방자치제도의 이중적인
구조에 대해 신뢰감이 적었고 이 제도의 효율성에 대한 의심이 투
표율 저하의 일부 요인이 되었다. 즉, 행정소재지에 있는 자치단체
의 경우, 시를 대표하는 자치단체장이 있고 그 외에도 정부의 지방
기구 행정관이 있어 두 행정관료가 공존하는 상황이 발생하기 때문
이다. 그 밖에 높은 기권율을 초래했던 주요 원인 중의 하나는 94
년도 다당제 선거 이후 민주화로부터 기대했던 사항들이 가시적인
결과로 나타나지 않았기 때문이다.

정당의 차원에서 RENAMO를 비롯한 군소정당들이 지방자치 선
거를 포기한 주된 원인들을 분석하면 다음과 같다. RENAMO를 포
함한 야당들은 기본적으로 지방자치선거에 대한 준비가 부족했으
며, 특히 후보자 선정이나 재정적으로 선거 운동을 할 수 있는 여

항의했다. 지방자치선거에서는 지난 94년의 총선과 대선에 비해서 선거
관리기관이 공정하게 운영되지 못했으므로 이에 대한 비판이 많았다.
94년 선거에서는 이 두 선거관리기구에 여러 당들의 참여가 허용되었
고 중앙선거관리위원회의 위원장도 정치적인 인물이 아닌 중립적인 인
물이 지명되어 모든 정당들이 이를 수용했었다. Iraê Baptista
Lundin, "Algumas Reflexões sobre a Alta Taxa de Abstenção nas
Primeiras Eleições Autárquicas em Moçambique - um breve estudo
qualitativo", op. cit., p.17.

144) *AIM Reports Issue No.138*, 13/07/98.

건을 갖추고 있지 못했다. 선거 후보자 등록절차에서 등록 시에 요구하는 제반 서류는 수도인 마푸토를 제외하고는 지방에서는 준비할 수 없는 것들이었고 지나치게 관료주의적인 절차로 인해서 입후보 자체가 불가능했다. 그 밖에 자치법상에는 자치단체의 권한이 명확하게 정의되어 있지 않고, 지방정부의 재정을 지나치게 중앙정부에 의존하는 점 등이 야당 측에서 제기한 불만이었다. 이러한 복합적인 이유로 인해서 RENAMO는 국회에서 모든 지방자치법에 관해 반대표를 행사했다. 그러나 정치적인 차원에서 RENAMO는 여당인 FRELIMO를 배제하고 국가의 권력을 독점하려는 의도가 있었기 때문에 지방선거를 통해 일부 지역에서 시장 직을 놓고 경합을 벌이는 데는 관심이 없었다는 시각도 제기되었다. 이 시각은 상당히 설득력 있게 받아들여졌으며 야당 측에 성숙한 민주주의 문화가 부족하다는 지적이 이미 여러 차례 있었다.

　지방자치제도의 준비과정에서 FRELIMO와 RENAMO가 중점적으로 다룬 논쟁적 안건은 선거절차와 감독, 지방분권화의 첫 단계에서 시행될 자치단체의 수, 지방재정을 포함한 중앙정부와 지방정부 간의 지위와 관계 등이었다. 양측이 어렵게 지방자치제도에 관한 협상을 진행시켜 오는 과정에서 첫 단계에 시행될 자치단체의 수에 관한 합의에 실패했고 이에 RENAMO는 일방적으로 지방선거 포기와 보이코트를 선언하여 참여의 측면에서 볼 때 최초의 지방선거는 성공보다는 실패의 가능성을 안고 시작되었다.

　그 밖에도 모잠비크 언론에 제기된 지방선거의 높은 기권률에 대한 요인들을 살펴보면 다음과 같다.[145] 정치 세력, 특히 정당 세력

145) Carlos Serra, "Pressupostos, Resultados e Conclusões", Carlos Serra et al., in *Eleitorado Incapturável*, Maputo: Livraria Universitária, 1999, pp.69-70.

에 대한 비판, 국민들의 삶을 향상시키지 못한 정부의 무능함, 야당의 기권 요구에 대한 순응, 단일 후보로 인한 후보자 간의 경쟁의 부재, 새로운 내전 가능성에 대한 두려움, 거주지 변경의 사유, 시민 교육에 대한 캠페인 부족, 민주적인 문화와 선거문화의 부재, 미숙한 정치문화, 선거기구의 능력부족, 교회가 지방선거를 제지하려는 노력, 전통지도자와 만장일치제의 아프리카 전통에서 볼 때 부적합해 보이는 선거제도 등이 높은 기권율을 초래한 요인으로 제기되었다.

이상으로 미시적인 차원에서 지방선거 실패에 대한 다양한 원인들이 제시되었다. 그러나 어느 한두 가지 원인이 선거에 결정적으로 영향을 끼쳤다는 분석보다는 다양한 원인이 복합적으로 선거에 영향을 준 것으로 보아야 할 것이다. 실제로 지방자치제도 시행과정에서 여당과 야당 모두가 민주적 절차를 무시하고 정치적인 세력을 확장하는 데 급급함으로써 지역 주민을 위한 자치제도가 아닌 정치엘리트들을 위한 세력 확장의 기회로 삼으려 했었다. 또한 정치엘리트들은 외부의 압력, 수혜제공기관과 국제기구들로부터 권력 분산을 통한 구체적인 민주화의 시행 요구의 압력으로 인해 효과적이고 실제적인 지방분권화제도보다는 형식적인 제도를 추진했던 것으로 분석된다. 따라서 지방차지제도의 형식적인 측면과 이중적 구조에 대한 불신 및 그 외의 다양한 요인들이 결합되어 주민들의 선거에 대한 참여 거부로 이어졌다고 할 수 있다.

요약하면, 여당과 야당의 정치적인 합의가 없는 상태에서 시행된 지방선거는 야당의 보이코트와 비민주적 절차로 인해 85%라는 높은 기권율을 보였다. 이는 민주화 과정에서 지방선거라는 중요한 사건을 정치엘리트들이 국가적인 이익의 차원에서 다루지 않고 단

지 당과 소수 엘리트들의 이익을 우선적으로 앞세워 실패한 사례임을 보여주었다.[146]

98년의 지방자치 선거에서 높은 기권율은 중요한 경험으로 받아들일 수 있다. 그렇다면 지방선거가 모잠비크 국내 정치에 미치게 될 정치적 반향은 무엇인가? 지방선거 과정과 선거결과는 신생민주주의 국가인 모잠비크의 90년대 정치를 비롯한 사회 발전의 상태를 평가하는 지표가 되었다. 높은 기권율을 기록한 지방선거 결과는 정치적인 분열과 갈등이 사회 구성원들 간에 내재되어 있고, FRELIMO 정부의 지역기반이 아직 불안정하고 취약하다는 사실을 재확인시켰다. 지역 차원에서 정치적으로 내재된 갈등은 언제든지 무력을 통해 표출될 수 있고 종족과 지역을 기반으로 해서 균열될 소지가 있다는 점이다. 이러한 상황을 해결하기 위해서 정부는 실질적인 지방분권화를 추진하고 여당과 야당 모두가 효율적인 민주주의제도를 정착시키도록 노력해야 할 것이다.

2) 지방자치의 경험(1998년부터 현재까지)

까를르쉬 쎄하(Carlos Serra) 교수가 이끄는 지방자치제도 연구팀은 지방선거가 시행된 여섯 군데의 자치단체에서 유권자들의 행태에 관해 연구했다. 조사 대상이었던 자치단체는 마니까지방의 쉬모이우와 마니까, 쏘팔라지방의 베이라와 돈두, 남뿔라지방의 남뿔라와 앙고쉬였다. 설문조사를 통해서 민주화와 지방분권화에 관한 주민들의 의식을 조사했으며 지역 간 비교 분석하였다. 따라서 이러한 연구의 결과를 살펴보는 것은 유권자들의 투표 행태를 이해하는 데 도움이

---

146) Eduardo J. Sitoe, *Decentralization and Power Sharing in Mozambique*, unpublished paper, Lisbon, 1999.

146

될 것이다. 여러 설문조사 내용 중에서도 다당제 민주주의와 지방분권화의 맥락에서 다양한 지도체제에 대한 영향(impacto de comando múltiplo)을 측정하는 질문에 대한 결과에 주목할 필요가 있다. "단 1명의 지도자만을 두어야 한다"와 "단 1명의 지도자에 의해서 통치될 때 삶이 더 나아질 것이다"에 대한 질문에 50% 이상이 긍정적인 대답을 했다. 그러나 모순되게도 "다양한 아이디어를 가진 여러 지도자들이 있을 때 더 나은 선택을 할 수 있다"라고 대답한 사람들이 74%였고 "여러 제안들 중에서 선택할 때 삶이 더 나아질 것이다"라고 응답한 것도 73%에 이른다. 위의 설문조사의 결과는 하나의 명령체계를 선호하는 성향을 나타내기도 하지만 그보다는 유권자들이 다당제에 대해 우호적인 면을 드러낸 것으로도 해석이 가능하다. 이 연구팀은 유권자들의 모순된 반응에 대해 두 가지 결론을 제시한다. 첫째, 여섯 군데 자치단체 주민들은 전반적으로 의견과 정당의 다양성에 반대하지는 않으며, 이러한 다양성의 조건하에서 더 나은 선택을 할 수 있으므로 더 나은 삶을 누릴 수 있는 것으로 생각한다고 분석했다. 둘째, 주민들은 전반적으로 선거 기간 전에 상반된 주장과 압력(FRELIMO는 투표할 것을 요구하고, RENAMO는 기권을 요청)에 영향을 받았을 것이며 이는 또한 새로운 전쟁에 대한 두려움과 같은 요인들과 결합되었을 것으로 보았다. 그래서 이러한 원인으로 인해 다당제보다는 단일 체제 속에서 한 명의 지도자를 표면상으로 선호했던 것으로 나타났다고 해석했다.147)

룬딘 외 여러 학자들도 지방자치선거가 시행된 후, 마푸토시와 빌라 다 마니싸(Vila da Manhiça)의 지방자치 사례를 연구했다. 룬딘의 연구팀은 도시수준에서의 지방차치를 분석하기 위해서 수도

147) Carlos Serra(1999), *op. cit.*, pp.101-106.

마푸토를, 빌라 수준에서는 마푸토지방의 마니싸를 선정했다. 이 연구는 자치기구의 기능적 측면에 초점을 두었고 주민 차원에서 참여의 부분은 다루어지지 않았다.

우선 마푸토시의 경우에 드러난 문제점은 행정기능 수준에서 시의회와 시행정위원회 간의 상호 견제의 기능이 원활하지 않은 것으로 나타났다. 실제적으로 이 두 기구 간에는 업무체계 문제, 시의원과 시행정위원회의 노동위원회들 간의 업무협력에 있어서의 상호이해문제, 그리고 구체적으로 시의회 의장과 시장 간의 권한문제 등에서 갈등과 마찰이 발생했다. 이런 갈등은 대부분 지방분권화 과정에서 자치법과 각 기구의 권한 및 역할에 대한 지식의 부족과 관련 업무의 파악 부족으로 초래되었다.[148]

구체적으로, 지방자치조직에서 발생하는 문제점은 시행정위원회에 속한 공무원들이 이중적인 명령체계에 놓여있다는 점이다. 그들은 시의회와 시행정위원회의 노동기관으로부터 동일한 업무를 받아서 처리해야 한다. 업무의 중복은 곧 행정의 효율성을 떨어뜨리며 행정 명령체계를 무너뜨리는 계기가 될 수 있다. 그 밖에 지방자치조직의 기능을 떨어뜨리는 주된 제약 사항은 시의원, 시행정위원회 위원 그리고 주민들의 낮은 교육 수준이다. 예를 들면, 시행정위원과 시의원은 행정관련 법에 관한 지식이 부족해서, 특히 자치법에 대한 무지와 잘못된 해석으로 문제를 야기했다.[149]

빌라 다 마니싸 지역에 대한 연구에서 밝혀진 문제점들은 다음과 같다. 이 자치단체에서는 시행정위원회와 행정구 정부 사이의 관계가 어려운 상황하에 놓여있다. 즉, 두 기관이 동일한 지정학적 공간에서 중복된 기능을 수행하므로 양측의 권한과 역할을 구분하기가

---

148) Iraê Lundin(2000), *op. cit.*
149) *Ibid.*

쉽지 않다는 점이다. 상위조직인 행정구는 하위조직인 자치단체 위에 군림하려고 하지만 주민들은 자신들이 선출한 자치단체 조직이 정통성을 갖고 있다고 판단한다. 즉, 중앙정부에 의해서 지명된 행정관보다는 지방선거에서 당선된 자치단체장이 정통성을 갖고 있다고 인식한다. 그러나 현실적으로는 빌라행정위원회의 구성원들 자체가 당에 호의적인 정치적 성향을 갖고 있으므로 주민과의 공약을 제대로 자치행정에 반영하지 못하고 있는 실정이다. 이러한 빌라행정위원의 태도와 성향은 지방자치제도의 설립취지에 어긋나는 것이다.

마니싸 자치단체의 행정 경험에서 나타난 구체적인 제약 요인들은 다음과 같다.[150]

첫째, 재정자원의 부족과 제한된 자치구역을 꼽는다. 마니싸의 관할권은 사회하부구조와 부존자원의 측면에서 볼 때 매우 가난한 지역이다. 이 지역의 대부분이 농촌지역으로 미개발 상태에 있다. 그러나 인근에 위치하는 대규모 공장과 회사는 지역 발전을 위해 중추적 역할을 하면서도 자치단체의 영역 밖에 위치한다. 예를 들어, 마라그라(Maragra)와 쉬나반느(Xinavane)설탕제조 공장들, 정미소, 협동조합 등이 자치단체 관할권 밖에 위치한다. 이 공장들과 회사들은 모두 국가 행정기구의 관할권에 소속되어 중앙정부의 재정에 기여한다. 이러한 불합리한 자치구역 설정은 지방정부의 재정을 중앙정부에 전적으로 의존하도록 제도화시켜 놓은 셈이다.

둘째, 주민의 낮은 교육 수준을 들 수 있다. 수도 마푸토와는 달리 빌라인 마니까에서는 주민의 학력과 직업 수준이 낮은 것이 특징이다. 이러한 현실은 자치통치와 자치단체의 발전에 부정적인 역할을 할 것으로 예상된다. 도시 이외의 지역에서는 교육을 받을 수

---

150) *Ibid.*

있는 학교나 기관이 적으며 따라서 농촌으로 갈수록 문맹률이 높고 교육 수준이 낮아진다.

셋째, 정치, 사회, 문화적 차원에서의 제약점이다. 역사적으로 식민 통치와 권위주의체제하에서 오랜 기간 동안 중앙집권적 정치체제에 익숙해있던 주민들은 민주화와 지방분권화를 통해서 정책결정 과정에 참여가 가능하게 되었지만 아직은 매우 소극적이다. 주민들은 독립 이후 권위주의체제하에서 지역 차원에서 결정권을 갖지 못하고 오직 중앙정부의 지시와 결정에 따랐으나 이제는 지방자치제도의 도입으로 지역 차원에서 정책결정에 참여할 수 있는 권리를 갖게 되었다. 그러나 정치적인 권리를 행사하기 위해서는 새로운 민주주의 문화에 익숙해져야 하며 민주적 참여를 위해 능동적인 사고와 태도가 필요하다. 이를 위해서는 많은 노력과 시간이 요구된다.

지방 재정과 관련해서 마니싸의 경우 재정적으로 도움이 될 수 있는 공장이나 학교 등을 자치단체의 구역에 포함시키지 않아 재정 자치권을 보장하지 않는 불완전한 자치제도가 되었다. 빌랑꿀루스 자치단체의 경우에도 중앙정부의 수입에 크게 기여하는 두 개의 섬을 자치단체 구역에 포함시키지 않고 중앙정부에 귀속시켜 자치단체의 재정에 전혀 도움을 주지 못하는 상황이며 이러한 현실은 다른 자치단체에서도 반복된다.[151] 이는 결국 자치제도의 기능을 약화시키고 자치단체의 발전 가능성을 약화시키는 요인이 되고 있다.

98년 최초의 지방선거를 통해 자치단체장과 시의원이 선출되고 지방자치기구들은 처음으로 자치권을 갖고 행정업무를 시작하면서 겪게 된 어려움과 장애 요소들을 정리하면 다음과 같다. 자치기구와 지방정부기구 간의 권한과 기능에 관한 갈등이며, 자치기구들 즉, 시

---

151) *Ibid.*

150

의회와 시행정위원회 간의 마찰로 인한 것이었다. 그리고 자치제도
에 대한 거부, 시민들의 자치제도에 대한 무지, 지방정부와 자치단체
간의 각 기능과 역할에 대한 혼동, 기존의 체제를 새로운 체제로 바
꾸는 데 있어서의 체제 간의 충돌 현상이 발생했다. 그리고 여러 자
치단체에서 시의회의원과 시행정위원회 위원들 간의 마찰이 일어났
으며 그 주된 원인은 급여문제였다. 집행기구의 의원들, 즉 시행정위
원들은 월급을 받고 있으나 시의회의 의원들은 월급이 없고 단지 의
회 출석에 대한 보조금(senha de presença)을 받아왔다. 그래서 시
의회의원들은 시행정위원들이 받는 고정된 월급처럼 시정활동에 대
한 고정된 급여를 요구해왔다.[152] 그 밖에 자치기구들 간의 견제 기
능이 제대로 발휘되지 못하고 있으며 이는 시의회의원들과 시행정위
원회 위원들 대부분이 FRELIMO 소속이므로 엄밀한 의미에서 지방
자치단체 내에서는 야당이 존재하지 않기 때문이다. 따라서 자치단
체 활동에 대한 건설적인 반대의견은 제기되지 않고 있다.[153]

현실적으로 물질적 · 재정적 · 인적 자원의 부족, 부실한 행정구조,
사회하부구조가 붕괴된 상황에서 자치기구의 행정을 담당할 수 있
는 전문 인력 수급이 절실히 요구된다. 기술, 재정, 인적 자원과 전
문교육 분야에 대해서는 중앙정부의 지원에 상당히 의존하고 있는
상황이다. 이러한 다양한 여건이 부족한 현실을 감안한다면 단기간
내에 지방자치제의 시행을 통해 긍정적인 결과를 기대하기는 어려
울 것이다.[154]

152) 2002년 1월 25일 모나뿌에서 이루어진 다니엘 아르미니우 벤뚜
(Daniel Arminio Bento) 모나뿌 단체장과의 인터뷰.
153) 2002년 1월 14일 껠리만느에서 이루어진 뻬우 마뚜스 (Pio Matos)
껠리만느 자치시 시장과의 인터뷰.
154) José Guambe and Bernhard Weimer, "Eleições Autárquicas em
Moçambique: o Contexto da Investigação", in Carlos Serra et

3) 지방분권화와 경제 발전

오늘날 33개시와 빌라에서 지방자치제가 시행되고 있으나 모잠비크 인구의 상당수가 지방자치제의 역할과 기능을 이해하지 못하고 있는 것으로 나타나고 있다. 이 무관심의 원인은 모잠비크 인구의 90% 이상이 농업과 임업, 그리고 어업에 종사하며 도시가 아닌 지역에 살고 있다는 점이다.[155] 그 밖에도 전국적으로 절대빈곤이 69.4%에 이르러 생존문제 외에는 관심을 쓸 겨를이 없는 현실이 지방자치제도에 대한 무관심으로 이어졌다.[156]

1998년 조사된 a) 절대빈곤율(incidence of absolute poverty)과 b) 빈곤지수(human poverty index)[157]의 〈그림 Ⅳ-1〉을 살펴보면 좌측의 a) 절대빈곤율에서는 지역 간, 도시 대 농촌의 빈곤율이 크게 차이를 나타내지 않고 있다. 수도 마푸토를 제외하고는 지역 간 격차가 크지 않음을 알 수 있다. 단, 쏘팔라지방, 떼뜨지방, 잉얌반느지방에서 80%를 상회하는 높은 절대빈곤율을 기록하고 있으며 이 지방들이 왜 다른 지방들에 비해서 높은 빈곤율을 기록했는지는 통계수치상으로는 설명이 안 되고 있다.

b)의 빈곤지수를 살펴보면, 모잠비크의 전체 빈곤지수는 56.8%로 절대빈곤율 69.4%보다는 낮은 수치를 기록하고 있다. 그리고 빈곤

---

al.(1999) *op. cit.*, p.38.

155) 자치지역의 영역은 지방분권화 과정에서 농촌지역을 거의 배제했으며 이는 모잠비크 세원의 85%가 농업을 기반으로 해서 농촌지역에서 발생된다는 사실을 고려하지 않은 것이다.

156) Iraê Lundin(2000), *op. cit.*

157) 빈곤지수(human poverty index)는 모잠비크인들의 삶의 질의 수준을 구체적으로 조사하기 위해 다양한 측면들을 고려했다. 우선 개인의 복지 수준을 측정하기 위해 일인당 혹은 한 가구당 재화와 서비스 소비를 조사했다. 개인의 발전 상태를 측정하기 위해서 빈곤 수준, 문자해득률, 취학률, 출산율, 가족에게 의존하는 이유 등을 조사했다.

지수상에는 지역 간의 격차가 명확하게 드러나며, 특히 수도 마푸토 21.1%에 비해 북부의 까부 델가두지방은 67.8%의 높은 빈곤지수를 기록하고 있다. 또한 남부에 위치하는 마푸토지방과 가자지방은 중부와 북부의 지방들에 비해 낮은 빈곤지수를 보이고 있다. 빈곤지수는 남부에서 북부지역으로 갈수록 높아지며, 가장 북부지역에 위치하는 까부 델가두지방이 가장 높은 빈곤지수를 기록해 삶의 수준이 최하위인 지역으로 나타났다.

〈그림 Ⅳ-1〉 절대빈곤율과 빈곤지수

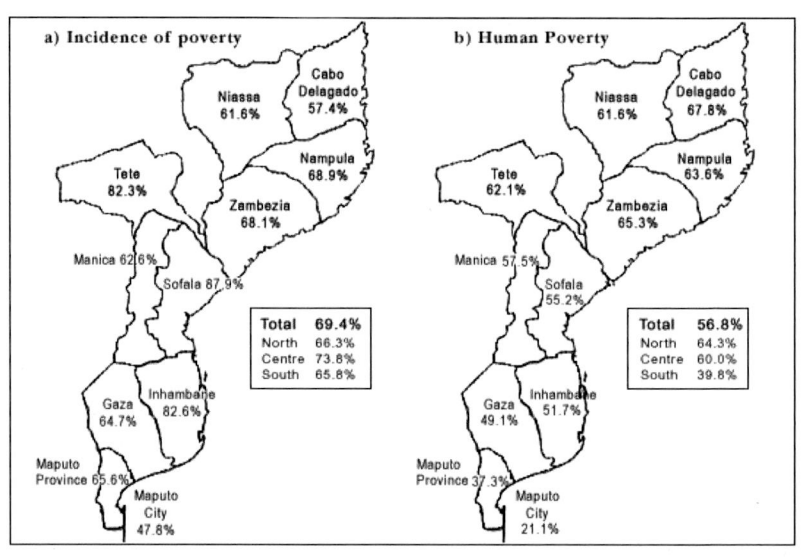

출처 - UNDP, *Mozambique: National Human Development Report 1999*, Maputo, 2000, p.31.

분석적인 차원에서 a) 절대빈곤율보다는 b) 빈곤지수가 모잠비크의 현실을 광범위하게 반영한 자료라고 간주된다. 현실적으로 볼 때, 수도 마푸토는 도시 내에 빈부격차가 큼에도 불구하고 다른 도시나 다른 지방과 비교할 때 생활수준이 월등하게 높고, 정치, 교육, 문화, 행정, 경제 등 거의 모든 분야가 집중되어 있어 이에 대한 혜택도 상대적으로 많이 누리고 있는 지역이다. 수도인 마푸토와 마푸토지방은 다른 지방들에 비해 투자가 집중적으로 이루어져 빠르게 발전하고 있으며 인구 유입이 증가하고 있는 상황이다. 그러므로 지역 간 소득, 발전, 사회 인프라의 격차는 더욱 커질 것으로 예상된다.

북부의 까부 델가두지방의 수도인 뺌바의 경우, 우선 뺌바에는 유명한 휴양지 윔비(Wimbi)해변이 있어 공항과 소규모의 리조트 시설이 있다. 그러나 뺌바시로 연결된 국도 60-70Km 구간이 완전히 파손된 상태로 복구되지 않고 있으며 시내에는 버스나 택시 등 대중교통 수단이 전혀 없다. 다른 도시들을 운행하는 시외버스는 있지만 시내구간을 운행하는 대중교통편은 전혀 없는 상태이다.[158] 또한 통신시설도 매우 낙후되어 호텔에서 전화를 걸 경우는 일부 시내통화만 가능하고 시외지역으로 전화를 하기 위해서는 전화국을 이용해야만 한다. 이에 비해 마푸토시는 경제 활동인구가 밀집되어 있으므로 교통망과 통신망이 상대적으로 집중해서 발달되어있다. 마푸토, 베이라, 남뿔라 등과 같은 주요 도시를 제외하고는 중·소도시는 물론 농촌지역의 생활환경은 매우 열악한 편이다. 도시를 벗어나 빌라로 가면 통신시설을 접할 수 없다. 지방자치선거를 치렀던 빌랑꿀루스 마을의 경우 고급 휴양지 섬들이 있는 이유로 비

---

158) 모잠비크에서의 대중교통수단은 대부분 샤빠-쎙(chapa-cem)이라고 불리는 승합차에 의해 유지되며 이는 시내버스와 시외버스의 기능을 한다. 마푸토에서는 일부 수입된 중고 버스가 시내버스로도 운행되지만 극히 일부에 불과하다. 좁은 도로 사정상 대형 버스보다는 소형 승합차가 더 효율적이며 각 승합차는 노선에 따라 운행되고 운임은 2000년도 기준으로 2000메티칼이었고 한화로는 약 150원 정도이다.

154

행장 시설은 갖추고 있지만 통신시설, 즉, 전화망은 구축되어 있지 않다. 농촌지역으로 가면 상황은 더 악화되어 전기와 상하수도 시설이 부재하고 통신과 교통망은 기대할 수도 없다.

수도 마푸토 지역을 벗어나면 사회기간시설이 급격히 줄어든다. 이는 과거 식민통치 시기 남부, 중부, 북부지역으로 3등분의 분할 방식에 의거한 통치방법이 독립 이후 사회주의체제하에서도 지속되어 지역 간 균형 발전의 기회가 없었다. 즉, 정치와 행정이 마푸토 지방과 가자지방 등 남부지역에 집중되었고 경제 개발정책 역시 이 지역을 중심으로 추진되었다.

〈그림 Ⅳ-2〉 1998년 지방별 실질 국내총생산 분포도

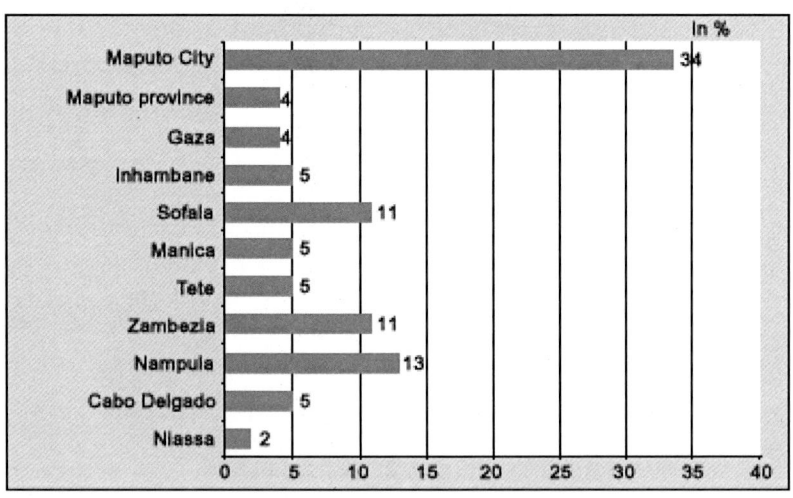

출처 - UNDP, *Mozambique: National Human Development Report 1999,* Maputo, 2000, p.28.

경제적인 측면에서 모잠비크의 실질 국내총생산에 대한 지방별 기여도 비율을 보면 〈그림 Ⅳ-2〉와 같다. 마푸토시가 국내총생산의

34%를 담당하고 있고 이어서 남뿔라지방이 13%를 기록하고 있다. 이에 비해 북부지역의 니아싸지방은 기여도가 불과 2%에 불과하고 까부 델가두지방, 떼뜨지방, 잉얌반느지방은 5%를 나타내고 있다. 이 통계수치는 지역별로 심각한 경제 편중 현상을 증명하고 있다.

〈그림 Ⅳ-3〉 1998년 지역별 국내총생산

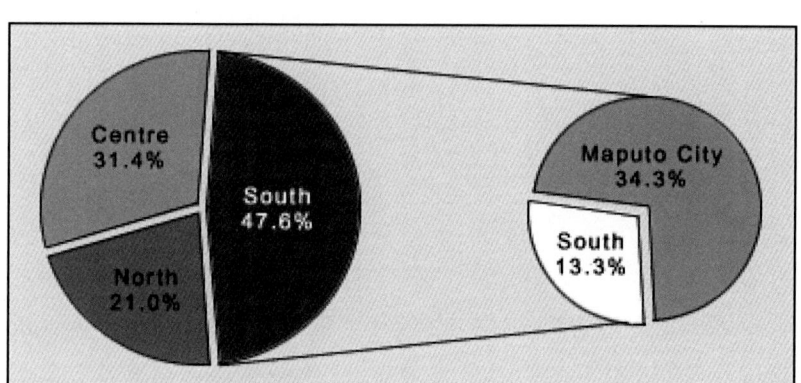

출처 - UNDP, *Mozambique: National Human Development Report 1999*, Maputo, 2000, p.39.

〈그림 Ⅳ-3〉에 의하면 1998년 국내총생산의 47.6%를 남부지역이 기여했으며 이는 마푸토시가 남부지역 생산의 34.3%를 차지했기 때문이다. 중부지역이 31.4%, 북부지역이 21.0%를 나타내어 북부지역이 모잠비크 전체 경제에서 차지하는 비중이 가장 작다는 사실이 다시 확인되었다.

이상으로 살펴본 바와 같이 모잠비크는 지방별, 그리고 농촌과 도시 간 경제적인 불균형이 심각한 상황이다. 그러나 지방분권화를 통해 민주제도를 정착시키고 지역경제가 활성화되면 모잠비크에서 지역 간 격차를 다소 줄일 수 있을 것으로 전망된다. 그러나 반대

156

로 신자유주의적 시장경제체제의 시행이 지역 간의 불균형한 발전
을 심화시키는 원인이 될 수도 있다. 현실적으로 남부지역의 주요
도시들과 중부의 베이라와 북부지역의 남뿔라를 제외하고는 사회하
부구조가 거의 파괴되었거나 열악한 상태에 있어 경제 활동이 거의
불가능한 상태이다. 북부지방의 예를 들면, 식민통치 시기부터 있었
던 대규모 목화농장과 사탕수수농장은 경영 미숙과 관리인의 부재,
기술 부족 등으로 과거 수확량의 수준에 훨씬 못 미치게 수확하고
있다. 그리고 이러한 작물들을 가공하기 위한 목화가공공장과 설탕
공장 등이 북부지역에 위치하지만 가공된 제품들을 팔기 위해서는
수도인 마푸토로 보내야 한다. 그러나 모잠비크의 도로 상태가 전
반적으로 열악하여 운반하는 데 소요되는 시간을 정확하게 측정할
수 없으며 중간에 도로가 파손된 지역이 있어 북부지역에서 남부지
역으로의 육로 운송은 매운 어려운 상황이다. 아마두 아지(Amado
Hagi)159)는 해상운반의 경우는 운항 선박이 드물어 북부지방의 나
깔라항을 출발해 남부의 마푸토까지 운송 기간이 대략 한 달 정도
걸린다고 밝혔다. 더욱이 이 지역들은 통신시설이 열악해 마푸토시
로 팩스를 한 장 보내는 것도 어려운 상황으로 사업하는 데 많은
지장을 받고 있다고 주장했다. 또한 그는 상품의 운송에 어려움이
있어 북부지방에 있는 목화가공공장과 설탕공장을 포함해 여러 공
장들이 문을 닫고 있는 추세이며 이로 인해 심각한 실업문제가 발
생하고 있다고 언급했다.

중부와 북부지역 그리고 농촌지역에서의 열악한 통신망과 교통망
의 상황은 민주화 시행 이후 외국 기관들의 대모잠비크 투자가 확

---

159) 나깔라에서 사업을 하는 아마드 하지는 뻼바시 주민으로 2000년 8월
23일 인터뷰에 밝혔다.

대되고 있음에도 투자의 혜택을 받지 못하게 하는 제약 요인이 되고 있다. 즉, 민주화와 더불어 서구 선진국가들이 모잠비크의 경제 재건과 정치안정을 위한 차관과 원조를 확대했으나 이렇게 지원된 금융은 주로 마푸토를 중심으로 남부지역과 중부의 쏘팔라지방의 수도 베이라 등 일부 도시지역에 투자되고 있다. 그러나 이렇게 남부지방과 일부 도시지역을 중심으로 투자가 이루어지는 것을 단순하게 정치논리에 의해서만 설명하려는 태도는 바람직하지 않다. 기득권층의 지지기반이 있는 특정 지역에 집중적인 투자가 이루어진다는 것은 부분적인 이유는 되겠지만 주된 이유는 아니라고 할 수 있다. 이는 경제논리로 접근할 필요가 있는 것으로 사회하부구조가 열악하거나 파괴된 중부와 북부 지역에 투자하기 위해서는 우선적으로 사회기간시설을 확충해야 하며, 기본적으로 도로망과 통신망을 갖추어야 한다. 이를 위해서는 장기적으로 막대한 자금투자와 대규모 프로젝트를 필요로 한다. 그러나 이미 사회하부시설이 갖추어져 있는 지역은 보다 나은 투자 환경을 갖고 있기 때문에 우선적으로 투자가 이루어지는 것이라고 볼 수 있다.

역사적으로 모잠비크는 경제기반이 취약하고 풍부한 부존자원도 보유하지 않아 주변국 경제에 크게 의존할 수밖에 없었다. 식민통치 시기에 환금작물을 대규모로 재배한 것 외에 유리한 지리적 조건으로 도로와 항구의 운송망을 통한 물류 수송이 재정수입에 큰 몫을 차지했다.

158

〈그림 Ⅳ-4〉 모잠비크의 항구와 철도망

출처 - UNDP, *Mozambique: National Human Development Report 1999*, Maputo, 2000에서 참조.

　〈그림 Ⅳ-4〉에서 보여주듯이 모잠비크는 아프리카의 동부해안에 위치해 여러 항구들을 갖고 있으며, 내륙에 위치한 짐바브웨와 잠비아 그리고 말라위에서 모잠비크의 항구까지 연결하는 철도망을 통해 이들 국가들의 '통로'(corridor) 역할을 해왔다.

〈표 Ⅳ-5〉 1995년-98년 해상 운송량(Port traffic)

천 톤 단위

항구명	1995	1996	1997	1998
마푸토(Maputo)	2,625	3,180	3,417	3,469
베이라(Beira)	4,160	4,591	4,708	3,216
나깔라(Nacala)	492	423	479	503
껠리만느(Quelimane)	160	158	257	300
뻠바(Pemba)	71	53	103	119
총합계	7,508	8,405	8,964	7,607

출처 – Companhia de Portos e Caminhos de Ferro de Moçambique (CFM), *EIU Country Profile 2000 Mozambique*, p.53 참조.

〈표 Ⅳ-5〉를 보면, 남부지방의 마푸토항구는 남아프리카공화국 수도 프레토리아(Pretoria)와 상업중심지인 요하네스버그(Johannesburg)와 가까운 거리에 위치해 남아프리카공화국의 물류 수송의 상당 부분을 담당해왔다. 중부지역의 베이라항구는 내륙에 위치하는 인접국 짐바브웨에 의해 이용되고 있다. 짐바브웨는 내륙국가로 자국의 수출입상품을 운송하기 위해서 가장 가까이 위치하는 베이라항구를 이용해왔다. 북부지방의 나깔라항구는 역시 내륙지역에 위치하는 말라위와 잠비아의 물류 수송을 위해 이용되고 있다.

이상으로 제시된 바와 같이 모잠비크는 철도와 도로를 통한 교통망이 인접국과 수평으로 연결되어 있으므로 남부, 중부, 북부지역은 각기 다른 교역 파트너를 갖고 있다. 모잠비크는 주변국들과의 교통망은 발달했으나 지리적으로 남북으로 긴 영토를 갖고 있어 남에서 북으로의 국내교통망은 제대로 발달되지 않았다. 북부지역은 수도인 마푸토와는 교류가 많지 않지만 인접국인 잠비아와는 활발한 교류를 갖고 있다. 중부지역의 경우도 마찬가지로 베이라에서는 상당 부분의 상품들이 짐바브웨로부터 수입되어 팔리고 있다. 중부지

역은 마푸토보다도 짐바브웨와 가까이 위치해 오히려 짐바브웨 경
제권에 속해있다고 보아야 한다. 남부지역에서는 남아프리카공화국
의 제품들이 대부분 유입될 뿐만 아니라 교역과 투자도 활발히 이
루어지고 있다.

〈표 IV-6〉 1973년과 1995년-98년 철도 운송량

천 톤 단위

지역명	1973	1995	1996	1997	1998
남부지역(Maputo)	14,129	1,826	2,666	2,607	3,081
중부지역(Beira)	5,933	1,063	1,174	987	765
북부지역(Nacala)	531	215	237	250	270
총합계	20,593	3,104	4,077	3,844	4,116

출처 - Companhia de Portos e Caminhos de Ferro de Moçambique (CFM),
EIU Country Profile 2000 Mozambique, p.53 참조.

〈표 IV-6〉은 모잠비크의 주요 항구에서 주변국들인 남아프리카공
화국, 짐바브웨, 잠비아, 그리고 말라위로 철도를 통해서 운송된 물
류의 양을 나타낸다. 이 표에서 주목해야 할 부분은 독립 이전인
1973년의 철도운송량과 90년대 중반 이후의 철도운송량의 격차이
다. 독립 이후 이 지역들의 철도운송량이 거의 1/4로 격감했으며
그 이유는 독립 이후 16년간의 내전을 통해서 사회간접시설이 대부
분 파괴되었기 때문이고 그중에서도 철도 시설은 피해가 심각했다.
그러나 모잠비크는 과거 식민통치 시기처럼 독립 이후의 시기 역시
주변국들의 경제권과 맞물려 있으므로 경제 발전을 위해서는 운송
업과 같은 지리적인 장점을 살릴 수 있는 경제부문을 재활성화시켜
야 할 필요성이 있다.

실제적으로 모잠비크 경제의 주변국들에 대한 높은 의존도를 고

려하면 주요 교역 파트너가 누구인가에 따라서 모잠비크 경제의 성
장가능성이 결정된다고 할 수 있다. 결국 남부아프리카 지역에서
경제의 중심축을 이루고 있는 남아프리카공화국은 현재 모잠비크의
최대 교역파트너로 지속적으로 모잠비크 경제에 커다란 영향을 미
칠 것으로 전망된다. 남아프리카공화국의 중요성은 마푸토시가 남
아프리카공화국과의 경제협력을 통해 빠르게 성장하고 있는 사실이
이를 증명한다. 마푸토 행정부도 시장경제제도를 통한 발전 전략을
다각도로 시행하려고 노력하고 있다. 예를 들어, 비효율적이었던 세
관업무를 영국의 세관업무대행회사(Crown Agents)에 일임해서 성
공적인 결과를 얻었다. 그 밖에도 남아프리카공화국 국경에서부터
마푸토시까지 고속도로를 남아프리카공화국측이 건설하고 대신 일
정 기간 동안 톨게이트를 관리해서 투자비용을 회수하는 형식으로
프로젝트가 시행되었다. 모잠비크 정부는 경제 발전 차원에서 인접
국과의 경제교류를 통해서 경제활성화를 추진하려는 전략을 수립해
왔고 이를 위해 기존의 운송망을 보수 및 확장하고 있는 상황이다.

지방분권화는 기본적으로 지역경제 활성화에 도움은 되겠지만 마
푸토와 베이라, 나깔라 등의 운송망을 갖고 있는 항구도시와 대도시
를 제외한 소도시와 빌라의 수준에서는 별다른 경제효과를 가져오
지 못할 것으로 전망된다. 이는 근본적으로 중소도시와 빌라들이 지
역 경제를 활성화시킬 수 있는 인적·물적 자원이 부족하기 때문이
다. 따라서 지방분권화는 자치단체의 경제활성화와 성장을 유발시키
겠지만 각 자치단체의 여건과 환경에 따라 발전의 격차가 커서 오
히려 자치단체 간 경제 수준의 차이를 초래할 것으로 예측된다.

4) 지방분권화와 탈중앙집중화

지방분권화는 중앙정부의 권력을 지방으로 이양하는 형태로 구체화되고 탈중앙집중화는 권력의 축은 이동하지 않은 상태에서 중앙의 권력을 일부 지방으로 분산시키는 것이다. 현재 모잠비크에서는 지방분권화정책과 탈중앙집중화정책이 동시 진행 중에 있으며 정치엘리트들은 지방자치를 확대하고 발전시키려는 의지보다는 국가의 지방기구를 활성화시키는 데 더 많은 노력을 기울이고 있다. 98년 지방자치제 시행 이후 차기 지방선거를 1년 앞둔 현재의 상황에서 자치제도에 대한 제도적이고 법적인 차원의 재정비와 자치지역 확대 방안 등의 논의가 중단된 상태이다. 정치엘리트들은 자치제도에 대한 논의보다는 국가의 지방기구를 개혁하여 효율적으로 운영하기 위해 적극적으로 탈중앙집중화정책을 추진하고 있다.

우선, 97년 개정된 자치법에서 지방자치 적용 지역의 축소는 현재의 탈중앙집중화정책과 연관성이 있다고 간주하여, 94년의 지방자치의 틀이 97년 개정법에서 대폭 축소된 이유를 살펴보고자 한다. 룬딘은 지방분권화를 일부 제한된 도시권지역에서만 적용하기로 축소한 이유를 행정적이고 정치적인 실용주의 시각에서 분석하고 있다.[160)]

첫째, 국가의 지방정부 관련법의 틀은 초기에 법 3/94에서 자치지역으로 모든 도시와 농촌을 포함했으나, 법 2/97에서는 33개 지역으로 축소되었다. 이 33개 지역들은 도시와 일부 빌라 지역에 해당하며 지방자치 적용범위의 축소는 정치적이고 행정적인 계산과 논쟁의 결과로 인한 것이었다. 또한 이는 우선적으로 일부 지역에서 지방자치제도를 도입하고 점진적으로 다른 행정구들로 지방자치

---

160) Iraê Lundin(2000), *op. cit.*

를 확대하려는 실용주의에 바탕을 둔 것이었다.

둘째, 1994년의 선거결과와 결부해서 지방자치제 시행 지역의 축소 문제를 생각해 볼 수 있다. 94년 다당제 선거에서 농촌지역의 상당수 표가 야당으로 갔고 지방자치 선거에서도 같은 상황이 반복될 것으로 예상되었다. 그래서 여당은 일부 자치단체가 야당에 의해 지배됨으로써 정치적 영향력을 잃는 위험부담을 줄이고자 했다. 즉, FRELIMO는 만일 농촌지역에서도 지방자치가 시행되어 이 지역의 일부가 야당의 통치하에 놓이게 되면 정치체제의 약화를 불러일으키게 될 것을 우려했다. 구체적으로 RENAMO를 전적으로 지지하는 중부와 북부지방의 농촌지역에서 지방자치선거를 통해 이 지역에서의 FRELIMO의 통치권을 RENAMO 측에 넘겨주기를 원치 않았기 때문이다. 이와는 반대로 RENAMO 측은 FRELIMO가 일방적으로 축소해서 제안한 33개 지역에서 시행될 지방자치제도 개정안은 여당에게 유리한 전략이라 판단하여 반대했고 결국은 선거를 보이코트하는 상황으로 이어졌다.

RENAMO의 보이코트에도 불구하고 지방선거는 강행되어 지방자치제도가 시작되었다. 그러나 33개 지역만 지방자치정부에 의해 운영되고 나머지 빌라와 행정구 지역은 이전과 마찬가지로 국가의 지방기구의 통치를 받는다. 단, 자치행정기구는 국가의 지방기구와 행정구 단위에서 특히 농촌지역에서 공존하는 상황이 되었다. 즉, 지방자치단체가 도와 행정구 영토 내에 있으므로 지방자치기구와 국가의 지방기구가 동일한 영역에서 이중적 구조로 존재하는 양상이 되었다. 지방자치제가 시행되지 않는 지역들은 계속해서 국가행정정부의 중앙집권적 통제하에 있으며, 국가의 지방기구는 국가로부터 위임을 받아 중앙정부의 예산을 가지고 지방업무를 관장한

164

다.161)

모잠비크의 지방분권화는 FRELIMO와 RENAMO 간의 분쟁과 중앙정부와 농촌 간의 갈등을 줄이면서 제도적인 측면에서 양당 간의 최소한의 기대를 충족시키려고 하는 정치적 실용주의(political pragmatism)에서 출발했다. 그러나 모잠비크의 지방분권화는 행정적인 논리보다는 정치적인 논리로 기울어져 진행과정에서 분권화의 기본적인 틀에 관해서 여당과 야당 간의 합의에 이르지 못한 채 추진되었다. 지방자치제도가 시행된 지 4년이 지나서 제2대 지방선거를 앞두고 국회에서 법령개정과 자치제도 확대에 관한 토론 역시 중단되었다.

지방분권화 과정이 정체된 이 시점에서 논쟁의 초점이 되고 있는 지방분권화의 확대에 관한 행정관료와 자치단체장들의 경험과 의견을 수렴하는 것은 중요하다고 할 수 있다. 이는 정치논리가 아닌 행정 실무의 차원에서 지방분권화의 확대 가능성을 확인해 볼 수 있기 때문이다.

모꾸바 시장은 인터뷰에서 다음과 같이 의견을 피력했다. "자치제도를 확대하는 것은 바람직하지만 중앙정부에 문제를 초래할 수도 있다. 자치단체는 중앙정부의 보조금으로 유지되고 있으므로 중앙정부에 재정적인 어려움을 초래할 수 있기 때문이다. 지방분권화는 점진적으로 이루어져야 한다고 본다. 자치제도를 확대하기 위해서는 자문을 구해야 한다. 권력을 지방으로 이양하기 위해서는 자치단체를 구성할 수 있는 최소한의 조건이 필요하다. 모꾸바시의 경우는 면적이 33평방킬로미터이며 주민 수가 66,000명 정도이다. 우리는 지역예산 확보에 어려움을 갖고 있다. 그러나

---

161) J. M. Elija Guambe, "Historical Evolution of Decentralization in Mozambique", in Iraê Lundin and Francisco Jamisse Machava (eds.), *op. cit.*, p.21.

모꾸바시는 이미 식민시대에 자치단체가 있었기에 자치경험을 갖고 있다. 자치지역과 비자치지역 간의 지역적 불균형은 없다고 생각한다. 왜냐하면, 주변의 행정구들은 자치단체에서 경험을 배울 수 있고 자치제도를 모방할 수 있기 때문이다. 성급한 지방분권화는 절대빈곤의 상황에서 권장할 만한 것은 아니다."[162) 모꾸바 시장의 경우는 지방자치제를 확대할 경우 예산이 부족한 중앙정부에 부담을 가중시킬 것이라는 우려를 했고 특히 지방 자체에 세원이 거의 없다 보니 지방자치화가 이루어져도 재정적으로는 여전히 중앙정부에 의존해야 하는 상황이라고 밝혔다.

재정적인 여건 이외에도 지방자치를 시행하기 위해서는 지역 자체가 기본적인 조건을 갖추고 있어야 한다는 주장이 있다. 잠베지아 도정부의 몽고이(João Mongoi) 국장은 "전반적으로 도정부의 관료들은 자치제도의 확대에 부정적인 견해를 갖고 있다. 자치제도를 확대하기 위해서는 전기시설, 도시화, 물공급, 성장가능성 등의 여러 가지 측면을 고려해야 한다."[163)고 언급했다. 그러나 남뿔라 도정부 지방국장 뽕발(António Pombal)은 이와는 대조적인 시각으로 경제적으로 좋은 여건을 갖춘 지역만을 자치시화하는 것은 다른 행정구 지역들의 상황을 악화시키는 것이라고 보았다.[164)

현재 모잠비크 정부는 자치지역과 비자치지역 간의 발전의 격차를 줄이기 위해서 행정구 차원에서 행정적이고 재정적인 개혁을 시도하고 있다. 즉, 행정적인 차원에서 지방조직의 개편과 각 조직 간의 관계향상, 효율적이고 민주적인 지방정치를 추구하고 주민들의

---

162) 2002년 1월 17일 껠리만느에서 이루어진 주제 낭구라(José Hermínio Nângura) 모꾸바 자치시 시장과의 인터뷰.

163) 2002년 1월 14일 껠리만느에서 이루어진 조아웅 몽고이(João Mongoi) 잠베지아 도정부 '지원과 규제국' 국장과의 인터뷰.

164) 2002년 1월 21일 남뿔라에서 이루어진 안또니우 뽕발(António Victor Soares de Pombal) 남뿔라 도정부 "지원와 규제국" 국장과의 인터뷰.

참여를 유도함으로써 정권의 정당성을 확립하고자 하는 것이다.[165]
탈중앙집중화는 국가의 지방기구 개혁으로 자치제도와는 다른 성격
으로 지방기구에 자치권을 허용하지 않는 상태에서 행정의 효율성
을 목표로 하는 정책이다.

뽕발은 탈중앙집중화정책의 핵심인 지방기구 개혁 프로젝트에 관
해서 다음과 같이 밝혔다. "중앙정부 차원에서 지방기구의 법령 개정에
대해 현재 협의 중이며 이는 지역 간의 격차와 도시와 농촌 간의 격차를
해소하기 위한 방편으로 추진되고 있다. 이 지방기구개혁 프로젝트는 행정
구에 자체의 예산과 세입을 갖게 하여 더 많은 재정능력을 부여하기 위한
것이다."[166]

남뿔라지방의 조정국장인 쌍핑스(Castro Sanfins)는 자치지역 이
외에 행정구 지역을 발전시키기 위해 중앙정부가 노력하고 있는가
라는 질문에 다음과 같이 답변했다. "그렇다. 지방자치제도와는 다른
형태의 지방분권화가 시도되고 있다. 즉, 행정구에서도 정책결정과정에 참
여할 수 있게 하는 방법이다. 정부 차원에서 국가행정부와 기획재정부는
남뿔라지방의 행정구에서 참여프로젝트(planificação participativa)를 시행
하려고 한다. 기본적으로 행정구를 자치지역으로 만들려는 의도는 아니고
발전과 민주주의와 지역공동체 참여를 위한 환경을 조성하려는 것이다. 탈
중앙집중화정책을 시도하는 이유는 지방자치제도는 시간을 필요로 하며
성숙한 시민사회가 구성되어 있어야 하지만 현실적으로 그렇지 못하기 때
문이다. 과거 식민유산과 전통문화로 인해 시민사회가 성장하지 못했다.
이 새로운 정책의 핵심은 도에서 행정구 수준으로 탈중앙집중화하려는 시
도이다."[167] 이상으로 쌍핑스는 행정관료로 그는 탈중앙집중화정책

---

165) Bernhard Weimer, "Governação Local/Descentralização", Governação
     Democrática em Moçambique, Maputo: UNDP, 2000, p.39.
166) 2002년 1월 21일 남뿔라에서 이루어진 안또니우 뽕발(António Victor
     Soares de Pombal) 남뿔라 도정부 "지원와 규제국" 국장과의 인터뷰.
167) 2002년 1월 21일 남뿔라에서 이루어진 까스뜨루 쌍핑스(Castro Sanfins)

에 관해 매우 명료하게 자신의 시각을 설명을 하였다. 이러한 설명에도 불구하고 행정구 수준에서 발전을 추구하고 민주주의의 환경을 조성하며 지역공동체의 참여를 유도한다는 것은 결국 지방자치제도를 의미하는데 이 정책이 지방분권화의 차원에서 시행되지 않는 것은 모순적이라고 생각된다. 따라서 단지 행정구에는 시민사회가 존재하지 않고 자치제도가 정착되는 데는 많은 시간을 필요로 하기 때문에 지방분권화의 맥락에서 지방개혁을 추진하지 않는다는 주장은 설득력이 약하다고 할 수 있다. 현재 지방자치제도가 시행중인 10개의 빌라는 대부분이 농촌지역으로 시민사회가 거의 존재하지 않는 지역이다. 그리고 지방자치제가 정착되는 데 많은 시간을 필요로 한다는 것은 무엇을 기준으로 판단한 것인지 불분명했고 또한 지방분권화정책보다 탈중앙집중화정책이 빠르게 효과를 거둘 수 있으리라는 명확한 근거는 제시하지 못했다.

탈중앙집중화정책과 지방분권화정책을 비교하면, 재정과 행정에서 자치권을 부여하고 지역민의 참여를 보장하는 것은 공통점이나 이 두 정책에서의 근본적인 차이는 탈중앙집중화정책이 행정구에 정치적인 자치권을 부여하지 않는다는 점이다. 즉, 자치단체에서는 지역민들이 자치단체장과 시의원을 선출하지만 탈중앙집중화된 행정구에서는 중앙정부로부터 임명된 행정관이 정치적 자치권이 허용되지 않은 상태에서 행정과 재정을 자율적으로 이끌어 갈 수 있다. 탈중앙집중화정책은 단기적인 차원에서 가시적인 효과를 거둘 수는 있겠지만 민주화의 맥락에서나 장기적인 발전의 차원에서 바람직한 정책이라고 할 수 없다. 왜냐하면 이 정책은 이미 시작된 지방자치제도와는 다른 형태의 제도로 두 제도가 동시에 시행된다면 중앙정

남뿔라 지방국 조정국장과의 인터뷰.

부는 중앙의 권력을 이양해야 하는 지방자치제도보다는 중앙의 권력을 유지할 수 있는 탈중앙집중화에 더 많은 노력과 투자를 하게될 것이기 때문이다. 이러한 현상은 이미 나타나고 있으며 중앙정부에서는 자치제도의 활성화보다는 지방기구의 개혁에 더 많은 노력을 기울이고 있다.

그러나 이 지방기구는 이중적 복종체제에 놓여 있으며 중앙집권화된 행정구조하에서 운영된다. 이중적 복종체제는, 한편으로는 정치와 행정적 조직(임명된 도지사, 행정관, 행정소장)에 예속되고 다른 한편으로는 정부의 관련 부처의 분과에 예속되는 것이다.168) 이러한 이중적 복종체제는 탈중앙집중화정책의 목표인 지역통치의 효율성을 저해할 것이고 정부 부처의 지방기구에 대한 분과별 통제는 지방기구의 필요성을 충족시키지 못하는 결과를 초래할 것이다. 중앙정부에서 지방기구를 분과적으로 통제하기보다는 포괄적이고 효율적인 통치방법을 모색해야할 필요가 있다. 바이머가 실시한 인터뷰조사에서 많은 응답자들이 차기의 입법은 지방자치제도의 긍정적인 경험에 근거해서 자치단체의 성격을 지방기구에 반영하는 것을 고려해야 한다고 주장했다. 즉, 지방기구에 부합하는 자치권 부여, 지역사회에 영향력을 행사하는 개인과 단체의 참여를 허용하는 민주적 자문기구 설립, 자체 예산책정, 통합적이고 다양한 분과 기구가 필요하다는 대답을 했다.169)

가난하고 교육 수준이 매우 낮은 모잠비크의 현실을 고려할 때, 이중적인 행정체제는 고비용을 초래할 뿐만 아니라 복잡한 행정구조로 주민들에게 혼란을 불러일으킬 수 있으며 행정적 효율성을 떨어뜨릴 수 있다. 탈중앙집중화정책은 재정적이나 행정적인 측면에

---

168) Bernhard Weimer(2000), *op. cit.*, p.41.
169) *Ibid.*

서 지역의 발전을 목표로 하고 있지만 이는 중앙정부의 정치엘리트들의 정치적인 의도가 내포된 것이기도 하다. 즉, 지방자치제도에 대해 부담을 갖고 있었던 상황에서 권력의 축은 이동하지 않고 지역의 발전을 추구할 수 있는 탈중앙집중화정책은 중앙정부의 정치엘리트들과 정부의 관료들에게는 매우 이상적인 정책인 것이다.

〈그림 Ⅳ-5〉 중앙 · 지방정부기구와 자치기구의 관계

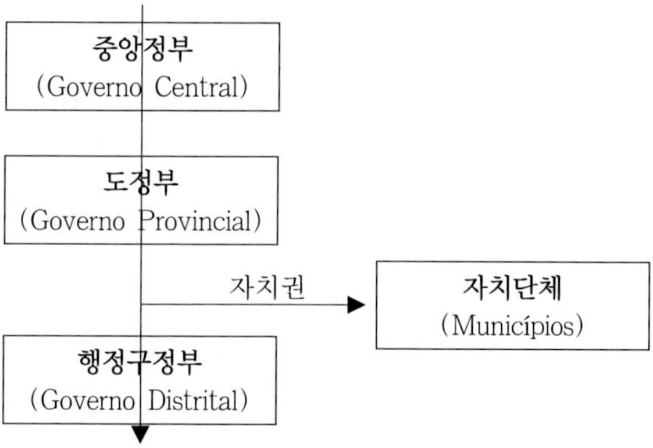

쌍핑스가 제시한 〈그림 Ⅳ-5〉에 따르면, 중앙정부, 도와 행정구의 지방정부, 자치정부의 권력관계가 중앙집권과 지방분권의 두 형태로 구분되는 것을 파악할 수 있다.

국가행정부의 지방자치국장인 구암브(José Guambe)는 정부는 탈중앙집중화정책과 지방분권화정책을 통해서 국가 전체를 변화시키고자 하며, 구체적으로 탈중앙집권화된 지방기구를 통해서는 농촌지역을, 그리고 지방자치제도를 통해서는 도시지역을 발전시키려는 계획이라고 밝혔다. 구암브는 행정적 수준에서의 발전모형을 다음과 같이 〈그림 Ⅳ-6〉에서 제시했다.

〈그림 Ⅳ-6〉 탈중앙집중화와 지방분권화제도의 행정적 구분

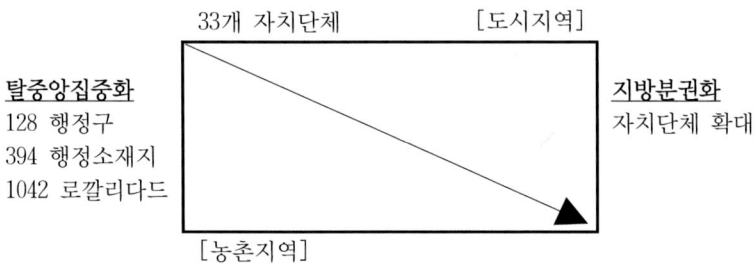

모잠비크의 행정체제는 현재 지방자치체제와 중앙집권체제로 이원화되어 있다. 구암브가 제시한 모형에 의하면 장기적으로 볼 때 모잠비크는 행정적인 면에서 두 그룹으로, 자치기구가 운영하는 지역과 지방기구가 운영하는 지역으로 나뉠 것이다. 국가의 지방기구와 지방자치단체가 공존하는 이중적 행정체제는 행정의 비효율성을 초래하며 복잡한 이중적 행정구조로 인해 고비용을 발생시킬 수 있을 것이다. 낮은 교육 수준, 절대빈곤 상황, 열악한 사회기간시설 등, 모잠비크가 당면한 현실을 고려할 때 이중적 행정구조는 바람직하지 못하며 장기적으로 행정체제를 일원화하고 중앙정부, 지방정부, 자치정부로 나뉜 행정구조를 단순화하여 행정의 효율성을 제고하며 행정비용을 줄일 수 있는 방안을 모색해야 할 것이다.

3. 지방분권화에 대한 평가

1) 정치적 측면 - 정치엘리트의 분권화 의지

모잠비크의 지방분권화 과정에서 아직 성숙 단계에 이르지 못한 시민사회는 제 역할을 할 수 없으므로 정치엘리트의 분권화 의지가 매우 중요한 동인이 된다. 이미 살펴보았듯이 정치엘리트는 지방분권화의 범위, 속도, 단계를 통제할 수 있는 주요 행위자이다. 따라서 지방분권화 과정에서 정치엘리트의 의지가 미치는 영향에 관한 심도 있는 연구가 필요한 실정이다. 정치엘리트가 지방분권화에 영향을 끼친다고 생각하는가라는 질문에 룬딘은 다음과 같이 대답했다.

"그렇다. 지방분권화는 정치엘리트의 의지에 달려있다. 국민들에게는 굉장히 적은 기회밖에 없다. 97년도 지방자치법이 개정되고 98년도에 많은 지역이 자치단체가 되길 원했으나 자치단체가 되지 못했다. 결국 이는 지방분권화는 정치인들의 의지에 달린 것임을 의미한다. 민주문화의 수준이 낮은 국가에서 특히, 모잠비크의 경우 분권화는 아직 정치인들의 의지에 좌우되며 아직까지는 시민사회의 역할이 미약하기에 제 영향력을 행사할 수 없다."[170]

그러나 룬딘은 정치엘리트들이 90년대 초반에는 지방분권화에 대한 강한 의지를 갖고 있었으나 오늘날에는 그러한 의지를 더 이상 갖고 있지 않다고 주장했다. 이는 90년대 초 지방분권화를 추진했던 정치엘리트들이 정권에서 물러났고 현재는 보수강경파가 분권화의 추진을 보류하고 있기 때문이다. 권력이 제한되어 있는 상황에서 현재의 정치엘리트는 권력을 이양할 의도는 없지만 외부적 요인에 의해서 구체적으로는 외부의 압력, 즉 국제기구와 수혜제공기관

---

170) 2002년 1월 7일 마푸토에서 이루어진 이래 룬딘(Iraê Lindin) 국제관계대학 교수와의 인터뷰.

들의 권유와 압력에 의해 분권화 과정이 진행된 것으로 파악된다.

정치적인 차원에서 지방분권화의 저해 요인은 국가기구 내에서의 분권화에 관한 합의도출의 실패이다. 룬딘의 설명에 의하면, "국가 조직 내에서 합의도출은 매우 중요하다. 왜냐하면 중앙집권화된 국가에서는 일부의 정치인 그룹에 권력이 집중되어 있기 때문이다. (……) 정치인들은 좀더 나은 통치를 하는 것보다 더 많은 권한이 자신들에게 집중되는 것을 원한다. 마푸토의 정치인들 중 상당수가 이러한 권한이 도지사와 행정관, 그리고 시장에게 이양되는 것에 대해 불만을 갖고 있으므로 현재 지방분권화과정은 답보 상태에 있다. 도지사, 행정관, 시장이 권한을 많이 갖게 될수록 중앙정부의 정치인들은 자신들의 권력이 줄어든다고 생각한다. 권력관계에서 지방분권화의 수준은 매우 낮은 상태라고 판단된다. 정부는 현재 지방분권화 의지가 없다. RENAMO와 FRELIMO 간의 합의도 없는 상태이다. 현재 RENAMO는 지방분권화를 지지하지만 정권을 잡게 되면 변할 수도 있다. 정치적인 합의가 없으면 지방분권화가 어렵게 추진되겠지만 불가능한 것은 아니다. 이미 33개 자치단체가 운영되고 있고 사람들에게 지방자치제도의 필요성을 역설해 왔으며 주민들은 자치제를 원하고 있기 때문이다."[171]

현재 중앙정부 차원에서 자치제도의 개선과 확대에 대한 토론이 중단된 것은 정치엘리트의 민주화에 대한 의식 수준이 낮고 지방자치제도를 정치적인 문제로만 접근하기 때문이다. 즉, 주민의 참여문제를 게임의 도구로 생각하고 정치적인 이익과 결부시키며, 일부 정치인들의 지방분권화에 대한 반대는 곧 이 자치제도로 인해 자신들의 권력과 지도력을 상실할 것이라고 생각하기 때문이다.[172]

---

171) 2002년 1월 7일 마푸토에서 이루어진 이래 룬딘(Iraê Lindin) 국제관계대학 교수와의 인터뷰.
172) 2002년 1월 21일 남뿔라에서 안또니우 뽕발(António Victor Soares de Pombal) 남뿔라 도정부 "지원와 규제국" 국장과의 인터뷰.

2) 제도적 측면

1992년의 모잠비크 일반평화협정에서 "정부는 전통조직과 전통적 지도자들이 그들의 권한을 행사하는 것을 존중하고 적대시하지 않을 것이며, (……)"173)라고 명시하고 있다. 이어서 지방분권화 과정에서 법 3/94를 통해 전통적 지도자들의 역할은 인정받게 되었다. 즉, 아프리카 전통문화가 기존의 지방정치에 미쳤던 영향력을 인정하고 이를 현실에 반영하고자 했다. 모잠비크는 종족공동체 국가이고 여기서 개인들은 공통된 혈연관계와 종족성, 그리고 공동생활에서의 공통된 관심사, 때로는 시민의식보다는 공동체에 대한 소속감을 더 갖고 있다. 종족공동체의 경우, 비록 지리적으로는 도시권에 포함되어 있지만 대부분은 농촌문화에 기반을 두고 있다. 농촌에서 전통 지도자들은 공동체의 가치와 공통된 관습으로 개인들을 하나로 묶는 역할을 한다. 전통적 지도자들은 족장, 원로, 법 집행자, 주술사 외에도 보건, 시민교육 등에 관련된 자들을 포함한다. 법 2/97에 따르면, 이들은 지역 수준의 대표자로써 모든 자치단체에서 자신들의 역할을 담당할 수 있다. 그러나 아직까지 이 조항은 현실에서 적용되지 못했는데, 지방자치기구에서 전통적 지도자들의 권한을 어떠한 방법으로 인정하고, 어떻게 이들의 참여를 유도한다는 것인지 명확하게 언급되어 있지 않았다. 즉, 전통적 지도자들에 대해 단지 전통의식을 담당하는 역할만을 인정한다는 것인지 아니면 지방정치에서 직접적으로 정치적 역할을 담당하는 것을 허용한다는 것인지 법적인 차원에서 불분

---

173) AWEPA & African-European Institute (1993), General Peace of Agreement for Mozambique, Protocol V.Ⅲ-9 e) The Government undertakes to respect and not antagonize the traditional structures and authorities where they are currently de facto exercising such authority, (……). p.54.

174

명하게 명시되었다. 이러한 법적인 모호성은 2000년 6월에 국가의 지방기구와 전통적 권위자에 관한 법령 15/2000을 통해 해결되었다. 법령 15/2000에서는 전통적 공동체(comunidade tradicional)는 전통적 지도자들만이 아닌 과거 마을의 서기와 지역의 영향력 있는 사람들이 지역 대표가 될 수 있도록 적용대상이 광범위해졌다. 전통적 공동체는 토지사용, 직업, 주거, 교육, 문화, 사회적 통합, 시민교육, 환경, 교통 등 다양한 분야에서 지역의 발전과 지역민의 기본적인 욕구를 충족시키기 위해 활동하도록 규정하고 있다. 전통적 공동체는 국가의 지방기구에 연계되어 주민이 지역 행정에 참여할 수 있도록 유도한다. 또한 이들이 과거 식민통치 시기의 헤굴루들처럼 지역에서 행정업무를 수행하고 보수를 받으며 또한 세금 징수권을 갖는다. 여기서 한 가지 지적해야 할 사항은 식민통치가 종결된 지 27년이 지난 지금 민주제도를 시행하면서 과거의 헤굴루제도를 다시 부활시키는 것이 효과적인가 하는 점이다. 전통적 공동체에게 권한을 다시 부여하는 정책이 과연 민주적이고 행정의 발전에 도움이 될 것인지 의문이 제기되며, 이에 대한 바이머의 견해는 다음과 같다.

"우선, 이러한 전통 세력의 부활은 행정의 발전에 긍정적인 영향만을 끼치지는 않을 것이다. 왜 전통 세력을 부활시키려고 하는지를 먼저 생각해 보아야 하며 여러 가지 이유 중에서 RENAMO와 관련이 있다는 점을 기억해야 한다. 즉, FRELIMO는 RENAMO를 정치적으로 지지하고 있는 전통적 공동체를 자신들 편으로 이끌어내야 했다. 그래서 RENAMO 측으로 기울어진 선거 성향을 고려해서 전통적 공동체의 권한을 복구시키면서 그들의 표를 확보하고자 하는 정치적인 이유에서라고 할 수 있다. 유권자들이 많이 거주하는 농촌지역에서 전통적 지도자들은 투표 성향을 좌우할 정도로 많은 영향력을 갖고 있다. 그러므로 FRELIMO는 전통적 지도자들이 선거에서 미치는 영향력을 고려해 이들을 제도권으로 흡수할 수 있는

방법을 강구해야 했다. 무엇보다도 이러한 정책적인 시도는 행정적인 측면
보다는 정치적인 측면에서 접근한 것으로 현실에 적용되기에는 많은 어려
움을 내포하고 있다. 구체적으로 전통적 권위자들이 누구인지와 이들의 역
할 및 권한에 대해서는 다양한 해석이 나오고 있다. 전통적 권위자들의 권
한을 복구시키려는 움직임 가운데서 최근에는 전통적 권위자들 대신에 전
통적 공동체라는 개념으로 바뀌었다. 후자는 전통적 지도자들 외에도 과거
FRELIMO의 일당체제하에서 고용되었던 지방서기와 디나미자도르 그룹
(Grupos dinamizadores)을 포함시킨다. 전통적 공동체는 포함 대상자들이
확대된 만큼 법령의 시행에 있어서 어려움이 뒤따르고 시간도 더 걸릴 것
으로 예상된다. 지역에 따라 전통적 지도자들이 존재하지 않고 대신에 서
기나 디나미자도르 그룹이 있거나 그 반대의 경우도 있다. 이는 각 지역에
따라 누가 해당 지역의 지도자인지 여론 수렴을 통해서 선정하는 것이 우
선적인 과제로 현재 일부 지역에서 이러한 작업이 이루어지고 있다."174)

　전통적 공동체에 관한 바이머의 지적은 매우 타당성이 있다. 즉,
탈중앙집중화정책은 특히 행정적보다는 정치적인 논리로 접근한 정
책으로서 이 제도를 정착시키기 위해서는 많은 시간과 비용이 초래
될 것으로 예상된다. 또한 전통적 공동체의 개념은 현실에 적용하
기에는 매우 광범위한 개념으로 누가 전통적 공동체인지 선별하는
작업도 쉽지는 않을 것이다. 전통적 지도자 대신에 전통적 공동체
로 변경된 이유와 광범위한 적용범위에 대한 질문에 뽕발은 다음과
같이 대답했다. "전통적 지도자만으로 제한하지 않은 것은 일부 지역에
서는 더 이상 전통적 지도자가 존재하지 않기 때문이다. 까부 델가두지방
의 경우는 전통적 지도자가 존재하지 않는다. 전통적 공동체로 범위를 확
대한 것은 일반화가 광범위한 적용을 허용하기 때문이다. 전통적 공동체의
권한을 허용하는 법령 15/2000은 적용될 것이다."175)

---

174) 2002년 1월 5일 마푸토에서 베른하르 바이머(Bernhard Weimer) 에
　　두아르두 몬들란느대학 교수와의 인터뷰.

　전통적 공동체정책이 시행되면 행정구 수준에서 국가의 지방기구 공무원과 전통적 공동체의 공존은 행정적으로 기능과 역할의 분담 차원에서 또 다른 갈등과 분쟁의 소지를 안고 있다고 판단된다. 룬딘이 지적한 것처럼 전통적 공동체는 국가의 행정기구가 존재하지 않는 로깔리다드에서 행정적, 사회적, 문화적인 역할과 기능을 담당하는 것이 현실적인 방안이 될 수도 있다.

　전통적 공동체를 제도화하는 사항 이외에도 현재 지방자치제도 관련 비현실적으로 제정된 규정들이 있으며 그중에도 자치구역의 설정은 실정에 맞게 수정될 필요가 있다. 모꾸바시의 사례를 살펴보면, 모꾸바 행정구의 면적은 220Km²이고 자치단체는 33Km²이다. 자치단체의 면적이 행정구에 비해 지나치게 작으므로 자치단체 구역의 설정이 비현실적이라는 지적이 나왔다. 따라서 모꾸바시는 현재 자치단체 면적을 184Km²로 확장시켜 줄 것을 요청한 상태이다. 실제적으로 일부 마을들이 자치단체와 행정구로 분할된 경우가 있고 행정구 영역의 대부분은 사람들이 거주하지 않는 지역으로 되어 있다. 모꾸바시는 넓은 행정구 면적에 비해서 자치단체 면적은 매우 협소하므로 자치구역의 확장을 요청했고 이러한 제안은 수락될 예정이라고 모꾸바 시장은 인터뷰에서 밝혔다.[176] 행정구 내에서 자치단체의 면적이 지나치게 좁게 설정된 것은 경제적인 측면에서도 비현실적이다. 많은 자치단체 주민들이 자치단체 외곽지역에 자신들의 가족경작농지를 소유하고 있으며 가족 단위로 생산된 농산물의 매매 행위도 자치단체 구역 밖에서 이루어지고 있으므로 자치

---

175) 안또니우 뽕발(António Victor Soares de Pombal), 남뿔라 지방정부 "지원과 규제국" 국장 인터뷰, 남뿔라, 2002/01/21.
176) 2002년 1월 17일 껠리만느에서 이루어진 주제 낭구라(José Hermínio Nângura) 모꾸바 자치단체장과의 인터뷰.

단체는 이에 대한 세금도 징수할 수 없는 상태이다.

룬딘도 역시 자치단체 구획이 제도적으로 잘못된 것임을 지적하고, 94년 자치법에 포함했던 지방분권화는 자치지역이 도시와 농촌을 전부 수용하는 포괄적인 것이었음을 강조했다. "자치지역에 대한 비현실적인 구획이 지방분권화에 어려움을 초래한다. 즉, 현재의 자치지역은 한 행정구 내에서 단지 도시지역만을 자치단으로 묶었다. 처음에는 행정구 전체가 자치단체로 묶일 예정이었다. 모잠비크는 85%가 농촌지역이다. 수입원의 대부분은 농촌에 있다. 임업과 농업이다. 도시지역에서는 극히 일부 주민만이 수입원을 갖고 있다. 시장과 묘지 정도이다. 물과 전기, 전화는 국영화되어 있다. 농산물을 재배하는 것도 교역하는 것도 자치지역 밖에서 이루어지고 있다. 농촌지역을 배제하고는 지방분권화가 제대로 시행될 수 없다. 내 생각으로는 자치단체의 범위가 행정구 전체를 포괄해야 한다고 본다. 농촌지역을 배제한 이러한 지역에 대한 제약은 정치인들에 의해서 야기된 것으로 원래 의도한 바는 법적으로 단지 도시권만을 지방분권화하려는 것은 아니었다."177)

이러한 룬딘의 시각과는 달리 행정관료인 쌍핑스는 도시와 농촌은 행정적인 차원에서 다른 운영체제를 갖고 있어 한 구역으로 묶어서 운영할 수 없으므로 자치단체 구역을 농촌지역까지 확대하는 것은 권장할 만한 것은 아니라고 지적한다.178) 그러나 현실에서는 마푸토와 같은 일부 자치단체들이 농촌지역까지 포함하는 자치단체로 구획되어 있다. 자치단체 영역의 규모와 앞으로 자치제도의 확대 가능성은 지방분권화의 발전에 있어서 중요한 부분으로 이에 대해 룬딘은 다음과 같이 제안한다. "내 견해로는 자치단체가 행정구까

---

177) 2002년 1월 7일 마푸토에서 이루어진 이래 룬딘(Iraê Lindin) 국제관계대학 교수와의 인터뷰.
178) 2002년 1월 22일 남뿔라에서 이루어진 까스뜨루 쌍핑스(Castro Sanfins) 남뿔라 지방국 조정국장과의 인터뷰.

178

지 확대되어야 한다고 본다. 로깔리다드는 아직 자치지역이 될 여건이 부
족하다. 특히 재정적이고 인적 여건이 매우 취약하다. 일부 농촌지역(zonas
mais rurais)은 전통적 권위자들의 통치하에 둘 수밖에 없다고 본다. 그리
고 행정구를 자치단체로 바꾸고 행정관료를 선출하여 각 자치단체의 여건
에 따라서 조직해 나가면 된다고 본다. 현재의 제도인 행정구를 분할해서
자치단체로 만든다는 것은 바람직하지 않다고 본다. 기존의 128군데 행정
구를 모두 자치단체로 바꾸는 것이 이상적이라고 본다. 이 내용은 바로 94
년도의 자치법에 반영된 것이다."179)

자치제도의 확대에 관해서 의견은 크게 두 가지로 나뉘고 있으며
학자들은 94년도 자치법에 따라 도시와 농촌을 포괄하는 자치제도
를 시행해야 한다는 입장이고 정치엘리트와 행정관료들은 현행대로
도시지역을 중심으로 자치제도를 적용하되 일부 농촌지역을 포함시
킬 수 있다는 견해이다. 그리고 지방자치단체장들은 지방자치제의
확대가 바람직하지만 재정과 행정기반이 매우 취약한 점을 고려하
면 자치제도의 일방적인 확대는 실효를 거두기 어렵다는 의견이다.

3) 지방자치단체의 자립도

지방자치제도의 근간이 되는 자치기구의 자립도를 재정적인 측면
과 행정적인 측면에서 평가하고자 한다. 우선 재정적인 측면을 살
펴보면, 거의 모든 지방자치단체가 재정적으로 매우 취약한 상태이
다. 중앙정부의 재정지원 없이는 자치단체 운영이 불가능한 상황으
로 자치단체는 재정적으로 중앙정부에 예속되어 있다. 자치단체가
중앙정부에 재정적으로 의존하게 되면 중앙정부의 간섭과 정책적
통제를 받는 경우가 발생할 수 있다. 자치단체들의 중앙정부에 대

---

179) 2002년 1월 7일 마푸토에서 이루어진 이래 룬딘(Iraê Lindin) 국제관
계대학 교수와의 인터뷰.

한 높은 재정 의존도를 룬딘은 잘못된 자치법에서 기인한 것으로
보고 있다. "현재 지방분권화는 재정적인 문제로 난관에 봉착한 상태이
다. 거의 모든 세입이 중앙정부에 귀속되어 있는 상태에서 지방분권화는
의미가 없다. 예를 들어, 중앙정부가 베이라시의 항만세를 거두어 들여 다
시 베이라시에 일부를 지방교부세의 형식으로 돌려준다. 현재 UNCDF
(United Nations Capital Development Fund-유엔자본개발기금)는 기획과
재정의 지방분권화(Decentralization of Planning and Financing) 프로젝트
를 일부 행정구에서 시행하려고 준비 중이다. (……) 이 계획은 남뿔라 지
역의 일부 행정구에서 시행될 것이며, 마니까지방, 소팔라지방 그리고 마
푸토지방에서는 행정구에서의 재정기획(Planeamento da Finança no
Distrito) 프로젝트가 시행될 예정이다. 이는 매우 긍정적인 시도로 주민들
과 더불어 계획을 수립해 나가고 있다. 잠베지아지방의 경우는 덴마크의
한 NGO단체가 이 작업을 하고 있다. 이 계획은 정치적인 것이 아니라 재
정적인 것이다. 현실적으로 재정적인 문제가 지방분권화의 가장 큰 문제이
다. 지방자치에 관련된 많은 사람들은 자치단체가 재정적인 어려움으로 제
기능을 못하고 있다고 하소연한다. 지방분권화 절차가 잘못된 것이기보다
는 내 견해로는 자치법이 잘못된 것으로 권한은 부여하지만 재정적으로
자치권을 부여하지 않기 때문이다."[180]

현실적으로 재정과 관련해서 자치법의 개정이 필요한 상황으로
자치재정권을 보장하고 자치단체의 세원을 확보할 수 있는 방안을
마련해야 한다. 껠리만느시의 경우는 지방세의 98%가 중앙정부에
귀속되고 중앙정부로부터 지방교부세를 받아 시정을 운영해간다.
행정관료들과 자치단체장들의 경험을 통해 본 재정적인 문제점들은
다음과 같다.

"현행의 자치제도에서는 '허구적 자치권'(autonomia ilusória)만을 보장하

---

180) 2002년 1월 7일 마푸토에서 이루어진 이래 룬딘(Iraê Lindin) 국제관
    계대학 교수와의 인터뷰.

며 자치재정권의 부재와 조세제도의 허점 이외에도 자치단체에서 거둘 수 있는 세원이 부족한 상황이다."[181]

"중앙정부는 권력을 이양하는 것뿐만이 아니라 실질적으로 자원을 배분하려는 노력을 해야 한다."[182]

"자치법의 개정이 요구되며 자치법의 세부적인 규정(regulamentação)의 마련이 필요하다. 무엇보다도 분권화에 장애가 되는 것은 조세법 규정의 지연이다."[183]

"현재 모꾸바시는 중앙정부에 재정적으로 의존하고 있다. 일자리가 부족하고 주민들은 농업으로 생계를 유지한다. 주민들은 자치단체의 재정에 기여할 수 있도록 최소한의 이윤도 내지 못하고 있다. 모꾸바는 거의 농촌에 속한 자치단체이기에 재정적인 면에서 한계를 안고 있다. 지방분권화는 재정적인 분권화를 동반해야 한다. '지방자치조세법'은 지방자치제도의 핵심이다. 이 법이 통과되면 일부 자치단체는 혜택을 받게 된다. 그러나 인적·재정적 자원이 작은 규모의 자치단체에서는 그다지 혜택을 받지 못할 것이다."[184]

"시장의 자릿세, 도시토지 사용세, 자전거세 등, 세입은 매우 적다. 대규모 회사나 공장은 자치단체에 일부 쿼터만을 지불하고 세금은 기획재정부(MPF)에 지불한다. 자치단체는 단지 지방교부세만을 갖는다. 재정적인 자립도를 높일 수 있는 법적인 조치가 필요하다."[185]

"재정적인 측면에서 예산을 확보하기 위한 노력이 필요하다."[186]

---

181) 2002년 1월 14일과 15일 껠리만느에서 이루어진 발지 디니스(Valgy Dinis) 잠베지아 도지사 보좌관과의 인터뷰.
182) 2002년 1월 21일 남뿔라에서 이루어진 안또니우 뽕발(António Victor Soares de Pombal) 남뿔라 도정부 "지원와 규제국" 국장과의 인터뷰.
183) 2002년 1월 14일 껠리만느에서 이루어진 삐우 마뚜스 (Pio Matos) 껠리만느 자치시 시장과의 인터뷰.
184) 2002년 1월 17일 껠리만느에서 이루어진 주제 낭구라(José Hermínio Nângura) 모꾸바 자치시 시장과의 인터뷰.
185) 2002년 1월 24일 나깔라에서 이루어진 엥리끄 냐놈베(Henrique Julião Nhanombe) 나깔라시 시행정위원/시장대리와의 인터뷰.

"자치단체 재정의 취약성은 시정운영을 불가능하게 한다. 현재의 기금은 자치단체의 유지비용(despesas correntes)으로 사용되고 개발이나 투자를 위한 기금은 없는 상태이다."[187]

"일야 드 모잠비크는 23개 구역(bairros)으로 나뉘며, 85%의 주민이 실업자인 상태이다. 높은 실업률은 지방분권화에 장애가 된다."[188]

이상으로 열거된 재정적인 어려움은 의심할 바 없이 지방분권화의 주된 장애 요인이라고 할 수 있다. 정책입안자들이 좀더 효율적이고 행정 중심적인 정책을 구상하고 자치단체에 자치재정권을 보장하도록 관련 제도와 법규를 수정 및 보완해야 할 필요가 있다.

모잠비크의 경우 중앙정부는 지방자치단체에 지방교부세의 형태로 재정지원을 하고 있으나 현실적으로 지방은 중앙정부에 상당히 높은 재정 의존도를 갖고 있다. 자치단체의 중앙정부에 대한 재정 의존도가 높으면 높을수록 자치단체의 자립도는 떨어진다. 33개 자치단체의 재정자립도는 지역별로 차이를 드러내고 있다. 이러한 자치단체들 간 재정자립도의 격차를 고려한다면 일부 국세를 자치단체로 이양하는 것이 이들 단체들에 동일한 재정적 결과를 초래하지는 않을 것이다. 즉, 각 지방자치단체들은 세원의 규모에 따라 세수가 차이가 있으며, 대규모 도시나 산업이 집중되고 기간시설이 있는 자치단체는 세수가 많을 것이며 소규모 도시나 빌라의 경우는 세수가 상대적으로 적을 것이다. 구체적으로 국세의 일부가 지방으로 이양되면 지역경제력과 세원의 규모에 따라 자치단체별로 세입

---

186) 2002년 1월 25일 모나뿌에서 이루어진 다니엘 아르미니우 벤뚜 (Daniel Armínio Bento) 모나뿌 시장과의 인터뷰.
187) 2002년 1월 22일과 23일 남뿔라에서 이루어진 디오니지우 쉐레와 (Dionísio Cherewa) 남뿔라시 시장과의 인터뷰.
188) 2002년 1월 23일 일야 드 모잠비크에서 이루어진 아바까르 나이모 (Abacar Abdul Satar Naimo) 일야 드 모잠비크 시장과의 인터뷰.

의 증가분이 많고 적음의 차이를 나타내게 될 것이다. 국세를 자치단체로 이양시켰을 때 중앙정부의 국세 수입의 감소는 지방교부세 재원의 감소로 이어진다. 이는 곧 중앙정부의 지방자치단체에 대한 재정지원의 축소를 의미한다. 각 지방자치단체의 경우는 지방세의 수입이 확대되는 것과 지방교부세의 감소가 동시에 나타나며 전자와 후자의 규모에 따라 자치단체의 전체 수입이 감소하거나 증가하게 된다. 일반적으로 세원의 규모가 큰 지역에서는 지방교부세의 감소로 인해 크게 영향 받지 않을 것이며 세원의 규모가 작은 지역은 지방교부세의 감소가 전체 수입의 감소로 이어질 수 있다. 결과적으로 자치단체들 간의 재정적인 격차가 심화되고 빈익빈 부익부의 현상이 초래될 수 있다. 이러한 국세의 지방이양은 자치단체들 간의 세수의 격차를 보완할 수 있는 정책과 병행되는 것이 바람직할 것이다. 예를 들어, 지방자치단체가 지방세를 부과·징수할 수 있는 방법을 모색해야 한다. 이 방법 역시도 지역 간의 재정격차를 발생시킬 수 있지만 최소한 기존의 지방교부세를 중앙정부로부터 계속적으로 지원 받으므로 세수의 감소는 예방할 수 있다. 그러나 소규모 지방자치단체에서는 세원이 부족하여 지방세를 거둘 수 있는 여건이 마련되어 있지 않다. 이러한 여러 가지 열악한 재정 환경에도 불구하고 중앙정부는 지방자치단체에 과세자주권을 보장하여 자치단체로 하여금 세수증대를 위한 노력을 할 수 있게 하며 재정의존도를 낮출 수 있는 기회를 제공해야 한다.

　조세징수와 예산집행에서 지방자치단체가 제 역할을 수행하기 위해서는 자치단체 행정인력에 대한 교육이 필요하다. 주제 구암브는 지역에서의 인적자원 개발은 지속적으로 중요한 문제로 대두되고 있으며 지방정부의 관료를 교육하는 것은 모잠비크에서 지방분권화

와 경제적 발전을 위해 필요한 선행조건이라고 주장한다.189)

그러므로 자치재정권의 확보 이외에도 효율적인 지방분권화를 위해 행정의 독립과 지역행정을 위한 인적 자원이 확보되어야 한다. 일정 수준의 교육을 받은 인적자원이 자치기구에 투입되어 지방행정의 복합적인 기능을 수행할 수 있어야 한다.190)

현재까지 지방자치제도의 시행에서 드러난 행정적인 문제는 크게 세 가지로 요약할 수 있다. 첫째는 중앙정부와 자치기구, 지방정부 기구와 자치기구, 그리고 자치기구들 간의 권한과 역할이 불분명해서 갈등이 발생한 경우이다. 둘째는 하위기구에 대한 감독권을 갖고 있는 중앙정부는 실제적으로 자치단체에 대한 감독권을 행사하지 못했고 대신에 도정부가 이 권한을 행사해온 점이다. 셋째는 지방자치기구 행정인력의 낮은 교육 수준이다. 시의원이나 시행정위원 그리고 행정 업무를 수행하는 공무원들이 자치법에 대해 무지하여 행정운영에 어려움이 발생하였다.

우선, 첫 번째 경우는 자치법이 각 지방자치기구의 역할과 권한에 관해 명확한 구분을 제시하지 않은 데서 기인하였다. 룬딘은 "시장과 시의회 의장 간의 권한에 있어서 누가 어떤 업무를 맡아서 할 것인지가 분명하지 않아서 권한을 놓고 마찰이 있어왔다. 마푸토시

) José Manuel Guambe, "Sistema de Governação Local em Moçambique", In Workshop sobre Descentralização, Nampula, 26-27 de Julho de 1994, in Gilles Cistac, *Manual de Direito das Autarquias Locais*, Maputo: Livraria Universitária da Universidade Eduardo Mondlane, 2001, p.26.

190) 지방에서의 열악한 생활여건은 대부분의 행정관료들로 하여금 지방에서 일하는 것을 기피하게 만든다. 인적자원을 지방으로 유입하기 위해서는 지방 수준에서 전반적인 삶의 질이 향상되어야 할 것이다. 하지만 삶의 질이 향상되기 위해서는 오랜 시간이 걸릴 것이므로 우선적으로 지역행정을 이끌어 갈 수 있는 뛰어난 인적 자원을 지방으로 유입할 수 있는 대책을 수립해야 한다.

184

의 경우도 그렇다. 대부분이 FRELIMO, 즉 같은 당 소속이라도 시
장과 시의회 의장, 시의원과 시행정위원의 권한이 명확하게 규정되
어 있지 않아 갈등이 빈번하게 일어나고 있다"[191])고 주장한다.

두 번째, 중앙정부는 자치기구들이 자치 활동을 하면서 법을 준
수하는지 감독하고, 자치기구들 간에 갈등과 문제가 발생했을 때
행정감독권을 발동해서 이를 조정할 권한이 있다. 그러나 중앙정부
는 지리적으로 멀리 위치해 있고 지역 상황에 대해 자세히 파악하
고 있지 못하므로 행정감독은 거의 불가능하다. 따라서 행정감독권
은 도정부에 속하게 되었다. "도지사는 중앙정부를 대표해서 법에 따라
자치단체를 감독하는 역할을 하며 기술적인 지원 즉, 인적·재정적인 자원
을 지원한다. 정치적인 결정을 내리며 시의회와 시행정위원회 사이에 문제
가 발생하면 중재한다."[192]) 따라서 행정감독권을 중앙정부에서 행사한
다는 것은 비현실적이므로 도정부에서 이 권한을 위임받아야 한다
는 주장이 제기되었다. "자치단체에 관한 행정감독 권한은 국가행정부와
기획재정부에 속하지만 경험적으로 볼 때 이 권한은 도정부에 속해야 한
다고 생각한다."[193])

행정감독권과 관련해서는 두 가지 의견이 제기되었다. 첫째, 도정
부가 행정감독권을 소유하고, 각 지방은 도정부에 의해 운영되어야
한다는 주장이다. 긍정적인 측면으로는 행정감독권이 도정부에 위
임되면 모든 행정절차가 지연되는 것을 줄일 수 있다는 점이다. 둘
째, 국가행정부가 계속 행정감독권을 행사해야 한다는 주장이다. 이

---

191) 2002년 1월 7일 마푸토에서 이루어진 이래 룬딘(Iraê Lindin) 국제관
   계대학 교수와의 인터뷰.
192) 2002년 1월 14일 껠리만느에서 조아옹 몽고이(João Mongoi) 잠베지
   아 도정부의 '지원과 규제국' 국장과의 인터뷰.
193) 2002년 1월 22일 남뿔라에서 이루어진 까스뜨루 쌍핑스(Castro
   Sanfins) 남뿔라 지방국 조정국장과의 인터뷰.

주장은 만약에 행정감독권이 도정부에게로 위임되면 도정부는 중립성을 잃을 우려가 있다는 것이다. 왜냐하면 도정부는 자치지역 내에서 여러 안건에 깊이 관련되어 있기 때문이다. 행정감독권에 관련해서는 객관성과 공정성을 유지할 수 있는 기관이 이 권한을 위임하는 방법을 강구해야 할 것이다.

마지막으로 행정인력의 부족과 낮은 교육 수준의 개선을 위해서는 자치단체의 시의원들과 시행정위원들을 포함한 행정관료들에게 교육을 실시하여 자치제도에 대한 이해와 업무능력을 향상시켜야 한다.

4) 주민 참여도

민주화 과정에서 민주적인 제도를 도입했다고 해서 민주주의가 뿌리를 내리는 것은 아니며 사회 구성원들이 제도에 참여함으로써 민주주의는 사회적으로나 문화적으로 정착하게 된다. 따라서 지방분권화에서 필수적인 요소는 주민의 참여이다.194) 지방자치가 성공

194) "이론적으로 언제나 지방분권화가 민주화의 척도로 사용되지는 않는다. 그러나 지방분권화와 자치제도는 민주화의 학교라고 할 수 있다. 모잠비크에서 민주화의 경험은 매우 중요하다. 자치제도의 도입으로 자치단체들은 제도적이고 법적인 차원에서 업무를 처리하게 되었다. 이는 견제와 균형을 요구하는 제도적 민주주의의 게임을 의미한다. 각 자치단체장은 권력을 갖게 되지만 이를 정당화해야 한다. 각 지방 자치 조직은 견제의 역할을 하고 있어 이는 민주주의에 도움이 되고 있다. 지방자치의 틀에서 시장은 시행정위원회를, 시행정위원회는 시의회를, 시의회는 유권자를 의식하지 않을 수 없으며 이는 더 많은 책임감과 관심을 부여하는 계기가 된다. 이러한 관계는 지방자치 행정에 긍정적인 영향을 준다. 즉, 자치단체장은 유권자들과 선거 공약을 두고 협상을 해야만 하는 것이다. 다시 말해, 주민들은 조세의무의 이행을 통해서 직접적인 방법으로 자신들의 요구를 자치단체에 주장한다. 직접선거를 통해서 자치단체장을 선출하는 것은 정치적인 협상을 가능하게 하는 것이다. 예산이 유권자들 즉, 시민들에게서 나

186

하기 위해서는 무엇보다도 주민이 자치의식을 갖고 자치 활동에 참여하려는 태도가 요구된다.

90년대 모잠비크에서 민주제도의 시행 경험에 대해 도시의 주민들과는 달리 농촌의 주민들은 부정적인 반응을 보였다. 이는 민주제도가 농촌지역에 아무런 변화를 가져다주지 못했기 때문이다. '메꾸피' 주민들은 민주주의와 관련된 설문조사에서 그들의 일상생활에서 다당제가 별다른 영향을 미치지 않았다고 대답했다. 또한 주민들은 물가상승, 높은 실업률, 불안정한 사회 치안 등의 심각한 문제들을 겪고 있으므로 새로운 정치제도나 선거에 전혀 관심이 없다고 밝혔다.[195]

모잠비크에서 민주주의 제도의 영향력은 도시권지역에 국한되었고 지방에서는 민주적 변화를 경험하지 못했다. 따라서 지방 주민들은 자신들의 삶에 아무런 영향도 주지 않는 새로운 제도에 무관심한 것으로 드러났다. 모잠비크의 지방에서 전반적으로 민주제도에 대한 경험을 하지 못함으로써 대의제 민주주의는 한계에 부딪쳤고 이를 극복하기 위해서 지방분권화가 시행되었다.

모잠비크에서 첫 지방선거를 시행한 33개 자치단체의 유권자 수는 전체 유권자 27.2%에 해당한다. 이는 자치제도가 시행되어 자치권을 누리는 주민들은 모잠비크 전체 인구의 1/4에 불과하고 대부분의 농촌지역이 자치제도 시행대상 지역에서 배제되었음을 의미한다. 일부 지역의 주민들에게 국한된 자치제도라는 점 이외에도 주민들의 정치에 대한 무관심, 낮은 정치 참여 의식, 낮은 교육 수준 등은 지방분권화의 장애 요인이 되고 있다. 이러한 문제를 해결하기 위해서 주민들을 교육시키고 주민들에게 정치 참여의 기회를 확대시켜야 한다.[196] 지방자치가 주민들이 이끌어 가는 자치제도로 거듭나기 위해서는 주민들의 의식과 역량, 그리고 주민들의 요구를 정부에 효과적으로 전달할 수 있는 제도적인 장치의 마련이 요구된다.[197]

모잠비크에서 주민들의 지방자치에 대한 참여는 매우 저조한 편이며 이에 대한 자치단체장이나 관료들의 의견은 비슷했다. 따라서 주민의 관심과 참여를 높일 수 있는 방안을 모색하는 것이 과제로 남겨졌다.

"아직도 많은 사람들이 지방자치제도를 이해하지 못하고 있으며, 자치단체 활동에 참여를 유도하는 것은 곧 선거 캠페인과 관련된 것으로 인식한다. 또한 아직까지 시장이 시를 위해 일하는 것보다도 도지사가 시를 위해 일하는 것으로 이해하고 있다. …… 주민이 자치 활동에 참여할 수 있는 메카니즘을 찾아야 한다."[198]

"주민의 참여도는 매우 낮다. 그 이유는 75%가 문맹자이기 때문이다. 3

196) "지방분권을 통해서 참여민주주의를 실현할 수 있다고 본다. 지방분권은 개인의 참여를 통해서 민주주의를 강화한다. 개인적인 참여가 높아질수록 시민성은 더욱 깊이 뿌리를 내릴 수 있게 된다. 지방에서 직접 정치에 참여하며 느낄 수 있는 것이다. 즉, 민주주의가 마뿌뚜에만 집중되어 있으면 지방민들은 민주주의를 막연한 것으로밖에 인식하지 못할 것이다. 모잠비크에는 여러 종족공동체가 있으며 이들은 서로 다른 문화와 언어를 갖고 있다. 민주주의를 발전시킬 수 있는 방법은 지방분권화이다. 즉, 참여를 유도하고 시민성을 높이는 것이다. 민주주의가 단지 투표권만을 의미하는 것은 아니고 참여와 발전을 의미하는 것이다." 2002년 1월 7일 마푸토에서 이루어진 이래 룬딘(Iraê Lindin)과의 인터뷰.
197) 안용식 외,『지방정부론』, 서울: 대영문화사, 2001, p.295.
198) 2002년 1월 14일과 15일에 이루어진 발지 디니스(Valgy Dinis) 잠베지아 도지사 보좌관과의 인터뷰.

년여의 짧은 자치 경험과 그동안 자치 활동이 매우 적었으므로 자치권에
대한 인식이 매우 낮다. 시민의 참여를 유도하기 위해서는 시민사회를 강
화하고 시민기구를 활성화시켜야 한다."199)

"주민의 참여도는 매우 낮다. 시활동 보고, 예산보고, 총회 등에 주민들
의 참여가 매우 저조하다."200)

"초반에는 주민들에게 자치제도를 이해시키는 데 많은 시간이 걸렸으며
이를 위해 다양한 모임을 마련했다. 지금은 주민들이 자치단체에 대해서
좀더 이해한다. 오늘날 주민들은 자치제도에 참여한다. 많은 주민들이 농
업에 종사하기에 재정적인 기여보다는 노동력을 제공한다. 모꾸바에서는
행정사무소 건물을 지을 때 자치단체가 건축자재를 구입했고 주민들은 노
동력을 제공했다."201)

"주민들의 참여도를 높이기 위해 다양하게 노력해오고 있다. 시의회와
시행정위원회는 주민들의 의견을 듣기 위한 포럼을 한 달에 한두 차례 여
러 지역에서 토론과 회의 형식으로 연다. 주제에 따라서 주민들이 참여하
고 의견을 제시한다. 열린 정치를 추구하고 대중 의견을 수렴할 수 있도록
건의서 및 의견서를 접수한다. 또한 매체를 활용해서 지방자치제도에 대한
인식을 높이기 위해 방송을 제작한다. 나깔라시는 라디오 채널을 가지고
있고 TV 출연 등을 통해 사람들에게 시의정 활동에 대한 정보를 제공하
고 있다."202)

"모임, 세미나, 시의회 회의는 대중들에게 개방되어 있다. 매주 목요일과
화요일은 주민들에게 개방되어 있어 이들과 대화를 나눈다."203)

199) 2002년 1월 22일 남뿔라에서 이루어진 까스뜨루 쌍핑스(Castro
    Sanfins) 남뿔라 지방국 조정국장과의 인터뷰.
200) 2002년 1월 14일 껠리만느에서 이루어진 삐우 마뚜스 (Pio Matos)
    껠리만느 자치시 시장과의 인터뷰.
201) 2002년 1월 17일 껠리만느에서 이루어진 주제 낭구라(José Hermínio
    Nângura) 모꾸바 자치시 시장과의 인터뷰.
202) 2002년 1월 24일 나깔라에서 이루어진 엥리끄 냐놈베(Henrique Julião
    Nhanombe) 나깔라시 시행정위원/시장대리와의 인터뷰.
203) 2002년 1월 25일 모나뿌에서 이루어진 다니엘 아르미니우 벤뚜(Daniel

모잠비크에서 자치 활동에 대한 주민들의 낮은 참여도는 주민들 자체의 낮은 교육 수준과 짧은 지방자치제도 경험, 아직 체계화되지 않은 참여 시스템을 원인으로 꼽을 수 있다. 자치기구들이 주민들의 자치의식을 높이고 자치 활동에서의 참여를 활성화시키는 방안을 모색해야 할 것이다.

정치, 경제, 사회, 문화에서 나타나는 다양한 형태의 저해 요인에도 불구하고 지방분권화에 관한 지방자치단체장들의 평가는 전반적으로 긍정적인 편으로 다음과 같다.

"모잠비크에서 지방분권화는 우연히 시작되었으나 정착하게 되었다. 지방분권화가 시작된 이후 직접적인 우려는 어떻게 하면 유권자들을 만족시킬 수 있는가 하는 점이다. 예비 자치단체장들은 대중의 의견에 귀를 기울여야 했다. 지방분권화의 시행으로 주민과 자치단체장과의 거리가 좁혀졌다. 모든 자치단체가 발전했다고 생각한다. 전반적으로 지방자치제도는 성공적이었다고 본다. 예를 들어, 껠리만느시의 경우는 재정적인 차원에서 세원이 과거에는 매달 3,000,000Mt에서 현재는 14,000,000-15,000,000Mt로 증가했다. 중앙정부로부터는 지방교부세를 받지만 적은 액수이다."[204]

"모꾸바시에서의 지방자치 경험에 비추어 보면 지방자치제도는 가치 있는 것이었다. 지방자치제도의 장점으로는 자치단체의 주민들이 스스로 자급자족할 수 있게 된 것과 자신들의 토지를 소유하게 된 것이다. 그러나 단점으로는 주민들이 매우 가난하여 재정적인 능력을 갖고 있지 않다는 점이다."[205]

"부정적 측면으로는 법의 공백과 세부 규정(regulamentação)의 부재, 물적·인적 자원의 부족, 법령승인의 지연 등이다. 긍정적 측면으로는 정책

　　Armínio Bento) 모나뿌 시장과의 인터뷰.
204) 2002년 1월 14일 껠리만느에서 이루어진 삐우 마뚜스 (Pio Matos) 껠리만느 자치시 시장과의 인터뷰.
205) 2002년 1월 17일 껠리만느에서 이루어진 주제 낭구라(José Hermínio Nângura) 모꾸바 자치시 시장과의 인터뷰.

결정과 행정에서의 참여, 투명성의 제고, 증가된 책임감, 필요를 충족시키려는 시도, 문제 해결 노력, 민주주의의 심화 등이다. 전반적으로 많은 발전과 많은 참여를 유도했으며 공정한 통치가 이루어졌다고 생각한다."[206]

"지방분권화는 초기단계에 있고 시간이 흐르면서 완성될 것이다. 지방 유지들을 활성화하고 현재의 지방자치제도를 공고화할 필요가 있다."[207]

"긍정적인 측면으로는 지방자치제도를 통해 발전을 위한 경쟁력을 갖추게 되었다. 참여정치를 지향하여 모든 공동체, 경제인 등에 문호가 개방되었다. 많은 사회구성원들을 자치제도에 통합시켰다."[208]

"자치제도의 장점은 자체적인 시도와 노력으로 성장을 가속화했다는 점이다."[209]

이상으로 자치단체장들은 열악한 현실 여건에도 불구하고 지방자치제도가 모잠비크의 민주화에 기여를 하고 있으며 주민의 정치 참여를 허용하고 지역 발전의 원동력이 되었다고 평가한다.

4. 지방분권화의 한계와 전망

대부분의 아프리카 국가들에서 정부에 의해 주도된 최근의 지방분권화 경험은 다수 주민의 참여와 자치단체로의 권한 이양, 지역 발전, 행정서비스의 개선 등의 기대했던 결과를 내는 데 상당 부분

---

206) 2002년 1월 22일과 23일 남뿔라에서 이루어진 디오니지우 쉐레와 (Dionísio Cherewa) 남뿔라시 시장과의 인터뷰.
207) 2002년 1월 23일 일야 드 모잠비크에서 이루어진 아바까르 나이모 (Abacar Abdul Satar Naimo) 일야 드 모잠비크 시장과의 인터뷰.
208) 2002년 1월 24일 나깔라에서 이루어진 엥리끄 냐놈베(Henrique Julião Nhanombe) 나깔라시 시행정위원/시장대리 인터뷰.
209) 2002년 1월 25일 모나뿌에서 이루어진 다니엘 아르미니우 벤뚜 (Daniel Armínio Bento) 모나뿌 시장과의 인터뷰.

실패했다. 실패의 원인으로 무엇보다도 시민사회나 이익단체를 포
함시키지 않고 중앙정부가 독자적으로 사회·경제 발전을 주도하는
데 있었다. 특히 지방분권화는 아프리카 정치지도자들의 정통성을
계속 유지시키기 위한 방편으로 이용되었고 국제적인 수혜제공기관
들에게 더 많은 원조를 얻기 위한 것이었다는 시각이 설득력을 얻
어 가고 있다.210) 즉, 대부분의 아프리카 국가들에서 지방분권화는
위로부터 시작되었고, 일반적으로 수혜제공기관이나 사회의 특수계
층을 만족시키기 위한 것이었다.211) 이러한 사실은 다수의 아프리
카 국가들에서 다당제와 지방선거의 시행이 다당제의 정착과 강한
지방정부를 초래하지 않는 이유를 설명한다. 그렇다면 이들 국가들
에서 지방분권화의 미래는 불투명한 것인가? 지방자치정부로 권한
과 자원을 이양하겠다는 정치적인 약속은 전적으로 중앙정부의 의
지에 달린 것인가? 정치적인 약속을 이행할 수 있는 다른 세력은
없는가? 이에 대한 대답은 긍정적으로 생각해 볼 수 있으며 그 이
유를 세 가지로 요약할 수 있다. 즉, 권리와 정치적인 참여를 위한
소수 민족과 대중들의 요구, 자유민주주의의 개혁 성향, 수혜제공기
관들의 압력이 지방분권화의 동인이 될 수 있기 때문이다.212)

모잠비크의 지방분권화 경험은 다른 아프리카 국가들이 겪은 경
험에서 크게 벗어나지 않고 있다. 현시점에서 다른 아프리카 국가
들의 지방분권화와 모잠비크의 지방분권화 경험을 비교하여 향후

---

210) Dele Olowu, "Decentralization in Africa: Appraising the Local
   Government Revitalization Strategy in Nigeria", pp. 164-179, in
   Georges Nzongola-Natalaja and Margaret C. Lee (eds.), *The State
   and Democracy in Africa*, Trenton, N.J.: First Africa World Press,
   1998, p.165.
211) *Ibid.*, p.167.
212) Francis C. Enemuo, *op. cit.*, p.198.

지방분권화정책이 어떠한 방향으로 개선되어야 할지 방향을 예측해 보는 것은 의미가 있을 것이다.

아프리카 대부분의 지방자치정부가 당면한 어려움을 크게 다음과 같이 아홉 가지로 요약할 수 있다.[213]

첫째, 지방자치기구에서의 기술과 행정인력의 부재[214]

둘째, 대규모 개발 계획을 수립하고 이해하는 데 있어서의 전문성 부족

셋째, 지역 간의 열악한 운송과 교통망

넷째, 책임성이 결여된 지도력

다섯째, 불충분한 재정적 · 물질적 · 인적 자원

여섯째, 투명성과 신뢰성의 부재

일곱째, 중앙정부의 개입으로 인한 불안정성

여덟째, 지방자치정부에 대한 불필요한 지침이 되는 법령

아홉째, 정책결정의 과도한 중앙집권화

모잠비크의 국가행정부는 지방분권화 과정에서 나타나는 제약 요인을 다음과 같이 아홉 가지로 제시했다.

첫째, 지방자치기구 간의 권력투쟁

둘째, 자치기구와 국가기구 간의 혼동

셋째, 자치법에 관한 부족한 인식과 이해

넷째, 자치법의 적용을 위한 구체적인 지침(guideline)의 부족

다섯째, 자치단체의 조세법의 경우와 같이 세부적인 규정의 부족

여섯째, 자치단체 관료 대부분의 기술적인 능력 부족

---

213) Donald Rothchild, *op. cit.*, p.6.
214) 오늘날 전반적으로 행정관료들의 교육 수준은 매우 낮은 편으로 특히 지방과 도시 간의 격차는 크고 대부분의 교육을 받은 고급인력은 도시 선호 성향이 강해서 지방 행정인력의 수급에 불균형을 이루고 있다.

일곱째, 자치단체 행정서비스의 낮은 질

여덟째, 자치단체 예산 책정 과정에서의 지연

아홉째, 경제와 사회적인 분야에서 발전프로젝트를 위한 예산 부족

이상으로 모잠비크의 지방자치단체들이 직면하고 있는 제약 요인들은 아프리카 국가들의 지방분권화 과정에서 발생하는 전반적인 현상과 큰 차이를 나타내고 있지 않다. 그러나 모잠비크의 경우는 분권화 경험이 짧은 탓에 자치제도에 대한 이해부족으로 인해 발생하는 장애 요인이 많고 제도적인 미비점과 재정적인 부분에서 직면하는 어려움 즉, 예산 부족은 지방분권의 한계로 드러났다. 이러한 한계를 극복하기 위해서는 정부 차원에서 능력개발프로그램의 구상과 시행이 요구된다. 정부는 행정과 기술관료들을 일상 업무를 담당할 수 있도록 교육을 시켜야 한다. 그리고 자치법의 세부규정, 특히 자치단체 조세법을 만들어 시행해야 하는 것이 요구된다. 시행정위원회와 시의회 간, 자치기구와 정부기구 간 권한과 기능에 대한 조정도 역시 필요한 상황이다.

요약하면, 모잠비크에서 시행되는 자치제도는 자치단체의 취약한 경제적 기반으로 인해 발전의 한계가 있다는 점이다. 그러나 이를 극복하기 위해서는 중앙정부와 국가 차원에서의 국가경제 발전계획에 각 자치단체의 발전프로그램이 통합되어 시행되어야 한다.[215] 그 밖에도 부족한 인적 자원과 기반이 약한 시민사회가 자치제도 발전의 한계로 지적된다. 지방자치제도가 발전하기 위해서는 관련 법령이 정비되어야 하고 이러한 제도 구축과정에서 야당과의 합의가 도출되어야 한다.

---

215) 2002년 1월 22일 남뿔라에서 이루어진 까스뜨루 쌍핑스(Castro Sanfins) 남뿔라 지방국 조정국장과의 인터뷰.

모잠비크의 지방분권화 과정에서 나타난 성공적인 측면과 개선되어야 할 측면을 정리해 보면 〈표 V-1〉과 같다.

〈표 V-1〉 지방분권화 경험에 대한 평가

성공적인 측면	개선되어야 할 측면
- 조세제도의 개선 - 자체 예산 운영을 통한 행정서비스의 향상 - 중앙집권적·관료주의적 행정체제의 분권화 - 주민의 지역 정치 참여 - 자치단체 주도의 발전계획	- 적합하지 않은 자치영토 구획 - 자치단체 행정인력의 자질 부족 - 자치단체 재정 관련 세부 규정의 부재 - 자치단체와 국가의 지방기구, 자치기구 간의 권한에 대한 분쟁 - 자치단체의 기획능력의 부족 - 중앙부처의 지방자치단체에 관한 지나친 행정·재정 감독 규정

모잠비크의 지방자치제도 경험은 긍정적인 결과도 얻었지만 여러 제약 요인과 한계를 드러냈다. 현실적으로 지방자치제도는 여러 부분에서 수정 및 보완되어야 할 필요성이 있지만 지방분권화가 시행된 이후 상당수의 자치단체에서 행정서비스의 개선과 자치 행정 및 주민의 참여가 이루어졌다. 그러나 긍정적인 경험도 얻게 되었지만 일부 자치단체에서는 자치제도가 제대로 정착되지 못하고 오히려 지역엘리트들이 부정부패에 연루된 경우도 있었다. 지방분권화를 전반적으로 평가한다면, 자치제도를 통해서 더디게나마 지역의 발전과 풀뿌리 민주주의를 실현하는 계기가 되었다는 점이다.

2003년의 차기 지방선거에서는 자치단체의 권한과 능력이 개선되고, 자치단체의 재정 관련 규정과 제도적으로 미흡했던 부분들이 보완될 것으로 예상된다. 그러나 중앙정부 차원에서 실질적인 권한 이양을 통해서 정부의 행정을 분산시키고 국영기업 등의 민영화를

통해 민간부문을 확대시키는 것이 선행적으로 요구된다.216) 앞으로
지방분권화에 관한 제도적이고 법률적인 사항은 지속적으로 수정
및 보완되어야 할 것이다. 그리고 국가의 지방기구 개혁 역시 거시
적으로는 지방자치제도의 경험을 수용하여 행정의 효율성과 더불어
자체적으로 행정을 이끌어 갈 수 있도록 권한과 능력을 단계적으로
지방기구에 위임하도록 해야 할 것이다.

---

216) 2002년 1월 5일 마푸토에서 이루어진 바이머(Bernhard Weimer) 에
　　　두아르두 몬들란느대학 교수와의 인터뷰.

제5장 결   론

198

본 연구는 모잠비크의 민주화 과정에서 시행된 지방분권화에 대한 사례연구로 지방분권화가 시작된 배경과 과정 그리고 현재까지의 지방자치제도 경험을 분석하고 아울러 지방분권화가 민주주의의 정착에 어떠한 영향을 미칠지 예측해 보고자 하였다. 모잠비크가 지방분권화를 통해 정치·사회·문화적 균열구조를 극복하고 민주주의제도를 정착시킬 수 있을 것인지에 대한 문제의식을 갖고 연구를 진행하였다. 따라서 지방분권화의 메카니즘이 민주주의제도를 정착시키고 균열된 사회의 갈등을 완화시키는 역동적인 기능을 갖고 있는지 현행 지방자치제도의 경험을 통해서 살펴보고자 하였다.

모잠비크의 민주화 과정에서 지방분권화가 중요한 쟁점으로 대두된 것은 오랜 내전 기간 동안에 첨예하게 대두된 지역과 종족 간의 갈등에 대한 해결 방법으로 인식되었기 때문이다. 그러나 지방분권화는 밑으로부터 요구된 변화가 아니었고 내부적인 위기와 외부의 수혜제공국들과 국제기구의 압력에 의해 위로부터 추진된 정책이었다.

90년대 초 지방분권화가 시작되어 제도적으로 지방자치가 시행된 지 4년여 지난 현재 모잠비크의 지방자치 경험에 대한 분석결과는 다음과 같다. 기본적으로 모잠비크의 자치제도는 제도적 틀은 마련되었지만 아직 세부적으로 수정 및 보완되어야 할 부분이 많다고 지적된다.

우선 자치권의 문제로 자치법상으로 자치기구의 자치권이 충분하게 보장되어 있지 않은 점을 꼽을 수 있다. 재정적인 측면에서 자치단체들은 제도적으로 재정자치권을 충분히 확보하고 있지 못하며 따라서 중앙정부에 대한 의존도가 지나치게 높은 상황이다. 이는 중앙정부가 거의 모든 세금을 징수하고 자치단체에 지방교부세의 형태로 재정지원을 하고 있기 때문이다. 이외에도 자치 영역을 설

정할 때 중앙정부는 자치단체의 세원이 될 만한 사업은 모두 중앙
정부에 귀속시켜 자치단체의 세원은 매우 한정되어 있으며 따라서
재정적인 자립은 불가능한 상황이다.

행정적인 측면에서 자치단체는 중앙정부의 행정감독하에 놓이며
행정감독 규정이 지나치게 많아 자치권을 침해하는 요인이 되고 있
다. 중앙정부의 개입 이외에도 지방자치단체들은 행정능력의 부족,
선출된 자치단체 대표와 지방공무원의 자질 부족, 민주적 정치문화
의 결여, 인적·물적 자원의 부족과 각 자치단체 간의 격차 등의
문제에 부딪치고 있다.

정치적인 측면에서 지방자치제도의 시행과정에서 당과 정치엘리
트는 정치적인 이익 추구와 권력에 대한 집착으로 인해 원래 추구
하고자 했던 지역 간의 갈등 완화와 지역 간 격차 해소라는 분권화
의 목표를 상실했다. 이는 지방분권화를 행정적인 논리보다는 정치
적인 논리에 따라 시행한 데 원인이 있다. 현재 모잠비크 정부는
정치논리가 앞서 지방자치제도의 보완·확대 적용에 대해 소극적인
자세를 취하고 있다. 또한 모잠비크 정부는 현실적이고 효율적인
지방자치제도보다는 형식적인 지방분권화를 제도화하는 데 그쳤다.

즉, 모잠비크의 지방분권화 과정에서 정책결정권은 전체 농촌지역
의 지역공동체로 이양되지 않았고 단지 일부 지역, 지방의 수도와
10개 빌라로만 이양되었다. 이는 다른 아프리카 정부들과 마찬가지
로 모잠비크 정부도 역시 지역공동체들의 다양한 이익을 반영함으로
써 자신들의 정권에 변화가 초래되어 권력을 상실하게 되지는 않을
까 하는 두려움을 갖고 있었기 때문이다. 따라서 정치적인 시각에서
볼 때, 현 FRELIMO 정부는 정권을 유지하는 데 문제가 되지 않는
범위 내에서 제한적으로 분권화를 시행하고 있는 것으로 분석된다.

지방분권화 과정에서 정치적인 측면은 중요하며, 특히 주요 행위자인 정치엘리트의 분권화 의지는 결정적인 동인이라고 할 수 있다. 그러나 모잠비크의 경우 정치엘리트들의 분권화 의지가 약화되면 외부의 압력, 즉 수혜제공기관들의 압력에 부딪치게 될 것이다. 모잠비크는 국가 재정의 60%가량을 외부의 차관과 원조에 의존하므로 모잠비크 정치에서 수혜제공기관들의 영향력은 매우 크다고 할 수 있다. 따라서 이들 기관들은 지금까지도 그랬지만 앞으로도 계속적으로 민주화의 맥락에서 자치제도의 확대와 발전을 위해 중요한 역할을 담당할 것이다.

제도적인 차원에서 모잠비크 정부는 형식적인 지방분권화가 아닌 실질적인 분권화의 추진, 자치지역의 확대, 자치권의 보장, 자치법 세부 규정과 조항의 제정 등을 추진해야 할 것이다. 이 과정에서 정치적인 측면이 아닌 행정적인 측면을 고려하여 실질적이고 효율적인 제도를 구축해야 할 뿐만 아니라 사회적으로 시민사회기구의 활성화와 더불어 주민들의 참여를 적극적으로 이끌어 내야 하는 과제를 안고 있다.

모잠비크의 지방분권화를 긍정적인 측면에서 분석·평가하면 다음과 같다. 지방분권화를 통해 자치지역에서 주민들은 정책결정과정에 부분적으로나마 참여하고 있으며 자치기구는 자체적으로 지역경제의 활성화와 사회 발전 계획을 추진해오고 있다. 또한 제한적이지만 자치권을 통해 행정서비스의 질이 높아지고 재정운용과 기획능력이 향상되고 있다. 무엇보다도 모잠비크의 민주주의제도는 남부지역과 수도권 등 일부 지역에 국한된 것이었지만 지방분권화는 더 확대된 지역에서 즉, 각 지방의 수도와 10개의 빌라 지역에서 시행되어 미약하지만 지역차원에서 풀뿌리 민주주의를 실현하는 계기가 되었다고 평가할 수 있다.

중·단기적으로 볼 때, 모잠비크의 지방분권화는 절대빈곤의 상태에 있는 비자치지역인 농촌과 중부와 북부지방의 주민들에게는 별다른 변화와 혜택을 가져다주지 않을 것으로 전망된다. 이에 비해 자치지역은 분권화를 통해서 행정의 개선, 경제 개발의 추진, 풀뿌리 민주주의의 정착 등의 기회를 갖게 될 것이다. 이러한 자치지역과 비교해서 상대적으로 발전의 혜택을 받지 못하는 농촌지역은 정부가 추진 중인 탈중앙집중화정책을 통해 긍정적인 변화를 겪게 될 것이다. 그러나 현재의 행정조직은 중앙집권체제와 지방분권체제로 이원화되어 있어 체제 간의 마찰과 행정의 비효율성을 초래할 수 있으므로 정부는 장기적인 차원에서 행정체제의 통합을 추구하고 행정구조를 단순화시켜야 할 것이다.

요약하자면, 지방분권화가 안고 있는 여러 가지 한계에도 불구하고 주민들의 지방자치제도에 대한 인식은 미약하게나마 조금씩 높아지고 있으며, 무엇보다도 자치제도를 통해 정치·경제·행정 전반에 걸쳐 서서히 지역 발전이 이루어지고 있다. 이 과정에서 수혜제공기관들의 교육·재정·기술 분야에서의 지원과 협력은 자치제도의 정착에 크게 기여하고 있다. 따라서 중·장기적인 안목에서 지방분권화는 모잠비크에서 민주주의의 정착에 중요한 밑거름이 될 것이라고 예상된다.

참고문헌

① 단행본-한글 자료

강석영 · 최영수 공저. 『스페인 · 포르투갈사』, 서울: 대한교과서주식
    회사, 2000.

김세균 · 이수훈 공편. 『변혁기 제3세계 사회주의』, 서울: 나남, 1992.

김성한 외. 『세계각국의 지방자치: 그 성공과 실패』, 서울: 민맥, 1995.

김세균 · 이수훈 공편. 『변혁기 제3세계 사회주의』, 서울: 나남, 1992.

김웅진 · 김지희. 『비교사회연구방법론: 비교정치, 비교행정, 지역연
    구의 전략』, 서울 : 한울아카데미, 2000.

_____외. 『비교정치론 강의2: 제3세계의 정치변동과 정치경
    제』, 서울: 한울아카데미, 1992.

김희오. 『제3세계정치론』, 서울: 백산출판사, 1999.

박상식. 『제3세계 정치』, 서울: 집문당, 1987.

신광영 외. 『사회민주화: 시민문화, 시민사회, 사회민주화』, 1997.

신정현 편. 『제3세계론: 자유주의 대 급진주의』, 서울: 일신사, 1988.

안성호. 『범세계 민주화 비교론』, 서울: 교육과학사, 1994.

안용식 외. 『지방정부론』, 서울: 대영문화사, 2001.

한배호 편. 『한국의 민주화와 개혁』, 서울: 세종연구소, 1997.

최창호. 『지방자치학』, 서울: 삼영사, 1999.

② 단행본-외국어 자료

Abrahamsson, Hans and Nilsson, Anders. *Moçambique em*
    Transição: Um estudo da história de desenvolvimento
    durante o período 1974-1992. Padrigu & CEEI-ISRI, 1994.

_____ and Nilsson, Anders. *The Washington*

Consensus e Moçambique. Gothenburg: Padrigu, 1996.

_____ and Nilsson, Anders. *Ordem Mundial Futura e Governação Nacional em Moçambique: Empowerment e Espaço de Manobra,* Goteborg: Padrigu, CEEI-ISRI, 1998.

Adedeji, Adebayo(ed.). *Comprehending and Mastering African Conflicts: The Search for Sustainable Peace & Good Governance.* London & New York: Zed Books, 1999.

Alden, Chris. *Mozambique and the Construction of the New State: from Negotiations to Nation Building.* New York: Palgrave, 2001.

AWEPA. *Poderá o Município Melhorar a Sua Vida?.* Maputo: AWEPA, 2000.

Bender, Gerald. *Angola sob o Domínio Português: Mito e Realidade.* Lisboa: Sá da Costa, 1976.

Berman, Eric. *Managing Arms in Peace Processes: Mozambique.* New York & Geneva: United Nations Institute for Disarmament Research, 1996.

Birmingham, David. *Frontline Nationalism in Angola & Mozambique.* London: James Currey Ltd., 1992.

Bowen, Merle L. *The State against the Peasantry: the rural stuggles in colonial and postcolonial Mozambique.* Charlotteville and London: University Press of Virginia, 2000.

Bratton, Michael and Wall, Nicolas van de. *Democratic Experiments in Africa: Regime Transitions in Comparative Perspective.* Cambridge: Cambridge University Press, 1998.

Cabrita, João M. *Mozambique: the Tortuous Road to Democracy.* London: Palgrave, 2000.

Chambule, Alfredo. *Organização Administrativa de Moçambique.* Maputo: Alfredo Chambule, 2000.

Cipiri, Felizardo. *A Educação Tradicional em Moçambique.* 2nd ed. Maputo: Publicações EMEDIL, 1996.

Cistac, Gilles. *Manual de Direito das Autarquias Locais.* Maputo: Livraria Universitária da Unversidade Eduardo Mondlane, 2001.

Cohen, John M. and Peterson, Stephen B. *Administrative Decentralization: Strategies for Developing Countries.* West Hartford: Kumarian Press, 1999.

Cunha, Silva. *O Trabalho Indígena.* Lisboa: Agência Geral do Ultramar, 1955.

Dauto, Ussumane Aly. *Legislação Eleitoral.* Maputo, 1999.

Diamond, Larry. *Prospects for Democratic Development in Africa.* Stanford: Hoover Institution, 1997.

Enders, Armelle. *História da África Lusófona,* original title: Histoire de l'Afrique Lusophone. Mem Martins: Editorial Inquèrito, 1997.

Estado-Maior do Exército/Comissão para o Estudo das Campanhas de África. *Resenha Histórico-Militar das Campanhas de África(1961-1974).* Vol. I. Lisboa, 1988.

Fernando, Domingos. *Autoridade Tradicional em Moçambique: A Organização Social na Sociedade Tradicional.* Maputo: Ministério da Administração Estatal, 1996.

Ferraz, Bernardo and Munslow, Barry(eds). *Sustainable Development in Mozambique.* Trenton & Asmara: Africa World Press, Ins., 2000.

Ferreira, Eduardo de S. *O Fim de uma Era.* Lisboa: Sá da Costa, 1977.

Guillermo, O'Donnell and Schmitter, Philippe C. and Whitehead, Laurence(eds.). *Transitions From Authoritarian Rule:*

Comparative Perspectives. 염홍철 역. 『권위주의의 해체와 민주화: 제3세계 민주화의 조건과 전망』, 서울: 한울, 1987.

Hall, Margaret and Young, Tom. *Confronting Leviathan: Mozambique Since Independence.* London: Hurst & Company, 1997.

Hanlon, Joseph. *Guia Básico sobre as Autarquias Locais.* Maputo: Ministério de Administração Estatal e AWEPA, 1998.

_____. *Peace without Profit: How the IMF Blocks Rebuilding in Mozambique.* Oxford & Portsmouth: Irish Mozambique Solidarity; The International African Institute, 1996.

Harrison, Graham. *The Politics of Democratization in Rural Mozambique: Grassroots Governance in Mecúfi.* N.Y.: The Edwin Mellen Press, 2000.

Hollands, Glenn and Ansell, Gwen(eds.). *Winds of Small Change: Civil Society Interaction with the African State.* Austrian North-South Institute and Austrian Development Cooperation, 1998.

Institute Nacional de Estatística. *Moçambique em Números 1997.* Maputo, 1998.

Joseph, Richard(ed.). *State, Conflict, and Democracy in Africa.* Boulder, Colorado: Lynne Rienner Publishers, 1999.

Kassotche, Florentino Dick. *Globalização: Receios dos Países em vias de Desenvolvimento: Reflexões sobre o caso de Moçambique.* Maputo: ISRI, 1999.

Kimenyi, Mwangi S. *Ethnic Diversity, Liberty and the State: The African Dilemma.* Edward Elgar: Cheltenham, 1998.

Kitchen, Helen(ed.). *Angola, Mozambique, and the West.* New York: Praeger, 1987.

Lundin, Iraê Baptista and Machava, Francisco Jamisse(eds.). *Decentralisation and Municipal Administration: Description and development of ideas on some African and European models.* Maputo: Friedrich Ebert Foundation, 1998.

──────────── and Machava, Francisco Jamisse(eds.). *Descentralização e Administração Municipal: Descrição e desenvolvimento de ideias sobre alguns modelos africanos e europeus.* Maputo: Friedrich Ebert Foundation, 1996.

──────────── and Machava, Francisco Jamisse. *Autoridade e Poder Tradicional.* Vol. I. Maputo: Ministério da Administração Estatal, 1995.

──────────── and Machava, Francisco Jamisse. *Autoridade e Poder Tradicional.* Vol. II. Maputo: Ministério da Administração Estatal, 1998.

──────────── et al. *Reforço da Participação Cívica na Governação Municipal em Moçambique.* Maputo, 2000, unpublished.

────────────. *Reflections on the Dynamics of a Nation Building Process under Stress: The Case of Mozambique 1993-1998. Illustrated with Five Articles.* Göteborg: Göteborg University, 2001.

Macqueen, Norrie. *A Descolonização da África Portuguesa: A Revolução metropolitana e a dissolução do Império.* original title: The Decolonization of Portuguese Africa. Mem Martins: Editorial Inquérito, 1998.

Magode, José. *Moçambique: Etnicidade, Nacionalism e o Estado Transição Inacabada.* Maputo: Centro de Estudos Estratégicos e Internaicionais-Instituto Superior de Relações Internacionais, 1996.

Malaquias, Assis Veiga. *Angola: The Challenges of Democratic Transition.* Halifax & Nova Scotia: Dalhousie Univeristy,

Doctoral Dissertation, 1995.

Marques, A. H. Oliveira. *História de Portugal*. Vol. II. Lisboa: Palas Editores, 1986.

_____. *História de Portugal*. Vol. III. Lisboa: Palas Editores, 1986.

Mateus, Dalila Cabrita. *A Luta pela Independência: A Formação das Elites Fundadores da FRELIMO, MPLA e PAIGC*. Mem Martins: Editorial Inquèrito, 1999.

Mazula, Brazão(ed.). *Eleições, Democracia e Desenvolvimento*. Maputo, 1995.

Mazula, Brazão. *A Construção da Democracia em África: O Caso Moçambicano*. Maputo: Ndjira, 2000.

Mendes, João. *A Nossa Situação, o Nosso Futuro e o Multipartidarismo*. Maputo: Do Autor, 1994.

Newitt, Malyn. *A History of Mozambique*. Johannesburg: Witwatersrand University Press, 1995.

O'Donnell, Guillermo. *Political Life after Authoritarian Rule: Tentative Conclusions About Uncertain Transition*. 한상완 · 김기환 역. 『독재의 극복과 민주화: 권위주의정권 이후의 정치생활』. 서울: 다리, 1987.

Pateman, Carole. *Participation and Democratic Theory*. Cambridge: University Press, 1970. 한국정치연구회 편저(번역). 『현대민주주의 이론 II』. 서울: 창작과 비평사, 1992.

PNUD. *Moçambique: Paz e crescimento económico: Oportunidades para o desenvolvimento humano. Relatório Nacional do Desenvolvimento Humano 1998*. Maputo: PNUD, 1999.

_____. *Moçambique: Paz e crescimento económico: Oportunidades para o desenvolvimento humano. Relatório Nacional do Desenvolvimento Humano 1999*. Maputo: PNUD, 2000.

Przeworski, Adam. *Sustainable Democracy*. Cambridge University Press, 1995, 김태임 · 김은주 옮김. 『지속가능한 민주주의』, 서울: 한울 아카데미, 2001.

República de Moçambique. *Constituição*. Maputo, 1997.

Rocca, Roberto Morozzo della. *Moçambique da Guerra à Paz: História de uma mediação insólita*. Maputo: Livraria Universitária, Universidade Eduardo Mondlane, 1998.

Rocha, Aurélio et al. *O Colonialismo Português em Moçambique 1886-1930*. unpublished paper.

SARDC. *Peace and Reconstruction: President Joaquim Alberto Chissano of Mozambique*. Harare: SARDC; African Publishing Group, 1997.

Sargent, Lyman Tower. *Contemporary Political Ideologies*. New York: International Thomson Publishing, 1993, 부남철 옮김. 『현대사회와 정치사상』, 서울: 한울아카데미, 1994.

Secretariado Técnico de Administração Eleitoral. *Manual de Recenseamento Eleitoral*. Maputo: STAE, 1999.

──────. *Manual do Agente de Educação Cívica: Novo Recenseamento Eleitoral*. Vol.1 & 2. Maputo: STAE, 1999.

──────. *Manual dos Membros das Mesas das Assembleias de Voto*. Maputo: STAE, 1999.

Sitoe, Eduardo J. *Decentralization and Power Sharing in Mozambique*. unpublished paper. Lisbon, 1999.

Synge, Richard. *Mozambique: UN Peacekeeping in Action 1992-94*. Washington D.C.: United States Institute of Peace Press, 1997.

Sørensen, Georg. *Democracy and Democratization*. Westview Press, 1993, 김만흠 역. 『민주주의와 민주화』, 서울: 풀빛, 1994.

Tole, José Duiquissone. *Moçambique, Educação e Formação da*

Classe Estado. MA Dissertation. Lisbon: Instituto Superior de Ciências do Trabalho e da Empresa de Lisboa, 1995.

United Nations Development Programme(UNDP). *Elections in the Peace Process in Mozambique: Record of an Experience*. New York: United Nations, 1996.

Waterhous, Rachel. *Mozambique: Rising from the Ashes*. An Oxfam Country Profile. Oxfam: Oxford, 1996.

Waty, Teodoro Andrade. *Autarquias Locais: Legislação Fundamental*. Maputo: W & W Editora, 2000.

Wheeler, Douglas L. *História de Portugal 1910-1926*. original title: *Republican Portugal: A Political History 1910-1926*. Mem Martins: Publicações Europa-América, 1978.

③ 논문-한글 자료

김만흠. "지역사회화 민주화", 『한국사회과학』, 제19권 제1호 1997.

박봉규. "민주적 공고화 과정에서의 제도화 비교연구: 스페인, 브라질, 아르헨티나", 고려대학교 대학원 박사학위논문, 1997.

박찬욱. "민주화와 정치제도화", 『한국사회과학』, 제19권 제1호, 1997.

박희봉·성도경, "지방자치제 제도화 과정에서의 정치적 효능성과 주민참여", 한국행정논집 13권 제1호, 2002.

서경교. "태국과 필리핀의 민주화 비교연구", 『국제정치논총』, 제36집 제3호, 1997.

신정현. "제3세계의 민주화 과정", 『한국과 국제정치』, 제9권 제1호, 1993.

안성호. "지방화, 세계화, 민주화, 그리고 지역 시민사회와의 관계 연구", 『지역개발연구』, 제 6집, 1995.

양길현. "제3세계 민주화의 정치적 동학 비교연구: 한국, 니카라과, 미얀마의 경험을 중심으로", 서울대학교 대학원 박사학위논문, 1996.

양동훈. "제3세계의 민주화 과정: 개념화의 문제", 『한국정치학회보』, 18집 1호, 1994.

조이환. "포르투갈의 '신국가'(Estado Novo) 정체체제에 관한 연구", 한국외국어대학교 대학원 박사학위논문, 1987.

주성수. "중앙집권화와 지방분권화: 국제적 비교고찰", 『행정문제논집』, 제11집, 1992.

최종헌. "제3세계의 도시화에 관한 비교 연구", 고려대학교 대학원 박사학위논문, 1991.

홍준현. "지방분권화와 지역격차의 상관관계", 『한국지방자치학회보』, 제13권 제1호, 2001.

④ 논문 - 외국어 자료

Alden, Chris and Simpson, Mark. "Mozambique: a Delicate Peace", *The Journal of Modern African Studies*. 31(1), 1993.

──────. "The UN and the Resolution of Conflict in Mozambique", *The Journal of Modern African Studies*. 33(1), 1995.

Bastide, Roger. "Lusotropicology, Race, and Nationalism, and Class Protest and Development in Brazil and Portuguese Africa", in Chilcote, Ronald. *Protest and Resistance in Angola and Brazil*. Los Angeles: Univ. California, 1972.

Bennett, Jon. "Mozambique: Post-War Reconstruction and the LINK NGO Forum, 1987-94", in Bennett, Jon et al. *Meeting Needs: NGO Coordination in Practice*. London: Earthscan, 1995.

Bowen, Merle L. "Beyond Reform: Adjustment and Political Power in Contemporary Mozambique", in Rich, Paul B.(ed.). *The Dynamic of Change in Southern Africa*. New

212

York: St. Martin's Press, 1994.

Bragança, Aquino. "Independence without Decolonization: Mozambique, 1974-1975", in Gifford, Prosser and Louis, WM. Roger. *Decolonization and African Independence: The Transfers of Power, 1960-1980.* New Haven: Yale University Press, 1988.

Bratton, Michael and Mattes, Robert. "How People View Democracy: Africans' Surprising Universalism", *Journal of Democracy.* Vol.12, no.1. 2001.

Brito, Luis. "Estado e Democracia Multipartidária em Moçambique", *Estudos Moçambicanos.* 13, 1993.

Caas, Francis. "Dossier: Frances Rodrigues, Vice-ministre des Affaires étrangères du Mozambique", *Le Courier.* 153, 1995.

Cason, Jim. "Organizing Support For Mozambique and Angola", *Africa Today.* 39(1-2), 1992.

Chabal, Patrick. "People's War, State Formation and Revolution in Africa: A Comparative Analysis of Mozambique, Guinea-Bissau, and Angola", in Kasfir, Nelson(ed.). *State and Class in Africa.* Frank Caas, 1984.

——————. *Angola and Mozambique: the weight of history.* Working Paper, 1998.

Chambule, Alfredo. "Controlo da Legalidade dos Actos dos Distritos Municipais", *Colóquio sobre Aspectos Jurídico e Financeiros do Processo de Descentralização em Moçambique 25-27 de Março de 1996.* Maputo: Universidade Eduardo Mondlane, 1996.

Chazan, Naomi. "Africa's Democratic Challenge", in Nyang'oro, Julius E. *Discourses on Democracy: Africa in Comparative Perspective.* Dar es Salaam: Dar es Salaam University Press, 1996.

Chesneau, Jean. "Les Conditions du Développement: l'Afrique

Lusophone", *Défense Nationale.* Vol.51. 1995.

Chissano, Joaquim. "Healing the wounds of past conflicts Mozambique opts for a culture of peace", *UN Chronicle.* Vol.35, no.4, 1998.

Clapham, Christopher and Wiseman, John A. "Conclusion: Assessing the Prospects for the Consolidation of Democracy", in Wiseman, John A.(ed.). *Democracy and Political Change in Sub-Saharan Africa.* London & New York: Routledge, 1995.

Cochran Ⅲ, Augustus B., and Scott, Catherine V. "Class, State, and Popular Organizations in Mozambique and Nicaragua", *Latin American Perspectives.* Issue 73. Vol.19, no.2, 1992.

Conciliation Resources. *Accord: The Mozambican Peace Process in Perspective.* Issue 3 / 1998.

Cravinho, Joáo T. Gomes Cravinho. *Modernizing Mozambique: FRELIMO Ideology and the FRELIMO State.* Ph. D dissertation. Oxford: St. Antony's College, 1995.

Darch, Colin. "Are there Warlords in Provincial Mozambique? Questions of the Social Base of MNR Banditry", *Review of African Political Economy.* 45-46, 1989.

Davies, Robert. "Os Acontecimentos Recentes em Angola e Moçambique", *Estudos Moçambicanos.* 13, 1993.

Diamond, Larry. "Introduction", in Diamond, Larry and Linz, Juan J. and Lipset, Seymour Martin(eds.). *Democracy in Developing Countries: Africa,* Vol.2. Boulder: Lynne Rienner Publishers, 1988.

——————————. "Sub-Saharan Africa", in Wesson, Robert(ed.). *Democracy: A Worldwide Survey.* New York: Praeger, 1987.

Elwert, Georg. "African Traditional Social Structures and the Challenge of Democracy", in Jung, Winfried and Krieger, Silke(eds.). *Culture and Democracy in Africa South of*

214

Sahara. v. Hase & Koehler Berlag: Mainz, 1994.

Enemuo, Francis C. "Problems and Prospects of Local Governance", in Hyden, Goran et al.(ed.). *African Perspectives on Governance*. Trenton: Africa World Press, Inc., 2000.

Equipe de Assistência Técnica do PNUD. *Pensar Eleições*. PROJECTO MOZ/98/018. Maputo: PNUD, 2000.

Estudos Moçambicanos. "Papel do Estado no Pós-Guerra e num Contexto de Ajustamento Estrutural", 11/12, 1992.

Florêncio, Fernando J. P. "O Papel das Autoridades Tradicionais na Transição para a Democracia em Moçambique", *CESA Brief Papers*. No.6, 1998.

―――――――――――. *Processos de Transformação Social, no Universo Rural Moçambicano, Pós-Colonial. O Caso do Distrito do BÚZI*. MA Dissertation. Instituto Superior de Ciências do Trabalho e da Empresa de Lisboa, 1994.

Glickman, Harvey. "Issues in the Analysis of Ethnic Conflict and Democratization Processes in Africa Today", in Glickman, Harvey(ed.). *Ethnic Conflict and Democratization in Africa*, Atlanta: The African Studies Association Press, 1995.

Goulbourne, Harry. "The State, Development and the Need for Participatory Democracy in Africa", in Nyong'o, Peter Anyang'. *Popular Struggles for Democracy in Africa*. London and New Jersey: Zed Books Ltd. and The United Nations University, 1987.

Green, Reginald Herbold. "Participation, Pluralism and Pervasive Poverty: Better Governance and Human Development in Sub-Saharan Africa", in Yansanè, Aguibou Y.(ed.). *Development Strategies in Africa: Corrent Economic, Socio-Political, and Institutional Trends and Issues*. Westport:

Greenwood Press, 1996.

Griffiths, Robert J. "Democratisation and civil-military relations in Namibia, South Africa and Mozambique", *Third World Quarterly*. Vol.17, no.3, 1996.

Guambe, J. Manuel et Loureiro, J. Dias. "The Municipality and Local Economic Development", Lundin, Iraê Baptista et Machava, Francisco Jamisse(eds.). *Decentralization and Municipal Administration: Description and development of ideas on some African and European models*. Maputo: Friedrich Ebert Foundation, 1998(a).

──────. "Historical Evolution of Decentralization in Mozambique", in Lundin, Iraê Baptista et Machava, Francisco Jamisse(eds.). *Decentralization and Municipal Administration: Description and development of ideas on some African and European models*. Maputo: Friedrich Ebert Foundation, 1998(a).

────── and Weimer, Bernhard. "Eleições Autárquicas em Moçambique: o Contexto da Investigação", Serra, Carlos et al. *Eleitorado Incapturável*. Maputo: Livraria Universitária, 1999.

──────. "O Problema de Descentralização Política num Contexto Democrático em Moçambique", Magode, José(ed.). *Moçambique: Etnicidade, Nacionalismo e o Estado Transição Inacabada*. Maputo: Instituto Superior de Relações Internacionais, 1996.

Harberson, John W. *Democratization and Conflict Resolution in Sub-Saharan Africa: A Research Agenda*. presentation paper at the XVIIth World Congress of the International Political Science Association(IPSA), Seoul, 17-21/8/1997.

Harrison, Graham. "Democracy in Mozambique: The Significance of Multi-party Elections", *Review of African Political*

Economy. 67, 1996.

──────────. "*Quantos Somos?* The Second National Population Census of Mozambique", *Review of African Political Economy.* 75, 1998.

Henriksen, Thomas H. "Lusophone Africa", in Duignan, Peter and Jackson, Robert H. *Politics & Government in African States 1960-1985.* London & Stanford: Croom Helm & Hoover Institution Press, 1986.

Hermele, Kenneth. "Stick and Carrot: Political Alliances and Nascent Capitalism in Mozambique", in Gibbon, Peter and Bangura, Yusuf and Ofstad, Arve(eds.). *Authoritarianism, Democracy, and Adjustment: The Politics of Economic Reform in Africa.* Uppsala: Nordiska Africainstitutet, 1992.

Honero, A. M. "Consociational Democracy as Mechanism for African Ethnic Conflict Amelioration: Pros and Cons", *The African Review.* Vol.20(1-2), 1993.

Huffman, Robert T. "Colonialism, Socialism and Destabilization in Mozambique", *Africa Today.* 39(1-2), 1992.

Huntington, Samuel P. "After twenty years: the future of the Third Wave", *Journal of Democracy.* Vol.8, no.4, 1997.

──────────. "How Countries Democratize", *Political Science Quarterly.* Vol.106, no.4. 1991-1992, 신윤환 역. "권위주의체제의 유형과 민주화의 경로", 김웅진·박찬욱·신윤환 편역, 『비교정치론 강의 2: 제3세계의 정치변동과 정치경제』, 서울: 한울아카데미, 1992.

Ihonvbere, Julius O. "Democratization in Africa: Challenges and Prospects", in Agbango, George Akeya(ed.). *Issues and Trends in Contemporary African Politics: Stability, Development, and Democratization.* New York: Peter Lang, 1997.

Joseph, Richard. "Democratization in Africa after 1989: Comparative and Theoretical Perspectives", in Anderson, Lisa(ed.). *Transition to Democracy*. New York: Columbia University Press, 1999.

Kimenyi, Mwangi S. "Harmonizing ethnic claims in Africa: A proposal for ethnic-based federalism", *Cato Journal*. Washington, Spring 1998.

López, David González. "Violencia, Resistencia Campesina, Etnicidad y Religión en Mozambique", *Estudios de Asia y Africa*. Vol.26(3), 1991.

Legrand, Jean-Claude. "Passé et Presént dans la Guerre du Mozambique: Les Enlèvements Pratiqués par la RENAMO", *Lusotopie: Enjeux Contemporains dans les Espaces Lusophones: Transitions Libérales en Afrique Lusophone*. Paris: Karthala, 1995.

Lloyd, Robert. "Mozambique: The Terror of War, the Tensions of Peace", *Current History*. Vol.94, no.591, 1995.

Lopes, Carlos. "Entre o Pessimismo e o Optimismo: A Africa e a Democracia", *História*. 9, 1995.

───────. "Governability in Portuguese Speaking African Countries: a Real ou a False Concern?", in Nzongola-Ntalaja, Georges and Lee, Magaret C. *The State and Democracy in Africa*. Trenton, N.J.: First Africa World Press, 1998.

Lundin, Iraê Baptista. "Algumas Reflexões sobre a Alta Taxa de Abstenção na Primeiras Eleições Autárquicas em Moçambique: um breve estudo qualitativo", *Mensal*. Centro de Estudos Estratégicos e Internacionais. 4, 1998.

───────. "Cultural Diversity and the Role of Traditional

Authority in Mozambique", in Rothchild, Donald. *Strengthening African Local Initiative: Local Self-Governance, Decentralisation and Accountability.* Hamburg African Studies 3, Institut fur Afrika-Kunde, 1996.

―――――――――. "Expressões de Processos de Desenvolvimento de Diferentes Sistemas de Organização Social: o conceito de democracia e a estrutura de resolução de conflitos em comunidades africanas, com referências a casos de Moçambique", Magode, José(ed.). *Moçambique: Etnicidade, Nacionalismo e o Estado Transição Inacabada.* Maputo: Instituto Superior de Relações Internacionais, 1996.

―――――――――. "Traditional Authority in Mozambique", in Lundin, Iraê Baptista and Machava, Francisco Jamisse(eds.). *Decentralization and Municipal Administration: Description and development of ideas on some African and European models.* Maputo: Friedrich Ebert Foundation, 1998.

―――――――――― and Baloi, Obede Suarte and José, Macuane. "Uma leitura qualitativa do resultado das primeiras eleições autárquicas em Moçambique", *Conferência Internacional sobre Eleições Autárqucas em Moçambique: Relatório Final.* Maputo: Universidade Eduardo Mondlane, 2000.

Macamo, Eugenio. "War, Adjustment and Civil Society in Mozambique", in Sachikonye, Lloyd(ed.). *Democracy, Civil Society and the State: Social Movements in Southern Africa.* Harare: Sapes Books, 1995.

Macamo, Fernando Rositino. "The Legal Framework of the State's Administrative Tutelage over Mozambican Local Authorities", Lundin, Iraê Baptista et Machava, Francisco Jamisse(eds.). *Decentralization and Municipal Administration: Description and*

development of ideas on some African and European models.
Maputo: Friedrich Ebert Foundation, 1998(a).

Maier, Karl. "A Fragile Peace", *Africa Report.* 40(1), 1995.

Marchand, Jacques. "Économie et Société dans la Transition Libérale au Mozambique", *Lusotopie: Enjeux Contemporains dans les Espaces Lusophones: Transitions Libérales en Afrique Lusophone.* Paris: Karthala, 1995.

Marshall, Judith. "Structural Adjustment and Social Policy in Mozambique", *Review of African Political Economy.* 47, 1990.

Masquil, Francisco de Assis. "Challenges to Postwar Reconstruction in Mozambique: A Provincial Perspective", in Rothchild, Donald. *Strengthening African Local Initiative: Local Self-Governance, Decentralisation and Accountability.* Hamburg African Studies 3, Institut fur Afrika-Kunde, 1996.

Matonse, Antonio. "Mozambique: A Painful Reconciliation", *Africa Today.* 39(1-2), 1992.

Messiant, Christine. "La Paix au Mozambique: Un Succés de l'ONU", in Marchal, Roland and Messiant, Christine. *Les Chemins de la Guerre et de la Paix: Fins de Conflit en Afrique Orientale et Australe.* Paris: Karthala, 1997.

Middlemas, Keith. "Independent Mozambique and Its Regional Policy", in Seiler, John(ed.). *Southern Africa Since the Portuguese Coup.* Boulder: Westview Press, 1980.

Monteiro, Oscar, "Governance & Decentralization", pp.28-45, in Bernardo Ferraz and Barry Munslow, *Sustainable Development in Mozambique,* Trenton & Asmara: Africa World Press, Inc., 2000.

Morgan, Glenda. "Violence in Mozambique: Towards an Understanding of RENAMO", *The Journal of Modern African*

Studies. 28(4), 1990.

Munslow, Barry. "Mozambique and the death of Machel", *Third World Quarterly.* Vol.10, no.1, 1988.

Myers, Gregory W. "Competitive Rights, Competitive Claims: Land Access in Post-war Mozambique", *Journal of Southern African Studies.* 20(4), 1994.

Nyong'o, P. Anyang'. *Institutionalization of Democratic Governance in Sub-Saharan Africa.* ECDPM Working Paper No.36, 1997.

Nzongola-Ntalaja, Georges. "The State and Democracy in Africa", in Nzongola-Ntalaja, Georges and Lee, Magaret C. *The State and Democracy in Africa.* Trenton, N.J.: First Africa World Press, 1998.

Okunade, Bayo. "The Feasibility of Democratic Consolidation in Africa: Challenges, Problems and Prospects", in Omoruyi, Omo et al.(eds.). *Democratisation in Africa: African Perspectives Vol. II.* Abuja: Hima & Hima Ltd., 1994.

Olowu, Dele. "Decentralization in Africa: Appraising the Local Government Revitalization Strategy in Nigeria", in Nzongola-Natalaja, Georges and Lee Margaret C.(eds.). *The State and Democracy in Africa.* Trenton, N.J.: First Africa World Press, 1998.

—————. "The Failure of Current Decentralization Programs in Africa", in Wunsch, James S. and Olowu, Dele(ed.). *The Failure of the Centralized African State: Institutions and Self-Governance in Africa.* Boulder: Westview Press, 1990.

Opello Jr., Walter C. "Revolutionary Change in Mozambique: Implications for the Emerging Postindependence Society", in Scarritt, James R.(ed.). *Analyzing Political Change in Africa: Applications of a New Multidimentional Framework.* Boulder:

A Westview Replica Edition, 1980.

Ottaway, Marina. "Mozambique: From Symbolic Socialism to Symbolic Reform", *The Journal of Modern African Studies.* 26(2), 1988.

Pachter, Elise Forbes. "Contra-Coup: Civilian Control of the Military in Guinea, Tanzania, and Mozambique", *The Journal of Modern African Studies.* 20(4), 1982.

Patraquim, Luis Carlos. "Paix au Mozambique: La Question et le Peuple", *Le Courrier.* UNESCO, December 1998.

Plank, David N. "Aid, Debt and the End of Sovereignty: Mozambique and Its Donors", *The Journal of Modern African Studies.* 31(3), 1993.

Pottie, David. "Political Polarisation in Mozambique or Democracy Derailed?", The Electoral Institute of Southern Africa. www.eisa.org.za/newspage.asp.

Rasheed, Sadig. "The Democratization Process and Popular Participation in Africa: Emerging Realities and the Challenges Ahead", *Development and Change.* 26, 1995.

Reilly, Joseph. "FRELIMO: Thirty years of Fighting for a Free Mozambique", *Monthly Review.* Vol.44, no.5, 1992.

Roesch, Otto. "RENAMO and the Peasantry in Southern Mozambique: A View from Gaza Province", *Canadian Journal of African Studies.* 26(3), 1992.

Rothchild, Donald. "African State Management of Ethnic Conflict", in *Managing Ethnic Conflict in Africa: Pressures and Incentives for Cooperation.* Washington D.C.: Brooking Institution Press, 1997.

──────────. "An Interactive Model for State-Ethnic Relations", in Deng, Francis M. and Zartman, I. William(eds.). *Conflict*

Resolution in Africa. Washington D.C.: The Brookings Institution, 1991.

—————————. "The Debate in Decentralisation in Africa: An Overview", in Rothchild, Donald. *Strengthening African Local Initiative: Local Self-Governance, Decentralisation and Accountability.* Hamburg African Studies, 3, Institut fur Afrika-Kunde, 1996.

—————————. *Ethnic Insecurity, Peace Agreements, and State Building in Africa.* presentation paper at the XVIIth World Congress of the International Political Science Association(IPSA), Seoul, 17-21/8/1997.

Sabonete, Carlos L. "A Inspecção Administrativa no Contexto da Lei No.3/94", *Colóquio sobre Aspectos Jurídico e Financeiros do Process de Descentralização em Moçambique 25-27 de Março de 1996.* Maputo: Universidade Eduardo Mondlane, 1996.

Sandbrook, Richard. "Transition without consolidation: democratization in six African cases", *Third World Quarterly.* Vol.17, no.1, 1996.

Santos, Boaventura de Sousa. *Jornal de Letras.* 1999/09/08.

Saul, John. "The FRELIMO State: From Revolution to Recolonization", in Saul, John. *Recolonization and Resistance in Southern Africa in the 1990s.* Trenton: Africa World Press, 1993.

Serapião, Luis Benjamin. "FRELIMO and Political Legitimacy in Independent Mozambique", *Africa Quaterly.* 29(1-2), 1989.

Serra, Carlos. "Pressupostos, Resultados e Conclusões", Carlos Serra et al. *Eleitorado Incapturável.* Maputo: Livraria Università ria, 1999.

Sidaway, James D. & Simon, David. "Geopolitical Transition and State Formation: the Changing Political Geographies of

Angola, Mozambique and Namibia", *Journal of Southern African Studies*. 19(1), 1993.

──────────. "Mozambique: destabilization, state, society and space", *Political Geography*. Vol.11, no.3, 1992.

Simpson, Mark. "Foreign and Domestic Factors in the Transformation of FRELIMO", *The Journal of Modern African Studies*. 31(2), 1993.

UN Chronicle. "UNAVEM II: created to verify peaceful transition", Vol.28, September 1991.

Vialatte, Jérôme. "Mozambique: L'État en Quéte d'Une Nouvelle Symbolique", in Centre D'Étude D'Afrique Noire. *L'Afrique Politique 1997: Revendications Populaires et Recompositions Politiques*. Paris: Karthala, 1997.

Vines, Alex. "'No Democracy without Money': The Road to Peace in Mozambique(1982-1992)", *Catholic Institute for International Relations briefing paper*, 1994.

──────────. "Disarmament in Mozambique", *Journal of Southern African Studies*. 24(1), 1998.

Waterhouse, Rachel. "17 Parties Registered", *Mozambique Peace Process Bulletin*. Aug. 1994.

Weimer, Bernhard and Fandrych, Sabine. "Administrative Reform and Local Government Elections in Mozambique: Democratic Decentralization with Obstacles", in Hollands, Glenn and Angell, Gwen(Eds.). *Wins of Small Change: Civil Society Interaction with the African State*. Austrian Development Cooperation, 1998.

──────────. "Abstaining from the 1998 Local Government Elections in Mozambique: Some Hypotheses", in *L'Afrique Politique entre Transitions et Conflits*. Paris: Karthala, 1999.

─────────. "Challenges for Democratization and Regional Development in Southern Africa: Focus on Mozambique", *Regional Development Dialogue*. Vol.17, no.2, 1996.

─────────. "Governação Local/Descentralização", *Governação Democrática em Moçambique*. Maputo: UNDP, 2000.

─────────. "Peace in Mozambique: Conditions for Establishing and Sustaining It", in Krumwiede, Hemistich-W. and Waldmann, Peter(eds.). *Civil Wars: Consequences and Possibilities for Resolution*. Baden-Baden/New York: Nomos/Springer, 1999.

─────────. "Tradiç ã o e Modernidade em Moçambique: Elementos e Contexto do Debate", Artur, Domingos do R.(ed.) *Tradição e Modernidade: Que lugar para a tradição africana na governação descentralizada em Moçambique?*. Maputo: Projecto de Descentralização e Democratização(PDD), 1999.

Weinstein, Jeremy M. "Mozambique: a fading U.N. success story", *Journal of Democracy*. Vol.13, no.1, 2002.

Young, Tom. "The Politics of Development in Angola and Mozambique", *African Affairs*. 87(347), 1988.

⑤ 기타 자료

* 잡지 및 신문

Accord

AIM Report, Mozambique News Agency

AWEPA, Mozambique Peace Process Bulletin/Boletim sobre o Processo de Paz em Moçambique

Domingo

Mozambique File

Noticias

O Tempo

Savana

* 인터넷 자료

www.mozambique.moz/awepa

www.sortmoz.com/aimnews/portuguese/menu__de__noticias.htm

www.sortmoz.com/aimnews/English/Menu.html

www.geocities.com/Paris/1661/metaim.html

www.mol.co.mz/notmoz/index.html

www.mozambiquenews.com

www.publico.pt

www.allafrica.com

www.unsystemmoz.org

www.eisa.org.za/newspage.asp

1. 모잠비크 연대기

1498	바스코 다 가마의 모잠비크 도착
1884-1885	베를린회의
1890	영국의 최후통첩(Ultimatum) 선언
1891-1892	세 개의 대규모 양도회사 설립: 모잠비크회사, 잠베지회사, 니아싸회사
1898	일야 드 모잠비크에서 로우렌쑤 마르께스로 수도 이전
1910	포르투갈 공화국 선언
1919	로우렌쑤 마르께스에서 최초의 대규모 시위 발생
1928	원주민 노동법 제정
1932	안또니우 올리베이라 살라자르의 수상 취임
1933	신국가 선언
	식민지법 제정
1960	무에다(Mueda)에서의 대학살
1962	FRELIMO의 형성과 제1차 전당대회
1964	모잠비크 무장독립 투쟁의 시작
1968	FRELIMO의 제2차 전당대회
1969	에두아르두 몬들란느의 피살로 싸모라 마쉘이 FRELIMO의 새로운 지도자로 등장
1974. 9. 7	루사카협약 체결
1975. 6. 25	모잠비크의 독립
1976	로데지아와의 국경 폐쇄와 MNR(RENAMO)의 창설
1977	FRELIMO의 제3차 전당대회
1983	FRELIMO의 제4차 전당대회
1984	은코마티협약 체결
	로메협정, 세계은행, IMF에 가입

1986	싸모라 마쉘의 사망과 조아낑 쉬싸누의 대통령 취임
1989	FRELIMO의 제5차 전당대회
1990	정부와 RENAMO 간의 직접적인 대화 시작
	신헌법 개정
1991	FRELIMO의 제6차 전당대회
1992. 10. 4	로마평화협정 체결
1993	유엔 평화유지군 파견
3. 4	이탈리아 평화유지군의 모잠비크 파견
8. 21	쉬싸누와의 회담을 위해 들라카마의 최초로 마푸토 방문
10. 18	사무총장 부트로스-갈리의 마푸토 방문
1994. 1. 12	무장해제 시작
3. 10	FRELIMO 군대 해산 착수
3. 18	RENAMO 군대 해산 착수
7. 20	남아공의 대통령 넬슨 만델라의 모잠비크 방문
8. 2	최초의 대통령과 국회의원 선거를 위한 투표자 등록 마감
9. 22	선거캠페인 시작
10. 24	선거캠페인 마감
10. 27	대통령과 국회의원 선거 시작
10. 29	선거 종료
11. 19	선거결과 발표
	대통령에 조아낑 쉬싸누가 선출되고 FRELIMO가 승리
12. 9	모잠비크 내 평화유지군(ONUMOZ)의 임기 만료
1997. 4.	지방기구 개혁 관련법 2/97 국회 승인
1998. 6. 30	최초의 지방자치선거
1999	제2차 대통령과 국회의원 선거
2003	제2차 지방자치선거 예정

In: *Le Mozambique*, Daniel Jouanneau, Paris: Karthala, 1995와 *Mozambique: UN Peacekeeping in Action 1992-1994*, Richard Synge, Washington, D.C.: United States Institute of Peace Press, 1997을 참조 보완함.

2. Protocol on Detailed Agenda for General Peace Agreement of Mozambique

On 28 May 1991 the delegation of the Government of the Republic of Mozambique, headed by Armando Emílio Guebuza, Minister of Transport and Communications and composed of Teodato Hunguana, Minister of Labour, Aguiar Mazula, Minister of State Administration, and Francisco Madeira, Diplomatic Adviser to the President of the Republic, and the RENAMO delegation, headed by Raul Manuel Domingos, Chief of the Foreign Relations Department and composed of Vicent Zacarias Ululu, Chief of the Information Department, Anselmo Victor, Chief of the Political Affairs Department, José de Castro, Chief of the Office for Internal Administration and João Francisco Almirante, member of the President's Office, met at Rome in the San Egídio Community headquarters, in the presence of the mediators, Mario Raffaelli, representative of the Italian Government and coordinator of the mediators, Jaime Gonçalves, Archbishop of Beira, Andrea Riccardi and Matteo Zuppi of the Community of San Egidio.

Based on the proposal presented by the mediators, the two parties agreed on the details of the agenda approved on 10 November 1990 as follows:
1. Political Parties Act
   a) Criteria and arrangements for the formation and recognition of political parties.
2. Electoral Act
   a) Freedom of the press and access to the media.
   b) Freedom of association, expression and political communication.

    c) Freedom of movement and residence.

    d) Return of Mozambican refugees and displaced people and their social reintegration.

    e) Electoral procedures: a democratic, impartial and pluralist voting system.

    f) Guarantees for the electoral process and role of international observers.

3. Military questions

    a) A non-party national amy: criteria for its formation, composition and size.

    b) Withdrawal of foreign troops from Mozambican territory.

    c) Activities of private and irregular armed groups.

    d) Functioning of the SNASP.

    e) Depoliticization and restructuring of the police forces.

    f) Economic and social reintegration of demobilized soldiers.

4. Cease-fire

    a) Arrangements for the cease-fire and the freeing of prisoners, excepts for those being held for ordinary crimes.

    b) Organs and arrangements for observing, supervising and controlling the cease-fire and the international role in the process.

    c) Operational timetable for the cease-fire.

5. Guarantees

    a) Timetable for the conduct of the electoral process.

    b) Politico-Military Commission to supervise the cease-fire and monitor respect for and implementation of the agreements between the parties within the framework of these negotiations: its composition and powers.

    c) Specific guarantees for the period from the cease-fire to

the holding of the elections.
6. Donors' conference
a) Organization of a conference of donor countries to finance
the electoral process and emergency programmes for
reintegrating the displaced and refugee population.
7. Signature of the agreed documents and the final Protocol.

In witness whereof, the Parties have decided to sign this Protocol.

For the delegation of the GRM: For the delegation of RENAMO:
Armando Emílio Guebuza Raul Manuel Domingos

The mediators: Mario Raffaelli, Jaime Gonçalves, Andrea Riccardi,
Matteo Zuppi
Done at San Egídio, Rome, on 28 May 1991

3. 모잠비크 공화국 헌법

PART I.
제4조
1. 모잠비크 공화국은 영토를 지방(provincias), 행정구(distritos), 행
정소(postos administrativos), 로컬리티(localidades)로 구분한다.
2. 도시지역은 시(cidades)와 빌라(vilas)로 구성된다.

〈국가의 지방기구〉
제185조
국가의 지방기구는 해당 영토의 자치와 발전을 위해 지역의 차원
에서 국가를 대표하는 기능을 갖고 있으며 국가적 통합과 단결을
위해 기여한다.

제186조
1. 국가의 기구는 해당 영토에서 지방자치기구의 자치권을 침해하지 않으며 지역과 국가적인 관심이 있는 경제, 문화, 사회적 임무와 프로그램을 실현할 수 있도록 보장하며 헌법상에 국회와 내각과 국가의 상위기구가 심의하는 것을 허용한다.
2. 국가의 지방기구의 구성, 권능, 역할은 법에 의해 규정되어 있다.

〈지방 세력〉
제188조
1. 지방 세력은 해당 공동체의 자체적인 문제를 해결함에 있어서 시민의 참여를 이끌어 내고, 지역 발전과 민주주의의 심화와 공고화를 위해 모잠비크 국가의 단결을 촉진시켜야 할 목적을 갖고 있다.
2. 지방 세력은 주민의 발의권(iniciativa)과 능력을 통해서 지지를 받으며 시민참여 기구와 밀접한 협력관계를 통해서 활동한다.

제190조
1. 지방자치단체는 자치시(municípios)와 자치마을(povoações)로 구분된다.
2. 자치시는 시와 빌라의 영토경계 내에 소재한다.
3. 자치마을은 행정소의 소재지에 소재한다.

제191조
지방자치단체의 설립과 소멸은 법으로 규정되며, 관련 지역에서의 변동은 미리 관련 기구에서 협의되어야 한다.

제192조

1. 지방자치단체는 심의권을 가진 지방의회(Assembleia Municipal)를 기구로 갖고, 법에 명시된 집행기구를 갖는다.
2. 지방의회는 보통, 직접, 평등, 비밀 투표를 통한 선거를 하고 해당 자치지역에 거주하는 투표권이 있는 시민을 통해 구성원을 비례대표제로 뽑는다.
3. 자치단체의 집행기구는 보통, 직접, 평등, 비밀 투표를 통한 선거를 하고 해당 자치지역에 거주하는 투표권이 있는 시민을 통해 선출된 의장에 의해 운영된다.
4. 집행기구의 조직, 구성, 기능은 법에 명시되어 있다.

제193조

1. 지방자치기구는 자체적인 재정과 재산을 소유한다.
2. 법은 지방자치단체의 재산을 정하고 지방재정의 제도를 설립하며 이는 국가의 우선적 관심 내에서 공공자원의 공정한 분배와 지방자치단체 간의 불균형 해소를 보장한다.
3. 법은 자치권을 침해하지 않으며 지방자치단체에 국가의 기술과 인적 자원의 형태를 결정한다.

제194조

1. 지방자치단체는 국가의 행정 감독을 받는다.

제195조

지방자치단체는 헌법과 감독권을 가진 당국의 법과 규정의 범위 내에서 자체적인 통제권을 갖는다.

PART Ⅱ.

지방자치기구의 사법권

Quadro Jurídico das Autarquias Locais(Lei no2/97, 18 de Fevereiro)
법 2/97, 2월 18일

제5조 〈지방자치제도를 시행할 때 법률적으로는 지방자치단체의
다양한 측면을 고려한다〉
2. 국회는 지방자치단체의 설립과 변동에 관련해서 다음과 같은
   측면을 고려해야 한다.
   a) 지리, 인구, 경제, 사회, 문화, 행정적 요인
   b) 국가적이고 지역적인 차원에서의 관심
   c) 역사와 문화적인 이유
   d) 관련된 업무를 이행하기 위한 재정능력의 평가

제7조
1. 지방자치단체는 행정, 재정, 재산의 자치권을 갖는다.
2. 행정자치권은 다음과 같다.
   b) 권능의 이행을 가능케 하는 업무를 하고 조직을 관할한다.
3. 재정자치권은 다음과 같다.
   a) 활동계획과 예산을 수립하고 승인, 변경, 집행한다.
   b) 예산을 수립하고 승인한다.
   c) 자체적인 세입을 마련하고, 지출을 집행하고, 법적으로 지
      방자치단체에 할당된 세입을 징수한다.
   d) 지방자치단체는 재산을 관리한다.
   e) 현행법상에서 허용하는 차관을 받는다.
4. 재산의 자치권은 지방자치단체의 직권을 이행하기 위해 자체
   적인 재산을 소유한다.

제8조 〈국가행정부와 지방자치단체 간의 업무와 대표성의 중복〉
1. 국가행정부는 영토상으로 지방자치단체와 전부 혹은 일부분이 일치하는 사법권 지역에서 대표성과 업무를 유지할 수 있다.

제9조 〈감독〉
1. 지방자치단체는 법에 예시된 사례와 형태에 따라 국가의 행정 감독에 따른다.
2. 지방자치단체에 대한 행정 감독은 법에 명시된 대로 자치기구의 행정적 행위에 대한 법적인 검토이다.

제17조 〈임기〉
지방자치단체 기구의 임기는 5년이다.

제27조 〈협력〉
1. 지방자치단체와 사회기구와 국가의 직·간접적인 행정부의 지역 조직은 관련 프로젝트와 프로그램에서 협력을 할 것이고 해당 권한을 관련 활동의 조화로운 운영을 위해서 연계시킬 것이다.
2. 국가의 중앙행정부는 필요하다면 지방자치단체와 더불어 지역 발전 정책과 프로그램의 실행과 사회 발전을 위해 총체적이고 부분적인 정책의 수립을 위해 기술적이고 재정적인 협력 규정을 승인할 것이다.

제28조 〈전통적 지도자들의 수용〉
1. 국가의 공공기관과 지방행정을 감독하는 장관은 전통지도자들의 수용정책과 지방자치단체에 의해 구분된 공동체 조직의 구성에 관한 정책을 수립할 것이다.
2. 역할의 이행에 있어서 지방자치기구는 공동체에서 정하는 전통지도자들의 의견을 수렴할 것이며, 이는 해당 공동체의 특정

한 필요성을 충족시킬 수 있는 활동을 그들과 함께 시행하기 위한 것이다.

제32조 〈기구들〉

자치단체 기구들은 시의회, 시장, 시행정위원회(Conselho Municipal －지방자치단체의 집행기관)이며: 자치마을 기구들은 마을의회 (Assembleia da Povoação), 자치마을 행정위원회(Conselho da Povoação)와 자치마을 대표(Presidente do Conselho da Povoação) 로 구성된다.

In: Teodoro Andrade Waty, *Autarquias Locais － Legislação Fundamental*, Maputo: W & W Editora, 2000.

4. 1998년 지방선거의 각 자치단체별 정당 득표율

자치단체	총투표수	유효표	정 당	정당별 득표수	%
앙고쉬(Angoche)	8,690	1,584	FRELIMO	6,676	100
베이라(Beira)	21,646	20,109	FRELIMO	12,090	60.12
			GRM	8,105	39,88
까딴디까(Catandica)	2,386	1,728	FRELIMO	1,728	100
쉬부뚜(Chibuto)	8,536	7,148	FRELIMO	7,148	100
쉬모이우(Chimoio)	9,088	8,105	FRELIMO	8,105	100
쇼끄웨(Chókwé)	5,770	4,690	FRELIMO	4,690	100
꾸암바(Cuamba)	3,189	2,626	FRELIMO	2,626	100
돈두(Dondo)	16,375	15,510	FRELIMO	15,510	100
구루에(Gurué)	2,882	2,139	FRELIMO	2,139	100
일야 드 모잠비크(Ilha de Moçambique)	2,943	2,434	FRELIMO	2,434	100
잉암반느(Inhambane)	5,097	3,160	FRELIMO	3,613	100
리쉰가(Lichinga)	5,817	4,851	FRELIMO	4,851	100
만드라카지(Mandlakazi)	1,062	953	FRELIMO	953	100
마니싸(Manhiça)	3,723	3,268	FRELIMO	1,980	60.5
			NATURMA	1,288	39,5
마니까(Manica)	3,774	3,317	FRELIMO	3,317	100
마푸토시(Maputo)	66,878	63,646	RUMO	1,201	1.8
			JPC	16,217	25.4
			FRELIMO	44,798	70,3
			PT	1,430	2,2
마호메우(Marromeu)	1,868	1,570	FRELIMO	1,570	100
마똘라(Matola)	22,660	20,794	FRELIMO	17,122	82,3
			PT	3,672	17,7
마쉬쉬(Maxixe)	5,471	3,959	FRELIMO	3,959	100
메땅굴라(Metangula)	1,379	1,201	FRELIMO	1,201	100
밀란지(Milange)	1,477	1,055	FRELIMO	1,055	100
모아띠즈(Moatize)	2,598	2,272	FRELIMO	2,272	100
모씸보아 다 쁘라이아(Mocimboa da Praia)	2,690	2,253	FRELIMO	2,253	100
모꾸바(Mocuba)	7,935	6,955	FRELIMO	6,955	100
모나뽀(Monapo)	3,648	2,954	FRELIMO	2,954	100
몽뜨뿌에쉬(Montepuez)	11,314	8,524	FRELIMO	8,524	100
나깔라-뽀르뚜(Nacala-Porto)	10,567	9,298	OCINA	2,673	28,7
			FRELIMO	6,625	71,3
남뿔라(Nampula)	12,165	10,480	FRELIMO	10,480	100
뼴바(Pemba)	8,534	6,872	FRELIMO	6,872	100
껠리만느(Quelimane)	5,402	4,413	FRELIMO	4,413	100
떼뜨(Tete)	7,205	6,011	FRELIMO	6,011	100
빌랑꿀르쉬(Vilanculos)	3,318	2,497	FRELIMO	2,497	100
샤이샤이(Xai-Xai)	10,001	8,902	PT	851	9.6
			FRELIMO	8,051	90,4
합 계	285,908	250,823		250,823	

In: 중앙선거위원회(Comissão Nacional de Eleições)의 지방선거 결과 발표

5. 1999년 각 지방별 인구수와 비율

지역/지방	인구수	비율(%)
북부지역	5,481,857	32.6
니아싸(Niassa)	848,889	5.0
까부 델가두(Cabo Delgado)	1,436,496	8.5
남뿔라(Nampula)	3,196,472	19.0
중부지역	7,056,328	41.9
잠베지아(Zambézia)	3,240,576	19.2
떼뜨(Tete)	1,287,517	7.6
마니까(Manica)	1,103,857	6.6
쏘팔라(Sofala)	1,424,378	8.5
남부지역	4,302,469	25.5
잉얌반느(Inhambane)	1,222,219	7.3
가자(Gaza)	1,173,337	7.0
마푸토지방(Maputo	899,329	5.3
마푸토시(Maputo-capital)	1,007,584	6.0
합 계	16,840,654	100

출처 - INE, 1999. Projecções Anuais da População por Província e Área de Residência, 1997-2010, UNDP, *Mozambique: National Human Development Report 1999*, Maputo, 2000, p.18 참조.

6. 1998년 지방선거 시장 당선자 명단

자치단체	시장 당선자
앙고쉬(Angoche)	JOSE CONSTANTINO
베이라(Beira)	CHIVAVICE MUCHANGAGE
까딴디까(Catandica)	JOSE DRAIVA CHICODO
쉬부뚜(Chibuto)	FRANCISCO BARAGE MUCHANGA
쉬모이우(Chimoio)	DARIO H. T. B. JANE
쇼끄웨(Chókwé)	SALOMAO TSAVANA
꾸암바(Cuamba)	TEODOSIO SIMAO MATATA
돈두(Dondo)	MANUEL CAMBEZO
구루에(Gurué)	JOAO BERNARDO
일야 드 모잠비크(Ilha de Moçambique)	ABACAR ABDUL SATAR NAIMO
잉얌반느(Inhambane)	VITORINO MANUEL MACUVEL
리씽가(Lichinga)	CRISTIANO TAIMO
만드라카지(Mandlakazi)	CASIMIRO JOAO MONJANE
마니싸(Manhiça)	LAURA DANIEL TAMELE
마니까(Manica)	MOGUENE MATERISSO CANDIEIRO
마푸토(Maputo)	ARTUR HUSSENE CANANA
마호메우(Marromeu)	PALMERIM CANOTINHO RUBINO
마똘라(Matola)	CARLOS A. FILIPE TEMBE
마쉬쉬(Maxixe)	NARCISO PEDRO
메땅굴라(Metangula)	GABRIEL CATAUALA
밀란지(Milange)	HONORIO PEREIRA VAZ
모아띠즈(Moatize)	PAULINO MULAICHO JEQUE
모씸보아 다 쁘라이아(Mocimboa da Praia)	CAMISSA ADAMO ABDALA
모꾸바(Mocuba)	JOSE HERMINIO NANGURA
모나뿌(Monapo)	DANIEL HERMINIO BENTO
몽뜨뿌에쉬(Montepuez)	ALBERTO DAS NEVES PAISSENE
나깔라 – 뽀르뚜(Nacala-Porto)	JOSE GERALDO DE BRITO
남뿔라(Nampula)	DIONISIO CHEREWA
뻼바(Pemba)	ASSUBUGY MEAGY
껠리만느(Quelimane)	PIO AUGUSTO MATOS
떼뜨(Tete)	LUCIANO NGUIRAZI
빌랑꿀르쉬(Vilanculos)	SULEMANE E. AMUJI
샤이샤이(Xai-Xai)	FAQUIR BAY NALAGI FAQUIR BAY

In: 중앙선거위원회, 98년 지방선거 시장 당선자 명단 발표

7. 인터뷰 응답자 목록

- Bernhard Weimer, 에두아르두 몬들란느대학 교수 인터뷰, 마푸토, 2002/01/05.
- Iraê Lundin, 국제관계대학 교수 인터뷰, 마푸토, 2002/01/07.
- Valgy Dinis, 잠베지아 도지사의 보좌관 인터뷰, 껠리만느, 2002/01/14-15.
- João Mongoi, 잠베지아 지방정부의 '지원과 규제' 국장 인터뷰, 껠리만느, 2002/01/14.
- Pio Matos, 껠리만느 자치시 시장 인터뷰, 껠리만느, 2002/01/14.
- José Hermínio Nângura, 모꾸바 자치시 시장 인터뷰, 껠리만느, 2002/01/17.
- António Victor Soares de Pombal, 남뿔라 지방정부 "지원와 규제" 국장 인터뷰, 남뿔라, 2002/01/21.
- Castro Sanfins, 남뿔라 지방국 조정국장 인터뷰, 남뿔라, 2002/01/22.
- Dionísio Cherewa, 남뿔라시 시장 인터뷰, 남뿔라, 2002/01/22-23.
- Abacar Abdul Satar Naimo, 일야 드 모잠비크 시장, 일야 드 모잠비크 인터뷰, 2002/01/23.
- Henrique Julião Nhanombe, 나깔라시 시행정위원/시장대리 인터뷰, 나깔라, 2002/01/24.
- Liana Battino, 나깔라시 고문 인터뷰, 나깔라, 2002/01/24.
- Daniel Armínio Bento, 모나뿌 시장 인터뷰, 모나뿌, 2002/01/25.
- José Guambe, 국가행정부 자치발전 분과(Direcção Nacional do Desenvolvimento Autárquico) 국장 인터뷰, 2002/01/28.
- Kjetil Hansen, UNDP의 지방자치 담당자 인터뷰, 마푸토, 2002/01/12.
- João Pereira, 에두아르두 몬들란느 대학강사 인터뷰, 마푸토, 2002/01/11.
- Franz Schmidhoger, GTZ 독일협력기구 소속 도시개발전문가 인터뷰, 남뿔라시, 2002/01/22.
- Sonja Capello, 스위스 협력기구 직원 인터뷰, 남뿔라시, 2002/01/22.

· 저자 ·

왕선애 　·약 력·
(王善愛)
한국외국어대학교 서양학대학 포르투갈어과 졸업
신리스본대학교 인문사회과학대학원 아프리카학 석사
한국외국어대학교 대학원 국제관계학 박사

주한포르투갈문화원 홍보담당 및 강사 역임
한국외국어대학교 포르투갈어과 강사 역임
한국외국어대학교 외국학종합연구센터 연구원 역임

·주요논저·

「앙골라 분쟁 연구」
「앙골라 민주화 과정」
「90년대 모잠비크의 민주화 과정에 대한 고찰」
「앙골라와 모잠비크의 IT현황」
「세계화에 따른 아프리카의 발전 가능성: SADC(남부아프리카개발공동체)
　회원국들을 중심으로」
「아프리카 정치: 민주화와 경제 발전의 과제」
「아프리카 지역의 세계화: 모잠비크 사례」
『포르투갈－국가, 역사, 문화』
외 다수

모잠비크의
민주화와 지방자치

· 초판 인쇄	2007년 2월 28일
· 초판 발행	2007년 2월 28일
· 지 은 이	왕선애
· 펴 낸 이	채종준
· 펴 낸 곳	한국학술정보㈜
	경기도 파주시 교하읍 문발리 526-2
	파주출판문화정보산업단지
	전화　031) 908-3181(대표)·팩스　031) 908-3189
	홈페이지　http://www.kstudy.com
	e-mail(출판사업부)　publish@kstudy.com
· 등 록	제일산-115호(2000. 6. 19)
· 가 격	26,000원

ISBN　978-89-534-6404-9 93340 (Paper Book)
　　　　978-89-534-6405-6 98340 (e-Book)